出土戰國文獻字詞集釋

曾憲通 陳偉武 主編

卷十五

中華書局

卷十五目録

待問編

說　明

一、本部分旨在集録出土戰國文獻中的疑難字，也包括難以隸定者及若干殘字。

二、列舉諸家意見，力求簡潔、凝練，一般只指出形爲何字、用爲何詞、解爲何義，如"何琳儀（2004A：7）'呈'，讀爲涅，染黑之石"，"2004"爲何琳儀《隨縣竹簡選釋》一文的發表時間，"7"爲該文所載刊物《華學》第7輯頁碼；又如"方濬益（1931：431，2004）'戊'"，"1931"爲方濬益《綴遺齋彝器款識考釋》一書的出版年份，"2004"爲據以收入的《金文文獻集成》的出版年份，頁碼爲《金文文獻集成》該册頁碼。

三、敘述諸家意見時，雙引號内之字，原文一般用"隸定、釋爲"等引出；"讀爲"指原文所用術語一般爲"讀爲、讀、假借爲、通作、通、讀成、讀作"等，如"蒍（寇）"者，多爲照録原文，亦有據作者行文難以判斷其所述關係到底是異體還是假借；原文使用的"疑、懷疑、可能"等疑似之詞一律删去，如"兮（？）""垂（郵？）"者則爲照録原文。

四、首發於網絡、後正式發表於刊物的論文，若基本觀點未改變，一般録發表於網絡者；若兩者發表年份相近，則録發表於刊物者。

五、先後發表之意見相同時，一般只録時間在前者。

六、待問編引用論著目單獨列於之後。

上博四·曹沫52

△**按**　陳劍（2005A）"𦜧？（作）"；陳斯鵬（2007：104）"祚"，讀爲"作"；禤健聰（2007：262—264）"𥚊"，讀爲"冒"。

集成429 九里墩鼓座

△**按**　殷滌非（1983：450）"祀"；曹錦炎（1993：286）"祀"。"九祀"即九世；李天虹（1995：75）疑即古文"禮"字。

𦍩錢典286

△**按**　何琳儀（1998：629）"皇"。

王秦陶 1420

△按　高明、葛英會（1991：154）
"玉"；何琳儀（1998：355）"玉"，从玉，
一點表示玉有瑕疵。

陶彙 3·801

曾侯乙鐘掛件　　　曾侯乙鐘掛件

曾侯乙鐘掛件　　　曾侯乙鐘掛件

△按　裘錫圭、李家浩（1989：539）"玘"。

貨系 3784 背文

璽彙 0315

璽彙 1465　　璽彙 3544　　璽彙 0576

△按　劉釗（1990：46）"蘆"，即"蘆"；
何琳儀（1998：451）"藺"。

璽彙 1646

△按　羅福頤等（1981：219）"老"。

璽彙 1209

△按　何琳儀（1998：1274）"羽"。

璽彙 2175

△按　何琳儀（1998：1274）"皋"；陳
光田（2009：79）"臯"。

璽彙 0259　　山東 16

△按　施謝捷（2006：43）"臯"。

璽彙 3937

△按　陳光田（2009：74）"尃"。

陶錄 3·291·1　　陶錄 3·291·5

陶錄 3·292·1

△按　高明、葛英會（1991：29）"出"；
王恩田（2006：1143—1144）"者"。

陶錄 3·498·4

△按　王恩田（2006：1350）"告"。

集成 980 魚鼎匕

△按　李家浩（1983：189—190）"蓸"；
何琳儀（1998：258）"蔝"，"菜"之繁文，
讀爲"柔"；中國社會科學院考古研究
所（2007：761—762）"藉（滑）"。

集成 11026 邘君戈

△按　黃錫全（1992：154—155）
"藝"，讀爲"漢"；何琳儀（1998：910）
"藝"，讀爲"艾"；中國社會科學院考
古研究所（2007：5868）"鄴（鄧）"。

包山 116

△按　劉彬徽、彭浩、胡雅麗、劉祖信
（1991：25）"蘊"；劉釗（1998：58）"藁"。

△按　黃錫全（1992：189）"蘙（蔻）"；蘇建洲（2006B：91）引陳劍説釋爲"苪"；袁金平（2006）下部爲"弁"（2—26）；何景成（2008：124）與《説文》卷一下"菔"有關；劉信芳（2008：409）從艸，免聲，讀爲"槾"；何有祖（2011）與清華簡《金縢》用爲"穆"之字（編按：即簡 9 、簡 14 ）相關；朱曉雪（2013：379）"蔲"。

郭店・語四 11

△按　張光裕（1999："緒言"9）"茶"，"葉（枼）"字異體；李零（1999A：480）"茶"，"某"字，"葉"字之訛，讀爲"世"；何琳儀（2001：167）"枼"，草名；林素清（2000：389、392）"葉"；陳偉（2003：236—237）"年"字異構；涂宗流、劉祖信（2001：322）從艹，呆（保）聲，讀爲"苞"；劉釗（2003A：229）"葉"。

新蔡甲三 308

△按　賈連敏（2003：198）"蘲"。

新蔡甲三 390

△按　賈連敏（2003：201）"繭"。

新蔡甲三 346-2、384　　新蔡乙四 94

△按　賈連敏（2003：199）"菫"；徐在

國（2003B）從艸，弁聲，讀爲"繁"；宋華强（2010：444）"萲"，從艸，叁聲；蘇建洲（2011：338）"菫"。

陶彙 3・132　　陶彙 3・282

△按　王恩田（2007：409）"蒼"；孫剛（2010：15）"蕭（蘆）"。

陶彙 3・314

陶彙 3・675

△按　高明（1990：34）"荣"；高明、葛英會（1991：203）"荣"；何琳儀（1998：1469）"蔪"。

陶彙 3・1159

△按　高明、葛英會（1991：208）"芉"；何琳儀（1998）"茅"（頁 100）、"芋"（頁 792）；王恩田（2007：14）"芊"。

陶彙 3・1260

陶彙 4・129

陶彙 4・129

△按　何琳儀（1998：1546）"蕥"。

陶録 2・382・1

△按　　高明、葛英會（1991：201）
"芰"；湯餘惠等（2001：49）"芰"。

[印]陶録 3 · 41 · 3

△按　　王恩田（2006：893）"蓱"。

[印]璽彙 0303　[印]璽彙 3282　[印]香續一 87

△按　　李家浩（1987：54）《璽彙》0303
"蒙（？）"；何琳儀（1998：1526）"蒙"；
魏宜輝、申憲（1999：93—99）《璽彙》
0303"莞"，讀爲"冠"。

[印]璽彙 0614

△按　　羅福頤等（1981：258）"莘"。

[印]璽彙 1267　[印]璽彙 5448

△按　　李家浩（1998C：92，2002）"芋"。

[印]璽彙 1754　[印]璽彙 2021

△按　　强運開（1935：7，1986）《璽彙》
1754"茈"；何琳儀（1998：1231）"茈"；
湯餘惠等（2001：28）"萑"。

[印]璽彙 1954

△按　　羅福頤等（1981：13）"薈"；劉
釗（1990：45）"蘆"，即"蘆"；何琳儀
（1998：451）"蔄"。

[印]璽彙 2196

△按　　蕭毅（2002B：321）"蘆"。

[印]璽彙 2295

[印]璽彙 2388

△按　　劉釗（2006：297）"蒼"。

[印]璽彙 2468

△按　　何琳儀（1998：1539）"萌"。

[印]璽彙 3715

[印]璽彙 4053

[印]璽彙 5514

[印]秦印

[印]秦印

[印]輯存 204

[印]香續一 112

[印]璽考頁 103

[印]璽考頁 111

[印]璽彙 2292

△按　何琳儀（1998:1538）"弊"；劉
釗（2009:5—8）"蔴"。

集成 2746 梁十九年亡智鼎

集成 9666 十四米方壺　　聖彙 2633
陶録 3・473・2　　陶録 3・473・5

△按　何琳儀（1998:26）《璽彙》2633
"分"，或"丌"之繁文；王恩田（2006:
1325）陶録 3・473・2、3・473・5
"分"。

集成 11340 四年戈

新收 1090 十年洱陽令戈

陶録 3・278・1

△按　王恩田（2006:1130）"鼗"。

陶録 3・296・3

△按　王恩田（2006:1148）"卅"。

陶録 3・490・4

陶録 3・510・4　　陶録 3・510・5

△按　王恩田（2006:1365）"行?"。

陶録 3・511・4

△按　王恩田（2006:1366）"行?"。

陶録 3・656・3

璽彙 0284

璽彙 2304

璽彙 3485

璽彙 3571

璽彙 3843

△按　何琳儀（1998:1549）"眷"。

璽彙 5395

璽彙 5466

△按　吳振武（1984:333,2011）"尒"；
何琳儀（1998:1248—1249）"尒"。

璽考頁 210

珍秦・秦 212

先秦編 228　△貨系 1235　△先秦編 228

△貨系 1233

△按　丁福保（1938:1177）"公"，同

"谷"；丁福保（1938：1177）"公"，公所；鄭家相（1941：27）"公"，公平；何琳儀（1990A：247，2002）"公（容）"；何琳儀（1996C：5—6）"容"；黄錫全（1997：10—11）"台（浚）"；黄錫全（2001：353）"台（沇）"，即"浚"，河南濮陽縣南。

燕下都 358・7 燕下都 358・8

璽彙 3394

璽彙 5495

璽彙 5676

陶録 3・172・3

△按　王恩田（2006：1024）"胡"。

集成 2480 鑄客鼎

△按　郝本性（1983：209）"睘"，讀爲"轘"，車裂、肢解；夏渌（1984：274—279）"肙"；程鵬萬（2009：191—192）"鳴"。

集成 2766 徐郊尹鼎

△按　何琳儀（1998：745）"知"；廣瀨薰雄（2012：446）引陳劍説，"去"之誤寫。

集成 9685 十二苿壺

集成 10333 十苿盆

集成 10583 燕侯載器

△按　馮勝君（1999：184）"哉"，始也。

集成 11551 九年鄭令矛

新收 1976 馬雝令戈

包山 122 璽彙 1183

△按　羅福頤等（1981：255）《璽彙》1183"吳"；劉彬徽、彭浩、胡雅麗、劉祖信（1991：25）包山 122"吴"；黄錫全（1992：188）包山 122"吳"；何琳儀（1998：500）"吴"，"吳"之異文；陳偉等（2009：60）包山 122""字異寫。

陶彙 6・186

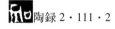

陶録 2・50・1

△按　王恩田（2006：138）"徇"。

陶録 2・111・2

陶録 3・385・2

△按　王恩田（2006：1237）"吕"。

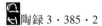

陶録 3·397·1 陶録 3·397·2
陶録 3·397·4

△按 何琳儀(1998:1509)"右";王
恩田(2006:1249)"咨"。

陶録 3·408·2 陶録 3·408·5
陶録 3·409·2 陶録 3·409·4

△按 王恩田(2006:1260—1261)"哥"。

陶録 3·479·4

△按 王恩田(2006:1331)"哥"。

陶録 3·493·4

△按 何琳儀(1998:1552)"叺";王
恩田(2006:1345)"句"。

陶録 3·601·2

璽彙 0221

△按 何琳儀(1998:101)"哉"。

璽彙 0914 璽彙 1521

△按 何琳儀(1998:1031)"合"。

璽彙 2086

璽彙 2802

△按 何琳儀(1998:1542)"宭"。

璽彙 3576

△按 孫剛(2010:281)"忳"。

璽彙 3749

璽彙 4101 璽彙 4104
璽彙 4108 璽彙 4116
璽彙 4112 璽彙 4123

△按 何琳儀(1998:950)"岪",讀爲
"弗"。

璽彙 5429

△按 吳振武(1984:284,2011)"吐
(上)";何琳儀(1998:657)"吐"。

鐵雲 167

鐵雲 174

集成 9709 公孫竈壺

△按 齊文濤(1972:12)"者";馬承
源(1990:551)"耆";張振謙(2014:
1016)"香"。

考古與文物 2007-6,頁 56

侯馬 92:41

[印]陶彙3·326

△按　何琳儀（1998：1562）“趨”；李裕民（1981：297）“趣”，參盟人名。

[印]陶彙4·8

△按　高明、葛英會（1991：160）“疋”。

[印]陶録3·433·2

△按　王恩田（2006：1285）“旋”。

[印]陶録3·505·6

[印]陶録3·586·6

[印]陶録4·99·3

△按　王恩田（2007：391）“企”。

[印]璽彙0629

[印]璽彙1293

△按　何琳儀（1998：178）“走”，“述”之省文。

[印]璽彙5355

△按　何琳儀（1998：1534）“步”。

[印]集粹

[印]璽彙0546

[印]新收987　十六年寧壽令余慶戟

[印]石鼓文·作原

△按　張政烺（1934：26，2004）“遄”，往來；唐蘭（1958：14）“徵”；郭沫若（1982：17）“徵”，讀爲“澂”；何琳儀（1998：1557）“遄”。

[印]郭店·語一101

△按　荊門市博物館（1998：199）“逼（歸）”；劉釗（2000：85—86）“遲”，即“徙”。

[印]上博三·中弓25

△按　李朝遠（2003：281）“逸（兑）”，喜悦義。

[印][印]上博四·采風2

△按　董珊（2005）“率（？）”；房振三（2005）“逓（派）”；陈斯鹏（2005A）從辵從募，以“寡”爲聲。

[印]上博六·用曰4

△按　張光裕（2007：289）“逍”；裘錫圭（2008：11）引陳劍説，所從曶即“恩”下部[圖]變體。

[印]陶録2·101·1　[印]陶録2·101·2

△按　王恩田（2007：37）“逾（去）”。

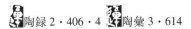陶録 2·406·4　陶彙 3·614

△按　湯餘惠等(2001:111)"遷"。

陶録 3·24·6

陶録 3·485·4

陶録 4·64·2

△按　王恩田(2007:40)"逗"。

陶録 4·149·1

△按　王恩田(2006:1665—1671)"迡";
徐在國(2011:183)"道"。

璽彙 0021

△按　何琳儀(1995:276,2013)"逋",
讀爲"逌";施謝捷(2006:82)"逼";陳
光田(2009:86)"遍"。

璽彙 0240

璽彙 0511

△按　羅福頤等(1981:37)"達";何
琳儀(1998:868)"遬","遲"之繁文。

璽彙 1000　璽彙 2455

△按　湯餘惠等(2001:112)"遞";施

謝捷(2006:236)"遇"。

璽彙 1268

△按　何琳儀(1998:97)"逐","踩"
之異文;何琳儀(1998:1521)"逯"。

璽彙 1688

△按　何琳儀(1998:1546)"迓"。

璽彙 1921　璽彙 1922

△按　何琳儀(1998:959)"邁"。

璽彙 2111

璽彙 3715

璽彙 2883

△按　何琳儀(1998:1546)"迓"。

璽彙 3427　璽彙 3677

璽彙 3595　璽彙 5484

△按　何琳儀(1986B:116)"遠";湯
餘惠(1993B:79)"遺";湯餘惠等
(2001:113)"遺"。

璽彙 3610　璽彙 3611　璽彙 1474

△按　施謝捷(1998:650)“遒”。

璽彙 3641

璽彙 5592

△按　何琳儀(1998:216)“逐”;施謝捷(2006:291)“遇”。

輯存 250

秦印

侯馬 1:47

△按　何琳儀(1998:1562)“遾”。

侯馬 98:20

仰天湖 7

△按　中大楚簡整理小組(1977C:3)“徑”;陳直(1957:41)“徙”;郭若愚(1994:125)“徥”讀爲“翠”。

郭店・六德 43

△按　荆門市博物館(1998:188)“徧”;李零(1999A:511)讀爲“體”;劉國勝(1999:43)“徧”,右旁从二册从曰,周遍、周全;陳偉(1999:32)从“編”省聲,讀爲“遍”;劉信芳(2000A:937—940)“徧”,“邎”之異

構,讀爲“獵”。

陶録 3・259・1　陶録 3・259・3

陶録 3・259・4

陶録 5・8・1

璽彙 0513

璽彙 2624

△按　李家浩(1983:190)从彳,體聲;何琳儀(1998:258)“骽”,“髁”之繁文。

集粹

侯馬 1:63

△按　何琳儀(1998:1537)“徬”。

燕下都 224・6

近出 1051 齊宮鄉量　陶彙 3・676

陶彙 3・329　陶彙 3・104

陶彙 3・673　陶彙 3・89　陶彙 3・348

陶彙 3・92

△按　顧廷龍(1936:二・三,2004)“遷”;李先登(1978:93)“衢”,“鄙”之繁文,或釋爲“遷”,讀爲“縣”;孫敬

明（1986:229—231）"鄙"；高明、葛英會（1991:213—214）"衢、衖"或"衢"，即"鄉"；王恩田（1996）"鄉"；何琳儀（1998:692）"衢"，"鄤"之繁文，讀爲"鄉"；李零（1998A:6）"衢"，讀爲"廛"；李學勤（2001:24—26）"巷"。

文物春秋 1989 創刊號，頁 68

陶録 3・490・1

△按　王恩田（2006:1342）"衡"；王恩田（2007:393）"衢"，讀爲衡。

集粹

集成 2243 倗犀鼎

△按　李學勤（1980:39）"倗"，即"楚"；中國社會科學院考古研究所（2007:1160）"儂"。

陶録 3・415・1　 陶録 3・415・3

△按　王恩田（2006:1267）"蟑"。

璽彙 0148

△按　何琳儀（1998:486）"路"，讀爲"盧"，地名。

集成 9700 陳喜壺

△按　馬承源（1961:46）"齋"；于省吾（1961:35）"宗"；陳邦懷（1961:36）

"討"字繁體；黃盛璋（1961:37）"賓"字異體；石志廉（1961:38）"罰"；孫剛（2010:59）"誇"。

集成 10374 子禾子釜

△按　陳介祺（1920:158，2004）"諓"；方濬益（1935:437,2004）"諓"；郭沫若（1957:221）"諛"；中國社會科學院考古研究所（2007:5593）"諓"。

郭店・尊德 8　 郭店・尊德 17
郭店・成之 19

△按　李零（1999A:514、524）"察"字異體，《成之》19 讀爲"竊"，《尊德》8、17 讀爲"察"；劉國勝（1999:43）"對"；周鳳五（1999A:48—49）从戈，帶聲；陳偉（2002A:79—80）"戚"，讀爲"就"；劉釗（2003A:127）"戳"，讀爲"察"。

上博二・從甲 10　 上博二・從甲 10

△按　張光裕（2002:224）"誂"；陳美蘭（2003:78）"誂"，讀爲"謙"。

上博四・昭王 9

△按　陳佩芬（2004:189—190）"訴"或"訓"；陳劍（2005B）"訧"，"訛"之誤字，讀爲"過"；侯乃峰（2005）"訧"，讀爲"縱"；何有祖（2005A）"諴（差）"；劉洪濤（2007）"諴（咎）"；濮

茅左（2012：243）“訴”。

上博四·曹沫61

上博六·季桓5

△按　濮茅左（2007：203）“信”；陳劍
（2008：168）“信（？訡？）”；林聖峰
（2008）從林清源之説，从音，今聲，讀
爲“貪”。

上博六·用曰14

△按　張光裕（2007：300）“詼（？）”。

陶彙3·1282　陶彙3·1283

陶彙3·1284

△按　高明、葛英會（1991：219）
“讃”；何琳儀（1998：1514）“歓”；湯
餘惠等（2001：156）“謒”。

陶彙3·1033　陶彙3·1180

△按　顧廷龍（1936：一·一，2004）
“祈”；高明、葛英會（1991：217）“詵”；
陳偉武（1995：123）“簪（祈）”字省變；
楊澤生（1997：252—253）“呰”。

陶録2·129·1

△按　王恩田（2006）“訕”。

陶録3·565·1

△按　王恩田（2007：398）“訖”。

璽彙0194

璽彙0225

璽彙0274

璽彙0633

△按　湯餘惠等（2001：154）“誃”；陳
光田（2009：55）“諄”。

璽彙0822　璽彙2293

璽彙1568

璽彙2527　璽彙2528　璽彙2529

△按　何琳儀（1998：1520）“詨”。

璽彙3428

璽彙3541

璽彙3714

香續一108

貨系154

△按　汪慶正等（1988：93）“商”。

侯馬 156:4

侯馬 200:70

集成 11335 四年邘令戈

郭店・性自 22

△按　張光裕（1999:175）"睪（譽）"；李零（1999A:508）"諛"，上半與"臾"相似，下從音；陳偉（1999:30）"譽"，讀爲"舉"，舉止；涂宗流、劉祖信（2001:157）從黑省，音聲，"黷"之異構；周鳳五（2002:13—14）讀爲"數"；劉釗（2003A:96）"譽"；馮勝君（2007:217）"譽"，讀爲"數"。

上博四・采風 4　上博四・采風 5

△按　馬承源（2004:168）"謙"；楊澤生（2006B:336）"詖"；何有祖（2005A)"詐"。

集粹

璽彙 3682

△按　劉釗（1990:45）"樸"；孫剛（2010:200）"樸"。

集成 2303 襄公鼎

集成 11360 元年埒令戈

郭店・緇衣 12　上博一・緇衣 7

△按　黃錫全（1998:78）與"栝"音同或音近；張光裕（1999:519）"共（格）"；李學勤（1999:29）與"栝"同音通假，或"栝"之古體；周鳳五（1999B:351—352）從廾從璧廾亦聲；程元敏（1999:8）"享"之異寫；劉曉東（2000:113）"栝"，"挈"之初文；孔仲溫（2000:245—246）"共"讀爲"恭"；李零（2002A:64）"弅"，讀爲"覺"。

郭店・六德 31

△按　荊門市博物館（1998:188）"弅"；陳偉（2000:50）"持"；劉信芳（2000C:215）"夶"，讀爲"樴"，指木樁；涂宗流、劉祖信（2001:210）"开"，同"弄"，讀爲"攏"，集中、聚集；廖名春（2001:176）"弅"，讀爲"止"，滅也；顏世鉉（2001:479）"弅"，讀爲"制"，裁斷之意；陳偉（2002B:51）"志"，讀爲"識"，認知、判識。

陶錄 3・54・3　陶錄 3・54・6

△按　高明、葛英會（1991:199）"興"。

貨系 506

△按　汪慶正等（1988:211）"弄"；黃

錫全(2001:351)"奉"。

錢典 789

璽彙 1484　璽彙 1991

侯馬 1:101

△按　陳漢平(1989:355)"憲";何琳儀(1998:114)"懇",人名。

郭店·六德 20

△按　荆門市博物館(1998:187)"孌",讀爲"變";陳偉(1998:71)"家"變體,讀爲"嫁"。

郭店·語一 75

△按　荆門市博物館(1998:197)"爰";黄德寬、徐在國(1998:108)"鞭","令"之繁體,讀爲"變";湯餘惠(2001:177)"爰";涂宗流、劉祖信(2001:237)"舜"字異體;李零(2002A:162)或與楚文字中的"家"字有關;陳斯鵬(2002:411)"寇","爪"爲羨符。

璽彙 0253　璽彙 1569　璽彙 2528

璽彙 3996

△按　羅福頤等(1981:215)《璽彙》0253"圣";吴振武(1998:78—79)"户";何琳儀(1998:1537—1538)"倉";董珊(2002:250—258)"垣";

劉釗(2006:296—297)"倉";裘錫圭(2008:7)"野(?)"。

集成 11366 十七年邢令戟

包山 60

△按　劉彬徽、彭浩、胡雅麗、劉祖信(1991:43)"栽";黄錫全(1992:187)"栽";劉釗(1998:53)"戬";劉信芳(2003:62)"栽";蘇建洲(2008B:58—59)"散";朱曉雪(2013:207)"戁(捷)"。

上博二·容成 6

△按　李零(2002B:254)"民(泯)";陳劍(2004:328)"歿(?)";蘇建洲(2006C:73—74)"奴(繹?)"。

上博四·曹沫 43

△按　李零(2004:271)"燮(散)";陳劍(2005A)"散(?)";陳斯鵬(2005B)"捷";季旭昇(2007:190—194)"燮(散)";陳斯鵬(2007:102)讀爲"散",似應以"樧"爲聲,"樧"可能爲"欁"字異體。

文物 1983-3,頁 86

考古與文物 2007-6,頁 56

集成 11671 安平守鈹

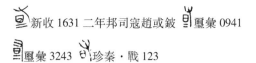新收 1631 二年邦司寇趙或鈹　　墨彙 0941

墨彙 3243　珍秦·戰 123

△按　施謝捷(1998:646、649)釋《墨彙》0941、3243 字爲"旬"。

中山守丘石刻

郭店·成之 34

△按　陳偉(1998:70)"受";涂宗流、劉祖信(2001:101)"叟";趙平安(2001:174)"爰(援)"。

郭店·語三 11

△按　李零(1999A:529)从宀从韭从又,同"虌",讀爲"褻";涂宗流、劉祖信(2001:259、262)讀爲"亂";徐在國(2003D:148—149)"叡",讀爲"嚲";劉釗(2003A:212)"曼",讀爲"慢",驕傲。

陶彙 3·142

陶彙 3·364　陶彙 3·365

陶彙 3·739

△按　何琳儀(1998:1511)"叹"。

陶彙 3·960　陶彙 3·961　陶彙 3·962

陶彙 5·272

△按　高明(1990:79)"皈"。

陶錄 3·248·1　陶錄 3·248·4

△按　王恩田(2006:1100)"秉"。

陶錄 3·294·3

陶錄 3·600·3

△按　王恩田(2006:1455)"反?"。

陶錄 5·2·3

陶錄 5·2·4

△按　施謝捷(1998:644)"旬"。

墨彙 0587

墨彙 0762

△按　施謝捷(2006:267)"雨"。

墨彙 1316

△按　何琳儀(1998:1559)"闖"。

墨彙 3246

集粹

集粹

貨系 285

△按　汪慶正等(1988：137)"昇"；黃錫全(2001：350)"⿱卉"。

燕下都 137・4

津蓹 29

△按　吳振武(1984：200，2011)"組"。

集成 11997 郘公鍼

新收 1483 燕王職壺

△按　董珊、陳劍(2002：38—39)"⿰口支(譁?)"；黃錫全(2002：250)"⿰口攴"，讀爲"盟"；陳斯鵬、石小力、蘇清芳(2012：466)"畋"。

郭店・六德 40　郭店・六德 41

△按　荆門市博物館(1998：188)"⿰甘攴"；李零(1999A：511)讀爲"體"。

郭店・語二 4

△按　荆門市博物館(1998：203)"⿰兼攴"；裘錫圭(1998：205)"兼"之訛體，讀爲"廉"。

上博六・季桓 8

△按　濮茅左(2007：207)"敦(親)"；陳偉(2007A)"竊"。

陶彙 3・459

△按　何琳儀(1998：1532)"攸"。

陶彙 3・503　陶彙 3・672　璽彙 0035

璽彙 0041　璽彙 0034　璽彙 1285

陶彙 3・27　陶彙 3・499　陶彙 3・14

陶彙 4・1　璽彙 0881

△按　朱德熙(1983：409—423)"段"，讀爲"廄"；吳振武(1984：44，2011)"段"；高明(1990：27)"攸"；何琳儀(1998：168—169)"攸"，"廄"之異文；孫剛(2010：110—111)"段(簋)"。

陶録 3・385・1

△按　王恩田(2006：1237)"收"。

璽彙 0063

璽彙 0632　璽彙 1950　璽彙 3734

璽彙 0643

△按　羅福頤等(1981：78)"⿰支攴"；陳光田(2009：55)"敖"。

璽彙 1233

璽彙 3702

璽彙 3725

璽彙 3912

侯馬 3:6

△按　何琳儀（1998:1522）"斂"。

燕下都 408・7

集成 11329 王何戟　珍秦金吳 222

集成 11986□□鏃

△按　何琳儀（1998:1481）"㫖"，讀爲"服"。

集成 11694 四年春平相邦鈹

璽彙 0709

璽彙 1250

△按　陳光田（2009:163）"曠"。

璽彙 1256

△按　何琳儀（1998:1526）"睢"。

璽彙 2252

△按　湯餘惠等（2001:220）"际"。

璽彙 5357　　璽彙 5358

集粹

陶彙 3・1302

陶彙 3・787

△按　王恩田（2007:87）"羿"；徐在國（2011:185）"翏"。

璽彙 1918

璽彙 3356

陶彙 3・756

△按　高明、葛英會（1991:214）"衰"。

貨系 3859

△按　何琳儀（1998:738）"丫"。

集成 11998 矢形器

集成 9674 茉右使壺

古文字研究 15，頁 97

陶録 2・200・4

△按　高明、葛英會（1991：114）“敦”；王恩田（2006：288）“鞏（敦）”；王恩田（2007：91）“鞏”。

陶録 4・31・1　　陶録 4・31・2

△按　王恩田（2007：15）“茷”。

陶録 4・131・1

璽彙 2983　　璽彙 2984　　璽彙 2985

璽彙 3641

△按　羅福頤等（1981：57）“善”；何琳儀（1998：1549）“善”。

璽彙 5519

△按　何琳儀（1998：1549）“善”。

珍秦・秦 120

△按　湯餘惠等（2001：238）“羥”。

集粹

集成 11324 廿五年陽春齒夫戈

△按　中國社會科學院考古研究所（2007：6096）“維”。

陶録 2・701・2

璽彙 1410

△按　何琳儀（1998：1530）“緒”。

璽彙 2527

△按　何琳儀（1998：1430）“甌”。

文物 1983-3，頁 83

△按　何琳儀（1998：1517）“鵡”。

璽彙 0260

△按　何琳儀（1998：575）“舃”，讀爲“寫”，寫書之官。

璽彙 0219

△按　何琳儀（2002A：166）“樂”。

璽彙 3245　昔則廬古璽印存

△按　李家浩（1983：189—190）“髃”。

璽彙 3432

△按　何琳儀（1998：258）“骙”，“脾”之異文，讀爲“柔”，姓氏。

集成 11329 王何戟

陶彙 3・137

陶彙 9・60

陶彙 9・65

△按　何琳儀（1998:1101）"八宮"，讀"泮宮"。

陶録 2·648·1　陶録 2·649·1

△按　王恩田（2006:738—739）"胸"。

璽彙 0416

△按　何琳儀（1998:1545）"胯"。

璽彙 1473　璽彙 3319

△按　羅福頤等（1981:93—94）"冐"；何琳儀（1998:1317）《璽彙》3319"朐"；施謝捷（1998:646、649）"胍"。

璽彙 1600

璽彙 2507

△按　何琳儀（1998:1552）"肌"。

璽彙 2581

璽彙 3695

△按　何琳儀（1998:1534）"脡"。

璽彙 3915

璽彙 3918

鐵續

璽彙 1048

璽彙 1583

璽彙 3488

璽彙 3521

璽彙 3523

△按　何琳儀（1998:1521）"芳"。

璽彙 3872　璽彙 3947

△按　何琳儀（1998:941）"刹"，"殺"之異文；劉釗（2006:296）"刹"。

璽彙 4098

璽彙 4124

△按　何琳儀（1998:1530）"列"。

璽彙 4894　璽彙 4895　璽彙 4896　璽彙 4897　璽彙 4898　璽彙 4899

△按　何琳儀（1998:1559）"刧"。

璽彙 0245

璽彙 2727

△按　何琳儀(1998:1518)“鮭”。

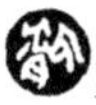璽彙 5699

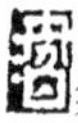集粹

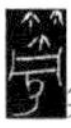集成 2707 右使車嗇夫鼎

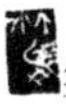集成 12032 十七年蓋弓帽

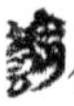包山 152

△按　劉彬徽、彭浩、胡雅麗、劉祖信(1991:50)“節”,讀爲“段”;李學勤(1998:152)“節”;何琳儀(1993B:59)“箌”,讀爲“害”;劉信芳(1996B:33)“箾”,讀爲“則”;黄靈庚(1997:241)“箌”;陳秉新、李立芳(1998:76)“箌”,“籪”古文,讀爲“廛”,指田百畝;李零(1998B:144)“節”。

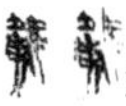新蔡零 652

△按　賈連敏(2003:228)“篍”。

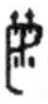陶彙 9・4 璽彙 1936 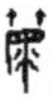璽彙 3288

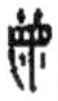璽彙 0332

△按　何琳儀(1998:129)“篳”,“莓”之異文,讀爲“汝”。

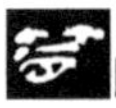陶録 2・397・3

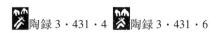

陶録 3・431・4 陶録 3・431・6

△按　高明、葛英會(1991:179)“箞”。

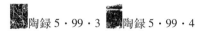

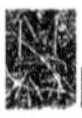陶録 5・99・3 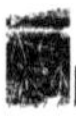陶録 5・99・4

△按　王恩田(2006:1831)“兼”。

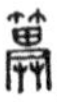璽彙 3110

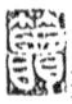集粹

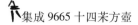

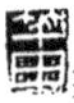集粹

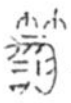貨系 3796

△按　何琳儀(1990A:247,2002)“筍”;黄錫全(2001:358)“筍”。

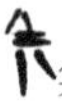集成 9665 十四苿方壺

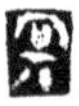陶録 3・479・5

△按　王恩田(2007:108)“帠”。

璽彙 3722

△按　陳光田(2009:79)“昇”。

陶彙 3・884 錢殿 347

△按　何琳儀(1998:1549)“珏”。

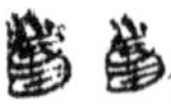包山 256

△按 施謝捷(2003)"曹"(word 版);
劉信芳(2003:261)"䦆","箅"之異
體;田河(2007:225)"撲",食品名。

璽彙 3473

△按 何琳儀(1998:1452)"鹽","䦎"
之異文。

吉大 50

△按 何琳儀(1998:1543)"奇"。

文物 1959-8,頁 63

璽彙 2850

△按 何琳儀(1998:1198)"豈"。

陶彙 3・864

△按 何琳儀(1998:1527)"庯"。

錢典 1219

△按 何琳儀(1998:445)"虐"之省
文,讀爲"虞"。

集成 428 冄鉦鍼

△按 何琳儀(1998:320)"藍"。

集成 4643 王子申盞 集成 9659 齊良壺

新收 1229 盦審盞

△按 劉彬徽(1984:344)"盍",可能

爲"盂"字異體;李學勤(1990:288—
289,1997)"盇(盞)";王人聰(1992:
67)"盝",即"盂";趙平安(1998:
453)"盫","盇"字異體;董珊
(2010A:169)"盍","盌"之異體;李
家浩(2012:506—508)"盫",讀爲
"鈃"。

集成 10374 子禾子釜

△按 陳介祺(1920:159,2004)疑
"登";郭沫若(1957:221)"盉(賄)";
何琳儀(1998:1553)"盧";中國社會
科學院考古研究所(2007:5593)
"盃"。

集成 10374 子禾子釜

△按 方濬益(1935:437,2004)"盠";
郭沫若(1957:221)"溫(洮)";陳秉新
(1998:456)"韞","糣"之古文。

集成 11033 陳□散戈

△按 何琳儀(1998:1543)"盉";中
國社會科學院考古研究所(2007:
5873)"盉"。

集成 11065 盝澳侯戈

△按 何琳儀(1998:1554)"盠"。

新收 1640 之利殘片

△按 何琳儀(1998:1557)"盈"。

信陽 2·28

△按　中大楚簡整理小組（1977A：26）"壚"。

郭店·五行 49

△按　荆門市博物館（1998：151）"儢"；李零（1999A：492）"狎"，與"習"音義相近；魏啓鵬（2000：54）"儢"，讀爲"伶"，合也；劉信芳（2000B：167）"盧"，讀爲"據"，意爲"持"。

陶彙 3·1020　陶録 3·322·5

陶録 3·322·2

△按　顧廷龍（1936：五·三，2004）"盂"；高明、葛英會（1991：167）"盋"，即"簋"；何琳儀（1998：1528）"盅"。

香録 5·3　陶録 3·1·3

△按　顧廷龍（1936：五·三，2004）"盌"；高明、葛英會（1991：167）"盌"；何琳儀（1998：1558）"鼉"。

璽彙 0198　璽彙 0199　璽彙 0202

燕下都 244·5

△按　丁佛言（1924：22，1988）"盧"；丁佛言（1924：22，1988）"盦"；羅福頤等（1981：109）《璽彙》0198"盅"，或"鼉"之省。《璽彙》0199、0202"盦"；李學勤（1984：327）"盟"；吳振武

（1984：60—61，2011）"盅"；葛英會（1991：44—45）"盟"，讀爲"盯"；曾憲通（1995：74）"盟"，讀爲"誓"；何琳儀（1998：724—725）"盅"，"盟"；趙平安（2003：109—111）"鹽"；施謝捷（2006：54—56）"盅"；孫剛（2010：191）"盅（盟）"。

集成 02228 中戉鼎　陶彙 3·83　三晉 44

三晉 44

△按　何琳儀（1998：619）"皀"，趙尖足布"皀"，"即"之省簡，讀爲"次"；中戉鼎"皀"，讀爲"腳"。

集成 4630 陳逆簋

△按　何琳儀（1998：223）"耆"，讀爲"孝"。

古文字研究 27，頁 326

仰天湖 26

△按　史樹青（1955：33）"鉄"；李學勤（1956A：48）"餃"；中大楚簡整理小組（1977C：14）"餃"；郭若愚（1986A：29）"銖（餫）"；劉國勝（2011B：122）"銖"，讀爲"廚"或"瓶"。

璽彙 0301

璽彙 0504

△按　何琳儀（1998：123）"餤"，"餬"之異文。

璽彙 1603

璽彙 2033

陶彙 6・116

陶錄 3・523・6

△按　王恩田（2006：1378）"余"。

文物 1998-5,頁 92

錢典 672

△按　何琳儀（1990A：247，2002）"冥（鄏）"；何琳儀（1998：788）"冥"。

集成 12113 鄂君啟舟節

集成 12110 鄂君啟車節

△按　殷滌非、羅長銘（1958：10）"桴"，讀爲"浮"；戴家祥（1995：2215）"桴"，讀爲"枹"；郭沫若（1958：5）"桴"，讀爲"遜"；于省吾（1963：444）"棹"，讀爲"朝"；商承祚（1963：317，2004）"梓"；陳煒湛、唐鈺明（1988：279）"梓"，木材；朱德熙、李家浩（1989：68—69）"槫"，讀爲"傳"；何琳儀（1989：47）"李"；湯餘

惠等（2001：379）"樑"。

新收 1772 柰柰中戈

新收 1985 燕王喜戈

仰天湖 5

△按　饒宗頤（1957：65）"邆"；中大楚簡整理小組（1977C：9）"楣"；郭若愚（1986A：28）"檽"；商承祚（1995：65）"楊"。

信陽 1・23　上博三・周易 15

上博五・三德 19

△按　中大楚簡整理小組（1977A：10）"杲"；李零（1999B：147）"槙"；陳偉（2004）"某"，讀爲"晦"；徐在國（2004）从木，冥聲；黃德寬（2005：1—3）上部未塗黑者爲"杲"，塗黑者爲"杳"；王輝（2009：123）"炫"，"槙"異體，讀爲"冥"，昏暗。

包山 273

△按　劉彬徽、彭浩、胡雅麗、劉祖信（1991：38）"欒"；李守奎、賈連翔、馬楠（2012：285）"鄷（翟）"。

 上博六・季桓 14

△按　濮茅左（2007：225）"初"，讀爲"切"；何有祖（2007C）"杆"；陳偉

（2007B）“杆（岸）”。

[印]上博六・鄭壽 2

△按　陳佩芬（2007:257）“栽（鄢）”；
何有祖（2007C）“戚”。

[印]陶彙 3・958

△按　何琳儀（1998:1514）“曾”。

[印]陶彙 3・1238　　[印]陶録 3・454・6

[印]陶録 3・455・2　　[印]陶録 3・455・3

△按　顧廷龍（1936:六・一，2004）
“某”。

[印]陶録 3・259・6

△按　高明（1990:45）“蛛”；高明、葛
英會（1991:273）“黿”。

[印]陶録 3・325・1

[印]陶録 3・406・1　　[印]陶録 3・406・2

△按　高明、葛英會（1991:129）
“補”。

[印]陶録 3・541・5

[印]陶録 4・190・2

[印]陶録 5・9・3

[印]璽彙 2409

[印]璽彙 2559

△按　何琳儀（1998:239）“樛”。

[印]璽彙 3594

[印]璽彙 5335

[印]集粹

[印]香續一 88

[印]陶録 4・102・3

△按　王恩田（2007:392）“敢生”。

[印]璽考頁 67

□
[印]貨系 2263

△按　黄錫全（2001:355）“星”，讀爲
“清”。

[印]貨系 2282

△按　黄錫全（2001:355）“壬”，讀爲
“澤”；何琳儀（1998:522）“壬”，讀爲
“宅”。

[印]陶録 4・168・5

陶録 2・55・2

璽彙 0284

璽彙 5557

△按　何琳儀(1998:1178)"圍"。

包山 140

△按　劉信芳(2003:140)"鷚";李家浩(2006B:17)"䏲"。

郭店・尊德 3

△按　李零(1999A:523—524)从貝;涂宗流、劉祖信(2001:115)"不";陳偉(2001:110)"賞"。

璽彙 3225 璽彙 3702

△按　羅福頤等(1981:142)"賈";何琳儀(1998:337)"贎"。

璽彙 5657

△按　何琳儀(1998:779)"賁"。

陶彙 3・780

△按　湯餘惠等(2001:407)"賌"。

匋文編,頁 32

△按　何琳儀(1998:1464)"賗"。

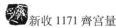

集成 11549 十二年邦司寇矛

新收 1171 齊宫量

新收 1992 九年藺令戈

西清古鑑 29・42,鄦侯載豆

包山 68

△按　劉彬徽、彭浩、胡雅麗、劉祖信(1991:44)"鄴";劉信芳(2003:68)"鄚","郱"字訛形;李守奎(2011:228)"郇"。

包山 88 包山 88

△按　黄錫全(1992:188)"鬠(?)";徐在國(1996:178)"郪",攸姓專字;何琳儀(1998:1529)"鬠"。

包山 130

△按　黄錫全(1992:188)"郯";張新俊(2005A:67)"邢";羅小華、李匯洲(2010:120—121)从邑,弄聲。

包山 143 曾侯乙 201

△按　裘錫圭、李家浩(1989:500)"鄵";黄錫全(1992:189)"郛(郻)";何琳儀(1998:59)"鄵";李零(1999B:

147）从“槙”；李運富（1997B：121）从邑，枼聲，枼地專字；劉信芳（2003：142）从邑，相聲，讀爲“杞”；范常喜（2006A）“鄍”，讀爲“冥”。

包山 156

△按　劉彬徽、彭浩、胡雅麗、劉祖信（1991：29）“邽”。

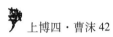上博四・曹沫 42

△按　李零（2004：270）“鬗（散）”；陳劍（2005A）“散（？）”；陳斯鵬（2005B）“捷”；季旭昇（2007：190—194）“鬗（散）”；陳斯鵬（2007：102）讀爲“散”，似應以“枻”爲聲，“枻”可能爲“檄”字異體。

陶彙 3・51

△按　顧廷龍（1936：六・四，2004）“截”；高明、葛英會（1991：242）“截”；何琳儀（1998：845）“蟈”。

陶彙 3・703

陶彙 3・815

陶彙 5・280

△按　徐在國（2011：189）“貿”。

陶彙 9・45

陶彙 9・52

△按　何琳儀（1998：1558）“鄑”；王恩田（2006：2328）“郜”；湯志彪（2013：947）“郜”。

陶録 2・7・2

△按　馬良民、言家信（1994：86）“鄗”；王恩田（2007）“鄗”。

陶録 2・48・2　　陶録 2・48・3

陶録 2・49・1

△按　王恩田（2006：136—137）“邕”；王恩田（2007：208）“窀”。

陶録 2・390・1　　陶録 2・390・2

△按　何琳儀（1998：1526）“廊”；王恩田（2006：480）“購”；王恩田（2007：174）“鄪”。

陶録 2・466・2　　陶録 2・468・1

璽彙 0152

△按　羅福頤（1981：159）“邽”；曹錦炎（1996：128—129）“鄆”；施謝捷（2006：57—58）“鄩”。

璽彙 0211

△按 丁佛言（1924：30）"鄔"；曹錦炎（1996：133）"䩄（革）"。

璽彙 0325

璽彙 0334

璽彙 0344

△按 何琳儀（1998：1527）"鄉"。

璽彙 1181

璽彙 1634

△按 何琳儀（1998：1543）"郊"。

璽彙 1815

△按 何琳儀（1998：1556）"邴"；湯志彪（2013：969）"郜"。

璽彙 1937 璽彙 1938 璽彙 1939 程訓義 1149

△按 何琳儀（1998：129）"鄒"，讀爲"每"。

璽彙 2043 璽彙 2044 璽彙 2048

△按 何琳儀（1998：459）"邘"。

璽彙 2175

△按 何琳儀（1998：1518）"鄙"。

璽彙 2184 璽彙 2185 璽彙 2186

△按 吳振武（1984：178，2011）"鄧"，即"强"；何琳儀（1998：648）"郭"，讀爲"强"。

璽彙 2191 璽彙 2192

璽彙 2205

璽彙 2215

△按 何琳儀（1998：1553）"鄆"。

璽彙 2226 璽彙 2245

△按 何琳儀（1992：475）"邵（三）鄝（州）"；曹錦炎（1996：160）"鄝（參）鄘（禹）"；李家浩（2004：19）"晶（參）鄝"。

璽彙 2236

璽彙 2969

璽彙 3451

△按 何琳儀（1998：1553）"鄰"。

璽彙 3682

△按　何琳儀（1998：572）“鄺”，或“鄺（鄺）”，讀爲“苴”。

璽彙 3689

△按　何琳儀（1998：1545）“郻”。

璽彙 5510

△按　何琳儀（1998：592）“邞”。

璽考頁 140

十鐘

貨系 1848

貨系 2022

貨系 2279

△按　黄錫全（2001：355）“邠”，讀爲“汾”，汾城。

貨系 2488

△按　黄錫全（2001：356）“鄘”，讀爲“權”。

錢典 151

△按　何琳儀（1990A：248，2002）“郇（雖）”；何琳儀（1998：1554）“郇”。

錢典 225

△按　何琳儀（1998：376）“郰”，讀爲“鄃”。

錢典 254

錢典 256

錢典 409

三晉 129

三晉 129

燕下都 281

陶録 3・182・1 陶録 3・182・2

陶録 3・182・3

陶録 3・272・4 陶録 3・272・5

陶録 3・272・6

陶録 3・277・3 陶録 3・277・2

陶録 3・277・1

△按　王恩田（2006：1129）“旱戜”合文。

文物 1959-8,頁 63

文物 1959-8,頁 63

璽彙 3209

△按　何琳儀(1998:1515)"朝"。

璽彙 3267

△按　何琳儀(1998:1549)"帕";湯餘惠等(2001:871)"蛆";陳光田(2009:128)"旭"。

璽彙 3375

璽彙 5568

珍秦金吳 134 十三年皮氏戟

陶彙 6·222

△按　何琳儀(1998:966)"訅"。

璽彙 0369

△按　何琳儀(1993A:293—294)"族",讀爲"聚";曹錦炎(1996:143)"甫(浮)";沈沉(2000:46)"甫(浮)"。

秦代印風 56

璽彙 4130　璽彙 4139

璽彙 3420

△按　何琳儀(1998:258)"柔"。

貨系 1313　貨系 1320

△按　何琳儀(1998:838)"禾"。

璽彙 2296

△按　羅福頤等(1981:44)"齒";何琳儀(1998:1443)"臽"。

璽彙 3392

集成 10371 陳純釜

△按　吳闓生(1932:金四·三十三)"余";郭沫若(1957:223)"亭"字異體,从高省,丁聲;何琳儀(1998:317)"宁",讀爲"寮"。

集成 10583 郾侯載簠

集成 11382 十七年鄃令戈

集成 11339 十三年戈

新收 1758 淳于大夫釜甀

△按　王輝(1994:61)"豕";李家浩

（1998C：94，2002）"复（鍑）"；馮勝君（1999：193）"家"；湯餘惠等（2001：512）"宠"。

郭店·語四 12

△按　荊門市博物館（1998：217—218）"㝱"，讀爲"訣"，早知也；林素清（2000：389、392）讀爲"央"，久也；陳偉（2003：237—238）从宀从浦，讀爲"輔"或"旁"；劉釗（2003A：229）"寖"，讀爲"浸"，漸漸；顧史考（2012：223—224）"㝱"，讀爲"抗"。

上博二·容成 40

△按　何琳儀（2003：92）从宀从束。

上博三·亙先 11

△按　李零（2003A：297）"竁"；廖名春（2004）"冥"字異文；王志平（2004）"熱（勢）"；董珊（2004：17—18，2014）"竁"，讀爲"敦"；劉信芳（2004B）"竁"讀爲"燬"。

上博六·慎子 3

△按　李朝遠（2007：278）"室"。

陶彙 3·703

△按　高明（1990：35）"安"。

陶彙 3·1074

△按　孫剛（2010：22）"公"。

陶彙 4·54

△按　何琳儀（1998：1511）"寽"。

陶彙 5·409

△按　高明（1990：84）"宁"。

陶彙 6·104

△按　高明（1990：93）"匋"。

陶録 2·518·2

△按　王恩田（2006：608）"亥"。

陶録 3·494·1

△按　王恩田（2006：1346）"畐"。

陶録 3·497·4

△按　王恩田（2006：1349）"鼐"；徐在國（2011：191）"内員"。

陶録 3·622·3

陶録 4·59·2　　陶録 4·59·1

陶録 4·158·6

△按　王恩田（2006：1676）"牢"。

璽彙 1442　　璽彙 1443

△按　何琳儀(1998：1536)"向"。

璽彙 3455　璽彙 3457

赫連 15

△按　何琳儀(1998：1551)"室"。

璽彙 3705

貨系 363

璽彙 4121

△按　黃錫全(2001：350)"室"。

貨系 500

△按　何琳儀(1998：1536)"嶂"。

璽彙 4708　香續一 105　璽彙 4709

△按　何琳儀(1998：1513)"宊"。

燕下都 243・4

△按　何琳儀(1998：889)"乞"，"乞"
之省文。

璽彙 5403

程訓義 1-3

璽彙 5463

錢典 1207

文物 1959-8,頁 63

△按　劉釗(1990：48)"長官"。

璽彙 5464

陶彙 3・74　陶彙 3・75

陶錄 3・415・4　陶錄 3・415・6

△按　何琳儀(1993C：254)"庒"，
"宝"之異文。

璽彙 5603

璽彙 0273

△按　何琳儀(1998：1532)"坨";何琳
儀(2002A：166)"坨"，"地"之繁文。

璽考頁 91

璽彙 1478

璽彙 2089

璽彙 3028

△按　何琳儀（1998：1527）“虎”。

璽彙 3576

璽彙 5432

集成 10941 冶瘐戈

△按　吳大澂（1894：32，1988）“瘕”；王獻唐（1985：9）“瘍”；何琳儀（1998：1542）“痔”。

珍秦金吳 244 二十二年屯留戟

曾侯乙 71

△按　裘錫圭、李家浩（1989：494）“瘭”；何琳儀（1998：986）“瘋”。

包山 52

△按　劉彬徽、彭浩、胡雅麗、劉祖信（1991：20）“戆”；何琳儀（1998：315）“瘰”，“懷”之繁文。

陶彙 3・285

陶彙 3・609

陶彙 3・614

陶彙 3・924

△按　吳大澂（1894：32，1988）“瘗”；顧廷龍（1936：七・四，2004）“痙”；王恩田（2006：1348）“痹”；王恩田（2007：212）“瘷”；孫剛（2010：214）“瘃”。

陶彙 3・940

△按　何琳儀（1998：1541）“痘”；王恩田（2007：392）“疟”；孫剛（2010：215）“疤”。

陶録 2・293・1　　陶録 2・301・1

△按　王恩田（2006：391）“臧”。

陶録 2・660・3

璽彙 0474　　璽彙 2017　　璽彙 2140

△按　吳大澂（1894：32，1988）“瘡”；羅福頤等（1981：191）“瘖”；何琳儀（1998：1549）《璽彙》0474、2017“瘡”；何琳儀（1998：1560）《璽彙》2140“瘡”；湯餘惠等（2001：521）“瘡”。

璽彙 1036

△按　何琳儀（1998：1530）“疢”。

璽彙 1057

△按　施謝捷（2006：222）“瘐（？）”。

璽彙 2276

璽彙 2448

璽彙 2730　　璽彙 3411

△按　湯餘惠等（2001：536）"痹"。

璽彙 3488

璽彙 3809　　吉大 41

△按　何琳儀（1998：1532）"瘃"；李家浩（1998A：74）《璽彙》3809"瘠"，"瘀"字異體；湯餘惠等（2001：528）"痟"。

璽彙 3950

△按　湯餘惠等（2001：537）"痟"。

璽彙 3989

△按　何琳儀（1998：1518—1519）"疝"。

集粹

集粹

十鐘

十鐘

程訓義 1-42

珍秦·戰 124

璽彙 0232

△按　何琳儀（1998：693）"兩"。

集成 9589 曑客之官壺

△按　中國社會科學院考古研究所（2007：5017）"曑"。

上博五·三德 12

△按　李零（2005：296）"罦"，讀爲"凭"；何有祖（2006B）"冥"，从网；王晨曦（2008：73）"冥"，讀爲"密"；王輝（2009：124）"羃"，讀爲"懸"，意爲"靠"。

璽彙 3492

△按　何琳儀（1998：1514）"罘"。

集成 11219 郾侯奪（載）戈　集成 11223 郾王職戈　集成 11272 郾侯脮戈

集成 11225 郾王職戈　璽彙 0729

△按　何琳儀（1998：1316）"巾"；湯餘惠等（2001：868）《璽彙》0729"虫"。

楚帛書

△按　嚴一萍（1967：2979）"策"；饒

宗頤（1968：1—32）"素"；唐健垣（1968：3334）"素"；李零（1985：58）"帤"，讀爲"需"；李零（1985：98）"紳"，讀爲"需"；饒宗頤（1985：55—56）"素"；曾憲通（1985：272）"素"；鄭剛（1988：11—12）从來得聲，讀爲"萊"；何琳儀（1986A：55）"素"，或讀爲"索"；許學仁（1986：39）"希"，"素"字異構；劉信芳（1996A：91）"希"，即"市"，字或作"帗"；鄭剛（1998：603）"彗"；黃德寬（1998：473—474）下部爲"市"，上部乃爲"差、華、孛"等所从朱之省變形體，此處作聲符。整字相當於"唔、薔、冔"之類的兩聲字；陳久金（2001：79）"帤（需）"。

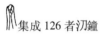璽彙 3364

集成 126 者汈鐘

△按　何琳儀（1998：524）"侂"。"詫"之異文。者汈鐘侂，讀宅或侂。

集成 11330 三十三年大梁戈

△按　中國社會科學院考古研究所（2007：6100）"卂（刃）"。

集成 11356 二十四年申陰令戈

新收 1322 蔡匜

△按　何琳儀（1998：205）"儑"。

珍秦金吳 140 十七年相邦鈹

古文字研究 10，頁 275

△按　李學勤（1985：333）"佝"，讀爲"偲"。

古文字研究 27，頁 327

譽編 頁 121

郭店·語二 19

△按　李零（1999A：540）與"察"相似；連劭名（2003：31）从人从業，讀爲"業"，意爲"捷"；劉釗（2003C：254）从人从癸，讀爲"儀"。

貨系 42

△按　何琳儀（1998：1423）"仉"。

陶彙 5·43

△按　高明（1990：70）"儝"；何琳儀（1998：1511）"儝"。

陶錄 2·55·3

陶錄 2·226·1　陶錄 2·227·2

陶錄 2·659·3

△按　王恩田（2006：314—315、749）《陶録》2·226·1、2·227·2"佑"，《陶録》2·659·3"佀"。

陶録3·240·6

△按　王恩田（2006：1092）"仈"。

陶録3·414·4

陶録3·656·6

△按　王恩田（2007：396）"仴人"。

秦陶1400

△按　袁仲一（1987：122）"倕"；何琳儀（1998：869）"傝"，"倕"之異文。

璽彙0144

△按　牛濟普（1992：90）"馬"；施謝捷（2006：160）"旅"；陳光田（2009：138）"希"，即"肆"，讀爲"肆"。

璽彙0195

△按　曹錦炎（1996：134）"倕"，工匠管理機構名；何琳儀（1998：1540）"倷"。

璽彙2199

璽彙2323

△按　何琳儀（1998：1528）"佤"。

璽彙2610

璽彙3255

△按　何琳儀（1998：1533）"佐"。

璽彙3324

△按　何琳儀（1998：1515）"佋"。

璽彙3560

△按　何琳儀（1998：1509）"偘"。

璽彙5380

璽彙5404

△按　吳振武（1984：213，2011）"休"。

璽彙5667

璽考頁320

燕下都233·11

陶録3·290·6

△按　王恩田（2006：1142）"告"；王恩田（2007：61）"詔"。

集成 11340 四年戈

陶錄 3・429・1　陶錄 3・429・4

陶錄 3・429・5　陶錄 3・429・6

△按　高明、葛英會（1991：214）“裏”；何琳儀（1998：1527）“裨”；王恩田（2006：1281）“褒”；王恩田（2007：236）“褒”。

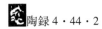陶錄 4・44・2

△按　何琳儀（1998：1517）“褕”。

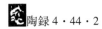天星觀

△按　滕壬生（1995：684）“裏”；李零（1999B：152）“禔”。

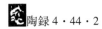包山 72

△按　劉彬徽、彭浩、胡雅麗、劉祖信（1991：44）“被”，從衣從皮省；何琳儀（1993B：56—57）“裏”；劉信芳（2003：71）“裏”。

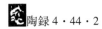新蔡甲一 25　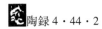新蔡甲二 5

△按　賈連敏（2003：187）“褪”；宋華強（2010：382）“裎”。

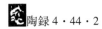新蔡甲三 195

△按　宋華強（2010：424）“裪”。

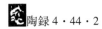陶彙 3・944

△按　顧廷龍（1936：九・一，2004）“宬”；何琳儀（1998：1552）“匄”；孫剛（2010：208）“守”；王恩田（2007：252）“宬”；徐在國（2011：193）“馳”字異體。

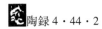璽彙 0264

△按　何琳儀（1998：1553）“崒”。

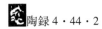璽彙 3437

△按　何琳儀（1998：1563）“淹”；陳光田（2009：198）“鄒（留）”。

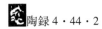璽彙 5332

△按　何琳儀（1998：1553）“踔”。

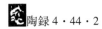珍秦・秦 33

△按　何琳儀（1998：359）“袿”。

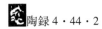秦印

集成 2707 右使車嗇夫鼎

△按　何琳儀（1998：1530）“揩”。

文物 2004-9，頁 83

曾侯乙 62

△**按** 裴錫圭、李家浩（1989：493）"氂"；蕭聖中（2011：84）"毬"。

包山 95

△**按** 劉彬徽、彭浩、胡雅麗、劉祖信（1991：23）"氂"；滕壬生（1995：683）"雜"；陳偉武（1997：642—643）"氂"，從毛，雜聲，讀爲"提"，控持、執持之義；劉釗（1998：57）"雜"字異構；何琳儀（1998：757）"氂"，從毹，求聲，"筆"之異文，讀爲"剔"，罵也；李零（1999B：148）"氂"，讀爲"捽"。

包山 266

△**按** 李家浩（1994A：538）從毛從瓚字象形初文得聲之字，讀爲"瓚"；馮勝君（2002：453—454）從毛從抄，讀爲"勺"；李守奎（2003：517）"毨"；劉信芳（2003：291）從斗，毛聲；劉彬徽（2004：116—118）從毛從雀，讀爲"爵"；陳偉等（2009：129）"枓"字異體。

包山牘

△**按** 劉彬徽、彭浩、胡雅麗、劉祖信（1991：39）"氅"；朱曉雪（2013：727）"氅（旄）"。

集成 2243 㑻屓鼎

考古 1990-8，頁 696

曾侯乙 212

陶録 3・521・3

△**按** 王恩田（2006：1376）"启"。

璽彙 0330

璽彙 2510

璽彙 3941

△**按** 羅福頤等（1981：221）"尾"。

陶録 4・204・4

璽彙 1856

△**按** 吳振武（1984：315，2011）"舠"；何琳儀（1992：476—478）"舠"。

璽彙 3081

△**按** 何琳儀（1998：1555）"舣"。

信陽 1・45

△**按** 李零（2002C：316）左半從"見"（"視"古體）；陳偉等（2009：381）右旁從"僉"。

【印】璽彙 2403

△按　何琳儀（1998：196）“頁”。

【頩】璽彙 2824

△按　何琳儀（1998：1555）“頟”。

【復】璽彙 3466

【覞】璽彙 3692

△按　何琳儀（1998：1528）“澓”。

【朖】攈華

△按　吳振武（1996B：49）“願”字異體。

【邜】集粹

△按　湯餘惠等（2001：608）“顧”。

【凰】璽彙 3703　【凰】璽彙 3741

△按　何琳儀（1998：390）“須”。

【彳】貨系 3795

【慧】香續一 28

【畱】郭店·五行 36

△按　荊門市博物館（1998：153）“邲”，“節”字；李零（1999A：492）與

傳抄古文“解”有關；魏啟鵬（2000：42—43）“桂”字別構，讀爲“解（懈）”；涂宗流、劉祖信（2001：418—419）從卩，奮聲，“奮”同“果”，讀爲“過”，過分、太甚。

【兜】郭店·唐虞 11

△按　荊門市博物館（1998：157）“叩（節？）”；李零（1999A：500）從卩，寸聲，讀爲“順”；周鳳五（1999B：754）從人，巽聲，讀爲“巽”，順也；陳偉（2003：70）從人從卩，“妃”，讀爲“配”，匹配、偶合。

【邜】陶錄 4·186·3

【邜】珍秦·戰 45　【鄬】璽彙 3210

△按　何琳儀（1998：1520）“鄮”。

【鄮】集粹

【鄬】十鐘

【鄬】曾侯乙 136

【邜】陶彙 4·69　【乁】璽彙 0022　【乁】璽彙 0361

【乁】璽彙 5562

【几】陶彙 3·616　【乁】璽彙 4924

△按　高明（1990：31）《陶彙》3·616

"入";何琳儀(1992:472)"勹",讀爲
"符";何琳儀(1998:236—237)
"勹",楚璽讀爲"勹"或"敷";王恩田
(2007:247)"卪"。

璽彙5602

陶彙3·1043

△按 何琳儀(1998:1513)"襠";王
恩田(2007:345)"鑿"。

陶録2·394·1 陶録2·394·2

陶録2·394·3

△按 王恩田(2006:484)"戎"。

璽彙2057

△按 何琳儀(1998:978)"庐"。

璽彙3889

△按 何琳儀(1998:1169)"崴"。

璽彙5677

△按 何琳儀(1998:1510)"崴"。

文物1959-8,頁63

近出1198 二十五年上郡守厝戈

△按 陳平(1987:322)"厝","錯"

之異構。

雙劍誃古器物圖録,頁146

集成11320 六年□令戈

集成11672 七年鈹

陶彙3·1063

△按 高明、葛英會(1991:40)"原"。

陶録3·257·6

△按 何琳儀(1998:1532)"石";王
恩田(2006:1109)"宕"。

陶録3·258·2 陶録3·258·3

△按 王恩田(2006:1110)"宕"。

璽彙0100

璽彙0273

△按 何琳儀(1998:1509)"厏"。

璽彙1848

璽彙1193

璽彙2877

[字形]璽彙 2880

[字形]璽彙 3318

[字形]璽彙 5690

△按　何琳儀（1998：1174）"厩"。

[字形]文物 1959-8，頁 63

[字形]陶彙 3·1234

△按　何琳儀（1998：1412）"硳"。

[字形]新收 1974□陽邑令戈

[字形]陶彙 4·127

[字形]郭店·語二 14

△按　荊門市博物館（1998：203）"豻"；涂宗流、劉祖信（2001：303—304）从豕，肝聲，讀爲"忏"，觸犯；李零（2002A：173）右上是"縣"字之省，音與"縣"有關；劉釗（2003A：204）"犿"，"豕"字異文，讀爲"憧"。

[字形]璽彙 3262

△按　吳振武（1984：332，2011）"昉"；何琳儀（1998：714）"昉"；何琳儀（1998：1523）"豕"。

[字形]石鼓文·吾水

△按　張政烺（1934：33，2004）"驡"，"驡"即"騽"字；郭沫若（1939：57，1982）"驊"；羅君惕（1983：85）"驊"，"騽"之繁文；何琳儀（1998：389）"驚"，"驚"之繁文，讀爲"族"。

[字形]曾侯乙 142

△按　何琳儀（1998：1067）"駢"，"駢"之異文；田河（2007：108）"駽"。

[字形]璽彙 0846

△按　何琳儀（1998：1474）"騼"，"騼"之省文；陳光田（2008：101）"右馬"；王愛民（2010：157）"馱"。

[字形]璽彙 1237　　[字形]璽彙 5490

△按　羅福頤等（1981：247）"騎"；何琳儀（1998：582）"騎"；白於藍（1999A：86）"騎"。

[字形]吉大 8

△按　施謝捷（2006：142）"騧"；董珊（2012：293）"騧（馭—御）"；李家浩（2014：1—2）"騧（御）"。

[字形]陶彙 3·101

△按　何琳儀(1998:381)"鹿"。

璽彙 3318

△按　何琳儀(1998:874)"舄",驟之初文,讀爲"累",累氏。

秦印

曾侯乙 67　　曾侯乙 115

陶彙 3 · 342

△按　何琳儀(1998:1558)"狁"。

璽彙 1675　　璽彙 2287

△按　羅福頤等(1981:251)《璽彙》1675"猜";劉釗(1990:45)"獮";何琳儀(1998:1475)"狉"。

璽彙 3117

△按　何琳儀(1998:1529)"狐"。

璽彙 3537

△按　吳振武(1984:122,2011)"犬";何琳儀(1998:825)"狌","猩"之異文。

吉林 188

秦印

包山 190

△按　劉彬徽、彭浩、胡雅麗、劉祖信(1991:31)"瓶";石泉等(1996:426)"炕";何琳儀(1998:789)"耿";劉信芳(2003:179)"炊"。

郭店 · 語二 44

△按　荊門市博物館(1998:205)"虞";涂宗流、劉祖信(2001:308—310)從田從火,占聲,讀爲"占",占卜。

陶彙 3 · 231

△按　何琳儀(1998:1535)"烏"。

陶錄 4 · 164 · 5

璽彙 982　　璽彙 1753　　璽彙 3045

璽彙 3257

△按　何琳儀(1998:1554)"熒"。

璽彙 3656

璽彙 3940

秦文字集證 202 · 69

陶錄 3 · 262 · 4　　陶錄 3 · 262 · 6

△按　王恩田(2006:1114)"慎"。

陶録 5・76・3

△按　王恩田（2006：1808）"呇"；王恩田（2007：270）"呇（大）"。

聖彙 1920

聖彙 2979

聖彙 5428

集成 2307 右廩鼎

△按　何琳儀（1998：500）"吳"。

集成 11367 六年漢中守戈

△按　中國社會科學院考古研究所（2007：6127）"趲（運）"。

陶彙 3・827

△按　何琳儀（1998：305）"玿"，"超"之省文。

集成 11553 五年鄭令矛

△按　湯志彪（2013：1515）"跕"。

集成 11660 元年劍

△按　湯志彪（2013：1511）"壴"。

新收 1919 二年宜陽戈

陶彙 9・64

聖彙 1532

△按　何琳儀（1998：1537）"場"。

聖彙 3497

聖彙 3524　津藝 17

△按　何琳儀（1998：1384）"戺"，讀爲位；施謝捷（1998：650）"眂（視）"；劉釗（2006：317）"視"。

貨系 509

△按　汪慶正等（1988：212）"立"；黃錫全（2001：351）"辛"。

聖彙 0461

△按　何琳儀（1998：1553）"眽"。

集成 11302 二十九年高都令戈

△按　中國社會科學院考古研究所（2007：6078）"鵻（鵻、懽）"。

集成 11355 十二年趙令戈

集成 11375 王三年馬雕令戈

集成 11758 中山侯鉞

△**按** 張政烺（1979：211—212）"雗"，即"惟"；黃盛璋（1979：44）"惟"；吳振武（1982：68）"忻（?）"；容庚（1985：875）"鲨"；黃錫全（1989：294—295）"忞"，即"伣"；何直剛（1992：24）"鳴"，讀爲"顧"；何琳儀（1996A：226）"忩"，"悠"之省文；王穎（2005：64）"伇"；徐海斌（2008：93—94）"㤅"，讀爲"桓"。

鳴文物 1959-8，頁 63

———

墨包山 147

———

△**按** 劉釗（1992：33，2004）从日从己从心；陳偉（1996：229）"悬"；劉信芳（2003：149）"悁"；朱曉雪（2013：371）"慇"。

象包山 90

———

△**按** 黃錫全（1992：188）"悸（?）"；朱曉雪（2013：132）"意"。

郭店·語二 3

———

△**按** 荊門市博物館（1998：203）"悹（望）"；黃德寬、徐在國（1998：108）"狂"之變體；何琳儀（2002B：2—3）"競"，恐懼；蘇建洲（2010）"懷"，讀爲"讓"；趙平安（2011：245—248）讀爲"讓"。

陶彙 3·97

———

陶彙 3·110

———

陶彙 3·230

———

陶彙 3·252

———

陶彙 3·443

———

陶彙 3·1126

———

△**按** 高明（1990：51）"述"；王恩田（2007：277）"念"。

陶彙 3·1302

———

△**按** 何琳儀（1998：1275）"憩"，"貽"之繁文。

陶録 2·241·4

———

陶録 2·544·1

———

△**按** 王恩田（2006：634）"悬"；王恩田（2007：286）"悬"。

陶録 3·138·2

———

△**按** 王恩田（2006：990）"窻"。

陶録 3·154·4 陶録 3·155·4
陶録 3·156·1

———

△**按** 王恩田（2006：1006—1010）"億

萬（合文）?”。

陶録 3・329・4

陶録 3・340・4

△按　王恩田（2006：1192）“恂”。

陶録 3・344・4

陶録 3・474・4

陶録 3・491・2

陶録 3・514・1　陶録 3・515・1

陶録 3・515・2

△按　何琳儀（1998：1522）“悆”。

璽彙 0083

璽彙 0241　璽彙 0247

璽彙 1625

△按　何琳儀（1998：1554）“聰”。

璽彙 1650

△按　何琳儀（1998：1549）“吠”；施謝捷（2006：74）“吳（虞）”。

璽彙 2303

璽彙 3220

璽彙 3606

璽彙 3664

△按　何琳儀（1998：1531）“憊”。

璽彙 3681

璽彙 3726

璽彙 3916

璽彙 3917

璽彙 5431

△按　何琳儀（1998：1249）“悰”。

璽考 315

集粹

溫縣

集成 1502 燮鼎　集成 2766 徐賔尹鼎

信陽 2・8　包山 260

△按　中大楚簡整理小組（1977A：

25）“涂”；李家浩（1983：189—190）“澮”；陳秉新（1992：149）“涂”，讀爲“土”，土俗；郭若愚（1994：74）“深”；何琳儀（1998：536—537）“涂”，讀爲“塗”；白於藍（1999D：348—351）右從“釆”，讀爲“沫”。

集成 3595 蔡侯申簠

△按 吳振武（1990：221—222）“鬲（瀝）”，讀爲“歷”，陳列。

集成 10465 三年中府杖首

集成 11707 四年春平侯鈹

近出 1195 十年汝陽令戟

△按 孫敬明、蘇兆慶（1990：39—42）“洱”；何琳儀（2000B：32—33）“汝”。

上博二·容成 3

△按 李零（2002B：252）“滷”；何琳儀（2003：90）左從广省，右上從害，右中從出，右下從水，讀爲“害”；陳劍（2003：58，2013）“漿”。

文物 1959-8，頁 63

陶彙 3·806

陶彙 3·1263   陶録 3·594·4

△按 高明（1990：56）“雨”；高明、葛英會（1991：140）“沈”；何琳儀（1998：464）“雨”；何琳儀（1998：1406）“沈”；王恩田（2006：1449）“氺”；王恩田（2007：297）“淌”。

陶彙 3·1334

△按 高明（1990：59）“潯”；王恩田（2007：292）“潯（潮）”。

陶彙 3·1346   陶彙 3·1347

△按 高明（1990：59—60）“洶”。

陶彙 3·1359   陶彙 3·1360

△按 高明、葛英會（1991：143）“減”；王恩田（2007：289）“河”。

陶彙 9·106

△按 何琳儀（1998：1543）“湍”。

陶録 2·554·1   陶録 3·554·2

△按 王恩田（2006：644）“冠”。

璽彙 0818

△按 何琳儀（1998：996）“濕”。

璽彙 1010   璽彙 2074

△按　羅福頤等（1981：274）“泪”；湯餘惠等（2001：742）“沄”。

璽彙 1947　津藝 7

△按　何琳儀（1998：1538）“沜”；肖毅（2002A：94）“泉”。

璽彙 3317

璽彙 3341

璽彙 3356

璽彙 3413

△按　何琳儀（1998：1561）“深”。

璽彙 3423

璽彙 3589

珍秦・秦 34

△按　王輝（1990：397）“杏”。

璽彙 1331

集成 11227 燕王職戈　集成 11241 燕王詈戈　集成 11275 燕王戎人戈　集成 11304 燕王職戈

△按　李學勤、鄭紹宗（1982：124）“冕”；沈融（1994：93—94）“函”；何琳儀（1998：1373）“霙”，讀爲“鈒”或“闔”；馮勝君（1998：245）“霙”，典籍作“鈒”或“闔”；董珊、陳劍（2002：43）“雲（？）”。

陶彙 6・18

△按　陳偉武（1995：127）謂首字未識，次字釋“仵”；徐在國（2002B：117）“敬”。

璽彙 3049

陶録 3・327・3　陶録 3・327・5　陶録 3・327・6

璽彙 1365

璽考頁 140

璽彙 3444

集成 11398 三十一年鄭令戈

璽彙 0321

△按　何琳儀（1998：1365）“閔”。

璽彙 5328　璽彙 5329

△按　劉釗（1990:46）"闡"。

璽彙 5619

△按　何琳儀（1998:1559）"悶"。

包山 20

△按　劉彬徽、彭浩、胡雅麗、劉祖信（1991:18）"聐"；黃錫全（1992:187）"聑"，"耵（聽）"；何琳儀（1998A:1500）三耳。

包山 47

△按　黃錫全（1992:187）"耵（聽）"；何琳儀（1998:1494）一耳。

璽彙 0198

△按　何琳儀（1998:1539）"望"；孫剛（2010:305）"聖"。

陶錄 3·596·1

△按　王恩田（2006:1451）"妟"；王恩田（2007:311）"妁"；徐在國（2011:197）"娲"。

璽彙 0760

璽彙 1156

△按　何琳儀（1998:1311）"婚"。

璽彙 3640

△按　羅福頤等（1981:291）"嬰"；何琳儀（1998:1535）"妇"。

璽彙 3670

△按　何琳儀（1998:1533）"陵"；施謝捷（1998:650）"隉"。

璽彙 5518

璽彙 5523

集粹

集成 11339 十三年戈　　集成 11286 不降戈　　集成 11541 不降矛　璽彙 2724
璽彙 3816　陶錄 4·5·1　陶錄 4·6·3
璽彙 3440　津藝 7　璽彙 2792

△按　高明、葛英會（1991:110）"戭"；王恩田（2006:1523—1524）"戭"；王恩田（2007:315）"戭"；陳光田（2009:76）"貨（?）"。

集成 11292 二年右貫府戈

仰天湖 23

△按　史樹青（1955:32）"戟"；郭若愚（1986A:29）"筏"。

陶彙 3·1177

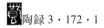陶録 3・172・1

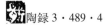陶録 3・489・4

△按　高明、葛英會（1991：123）"戠"；王恩田（2007）"戠"；徐在國（2011：198）"脟"。

璽彙 0157

△按　裘錫圭（1978：69）"戠（職）"；何琳儀（1998：54）"撤"之異文。

璽彙 1059　　璽彙 2732

△按　施謝捷（2006：237）"戜（戚）"。

陶彙 4・67　　燕下都 239・7

△按　何琳儀（1998：1520）"匝"；王恩田（2006：1565）"臣"。

陶録 3・392・1　　陶録 3・392・2
陶録 3・392・3

△按　王恩田（2006：1244）"匑"。

陶録 4・170・3

陶録 4・170・5

璽彙 3187

貨系 4172

△按　汪慶正等（1988：1044）"匋"。

集成 10371 陳純釜

△按　吳闓生（1932：金四・三十三）"發"；郭沫若（1957：223）"癹"；楊樹達（1959：234）"發"，發倉廩；何琳儀（1998：1552）"癹"；孫剛（2012：287—289）"共（公）冶弽"。

集成 11554 七年鄭令矛

集成 11559 三年鄭令矛

集成 11553 五年鄭令矛

陶彙 3・1097

璽彙 3349

璽彙 0357

集成 9452 長陵盉

△按　何琳儀（1992：487）"努"，"絞"之異文；唐友波（2000：157）"絜（梁）"；中國社會科學院考古研究所（2007：4968）"緈（絞）"。

望山 2・2　　望山 2・24

△**按**　中大楚簡整理小組（1977B：50）"綟"，纏束也；滕壬生（1995：936）"綟"；李零（1999B：148）"繄"；張崇禮（2012）"帳"。

包山 176

△**按**　劉彬徽、彭浩、胡雅麗、劉祖信（1991：30）"緊"；李零（1999B：152）上半左邊"炅"是"熱"字古文寫法；劉信芳（2003：199）"緊"；朱曉雪（2013：284）"緊（緎）"。

包山 275

△**按**　劉彬徽、彭浩、胡雅麗、劉祖信（1991：38）"績"；李家浩（1999：146）"綸"；劉信芳（2003：317）"緄"；何有祖（2005B）"緪"，讀爲"緄"；田河（2007：247）"緊"；劉國勝（2011：63）"緫"，"緊"之繁寫，讀爲"堅"或訓爲"堅"。

包山牘

△**按**　劉彬徽、彭浩、胡雅麗、劉祖信（1991：39）"緯"；何琳儀（1998：1067）"緋"，讀爲"綵"；白於藍（1999C：200）"緯"之異構。

郭店・老乙 5 　郭店・老乙 6

△**按**　荊門市博物館（1998：118—119）"纓（驚）"；裴錫圭（1998：119）字似從"賏"從"縈"，釋爲"纓"；崔仁義（1998：53）"縈"，同"縈"，通"驚"；

魏啟鵬（1999：242）"纓"，讀爲"攖"，擾亂、侵擾之義；陳偉武（1999：335）"纓"，從"賏"從"縈"，是一個純雙聲符字，"賏"爲頸飾，與"縈"之纏繞義相屬；許文獻（2001：171—175）"纓"，讀爲"衡"；劉釗（2003：31）"纓"，疑爲"縈"字繁體，讀爲"驚"；白於藍（2006：308—313）"纓"，從�，縈聲，即篸，讀爲"驚"，或爲"驚"字異構；丁四新（2010：286—288）"纓（驚）"；裴錫圭（2013：1—12）"篸"，讀爲"榮"。

　上博六・用曰 15

△**按**　晏昌貴（2009：114）"察"。

楚帛書

△**按**　嚴一萍（1967：3002）"綵"，俗作"繁"，多也，衆也；饒宗頤（1968：20）"綃"。"歲則無綃"，疑讀爲"歲則無疿"，訓傷害；陳邦懷（1981：238）"脩"，"繇"字別體，繇、由通用；李學勤（1982：68—72）"綃（祐）"；李零（1985：108）"綵"，讀爲"攸"；饒宗頤（1985：67）"綃"，訓爲解繩，讀爲"改"或"懈"；何琳儀（1986A：57）"綃"，疑即"七政"或"七緯"的專用字；湯餘惠（1993A：170）"脩"，"繇"字所從，即古"䌖"字，假借爲由，以也；陳茂仁（1996：246）"綃"，讀爲"改"，變更、使更爲正；劉信芳（1996A：98）"綃"；何琳儀（1998：1509）"綃"；徐

在國（2010：772）"繘"，从糸，肸聲。"繘祭"可讀爲"禷祭"。

楚帛書

△按　嚴一萍（1967：2979）"繫"，省殳作；李學勤（1982：68—72）"縛"；高明（1985：386）"繫"字之省，讀如"繼"；李零（1985：58）"䋎"，讀爲"繼"；饒宗頤（1985：54—55）"緐（繫）"；曾憲通（1985：306）"䋎"；陳茂仁（1996：220）"䋎"，"繫"之别體，作"連接"解；何琳儀（1998：741）"繫"。

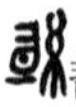春録 13・1

△按　顧廷龍（1936：十三・一，2004）"緝"。

陶彙 3・1192

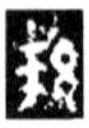陶彙 3・1342

△按　何琳儀（1998：1530）"緒"。

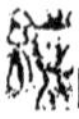陶彙 9・14

△按　何琳儀（1998：895）"絨"。

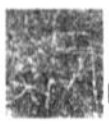中原文物 1988-4，頁 13

△按　喬志敏、趙丙唤（1988：14）"綗"；何琳儀（1998：730）"網"，"綗"之省文，"网"之繁文。

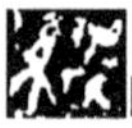陶録 2・389・2

△按　王恩田（2006：479）"綒"。

陶録 2・658・3

△按　王恩田（2006：748）"績"。

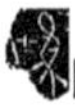陶録 3・616・2

陶録 4・206・2

△按　王恩田（2007：326）"繪"。

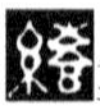璽彙 0342

△按　何琳儀（1998：1529）"絽"。

璽彙 1561

△按　何琳儀（1998：48）"紕"。

璽彙 3448

△按　何琳儀（1998：1536）"縕"。

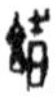璽彙 3762

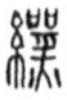璽彙 3870

△按　何琳儀（1998：1562）"纀"。

璽彙 4111　璽彙 4116　璽彙 4118

璽彙 4123

△按　羅福頤等（1981：314—315）"率"。

不盭善戈

新收 1183 二十八年上何左庫戈

上博六·用曰 4

△按　張光裕（2007：289）"勵"；陳偉（2007A）"耕"。

陶彙 3·1158

璽彙 3524

△按　何琳儀（1998：1540）"蠡"；湯餘惠等（2001：869）"畫"；劉釗（2006：301）"蝥（畫）"。

璽彙 3621

△按　何琳儀（1998：1556）"飛"。

璽彙 4138

△按　劉釗（2006：314）"蝨（蚓）"。

荊門左冢楚墓頁 66，二十四年亘令戈

包山 82　包山 85　包山 103　包山 115　包山 124　包山 125　包山 194　新蔡甲三 3

△按　劉彬徽、彭浩、胡雅麗、劉祖信（1991：22、22、24、24、25、25、32）簡 82 "鼄"、簡 85 "鼄"、簡 103 "鼄"、簡 115 "鼄"、簡 124 "鼄"、簡 125 "鼄"、簡 194 "鼄"；黃錫全（1992：187）簡 82 "鼄"；滕壬生（1995：950、951、951、951）簡 82 "鼄"、簡 103 "鼄"、簡 115 "鼄"、簡 125 "鼄"；何琳儀（1998A：1466）簡 85、124、125、194 "鼄"，簡 103 "鼄"；李零（1999B：152、153、153、153）簡 125 爲 "鼄"、簡 115 上半左邊是 "炅"（"熱"字古文）變形、簡 82、194 上半左邊是 "鼎"字、簡 103 上半左邊 "炅"（"熱"字古文）變形；劉信芳（2003：79、97、105）簡 82 "鼄"、簡 103 "鼄"、簡 115 "鼄"；何琳儀（2004B：4）"鼄"，讀爲朝；沈培（2007A：424）各字右上之斤、匕爲 "易" 訛變；鵬宇、汪冰冰（2008）"鼄"，從匕從黽從尞省（10—18）；朱曉雪（2013：823、829、839）簡 82 "鼄"、簡 115 "鼄"、簡 125 "鼄"。

集成 1487 右□□矛

集成 11687 三年建信君鈹

新收 1988 三年建信君鈹

集成 11986□□鏃

望山 2·9

△按　商承祚（1995：104）"臺"；程燕

（2003：86）“壔”，讀爲“彫”，畫也。

新蔡甲三 92　新蔡甲三 203　新蔡甲三 244

△按　徐在國（2003B）“重”，讀爲“鍾”；何琳儀（2004A：7）“呈”，讀爲“涅”，染黑之石；宋華强（2010：465）“𡉈（？）”。

新蔡甲三 362

△按　賈連敏（2003：200）“墾”；張新俊（2005：84）“毳”；宋華强（2010：448）从“垾”。

上博六·季桓 7

△按　濮茅左（2007：205）“增（？）”；蘇建州（2007）“埵”；陳劍（2008：165）左从土右下从甘。

上博六·季桓 17

△按　濮茅左（2007：215）“墥”，讀爲“閑”。

陶彙 3·381　璽彙 0273　璽彙 0312　璽彙 0336

△按　丁佛言（1924：73）“宅”；吳振武（1984：221，2011）“圦”，“畿”字異體；湯餘惠（1986：80）“匋（陶）”；高明（1990：22）《陶彙》3·381“坣”；葛英會（1992：314—315）“坣（堂）”；李家浩（1994：550—551）“坣”，“圻”字異體；吳振武

（1996A：153—156）“坣”，“塓”字古體，讀爲“冥”；曹錦炎（1996：133）“坣（坰）”；何琳儀（1998：787）“坣”，从土，冂聲（或冋省聲），郊外之地；徐在國（2003A：566—567）“坣”，即“畿”；王恩田（2007：333—334）“坣（堂）”。

陶彙 5·77

璽彙 0204

△按　田煒（2010：111）“埊”。

璽彙 0314

△按　何琳儀（1998：1558）“堇”。

璽彙 1562

△按　何琳儀（1998：1544）“垂”。

璽彙 1843　璽彙 3787

△按　何琳儀（1998：701）“壯”。

璽彙 2571　璽彙 2572　璽彙 3331　珍秦·戰 129

璽彙 3357

璽彙 3754

陶錄 3·391·1　陶錄 3·391·2

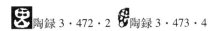陶録 3・472・2　陶録 3・473・4

△按　高明、葛英會（1991：159）"思"；徐在國（2002B：108）"畐"之倒文；王恩田（2006：1324—1325）"亶（覃）"。

璽彙 0069

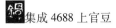璽彙 1953

△按　孫剛（2010：356）"畜"。

璽彙 5360

△按　羅福頤等（1981：330）"留"，從唐蘭釋。

集成 2243　儵屖鼎

集成 4688　上官豆

△按　何琳儀（1998：1509）"鐈"。

集成 4688　上官豆

集成 4694　郍陵君豆

△按　李家浩（1986：84）"鈇"，讀爲"簠"，淺盤平底豆形器；馬承源（1990：444）豆之別名。

集成 9450　十二末盉

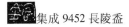集成 9452　長陵盉

△按　馬承源（1972：19）"鐈"；唐友波（2000：159）"銅（鎔）"，冶器法。

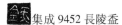集成 9452　長陵盉

△按　唐友波（2000：157—158）"鉄"，讀爲"奕"，美好。

集成 11383　鼄生不戈

集成 11522　鄎王喜矛

集成 11523　鄎王喜矛

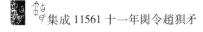集成 11561　十一年閵令趙狽矛

△按　湯餘惠等（2001：920）"鉥"。

隨縣車書

內蒙古錢幣 2000-1

包山 272

△按　劉彬徽、彭浩、胡雅麗、劉祖信（1991：38）"錫"；滕壬生（1995：1114）"銃"；劉信芳（1996C：187）"鉸"；李家浩（2003：5）"銃"，"鉛"字異體；劉國勝（2011：54）"釛"，讀爲"勒"。

陶録 3・418・1　　陶録 3・418・5

陶録 3・418・6

陶録 3・603・5

璽彙 3454

珍秦・秦 125

△按　王輝（1990：397）"鈶"。

貨系 0129

△按　汪慶正等（1988：85）"午"；何琳儀（1998：356）"斗"。

包山 267

△按　劉彬徽、彭浩、胡雅麗、劉祖信（1991：38）"轓"；湯餘惠（1993B：77—78）"轓（羍）"，連車；張桂光（1994：74）"輚"，指車軸，或讀爲"綾"；劉信芳（2003：293）"辣"；黃德寬等（2007：7）"鞶"，車上器件；田河（2007：134—135）"轓"，讀爲"練"。

新收 1632 六年相邦司空馬鈹

璽彙 0311

△按　陳光田（2009：151）"陵"。

璽彙 0333

△按　何琳儀（1998：853）"陭"，讀爲"阿"。

璽彙 0358

△按　何琳儀（1998：1518）"陶"。

璽彙 3575

錢典 410

△按　何琳儀（1998：539—540）"宁"，讀爲"賈"。

曾侯乙 171

陶彙 3・437

陶彙 3・678

△按　徐在國（2002B：111）"郭"。

璽彙 0759

集成 9420 鑄客盉　　集成 2300 集□鼎

集成 10388 鑄客爐

△按　郝本性（1983：207—208）"醻"，美酒名；夏渌（1984：281）"醮"；陳秉新（1987：336）"醻"，讀爲"酋"；李零

（1992B：150）字從酉，與酒、醢一類食品之用途有關。

集成 9420 鑄客盉　　集成 2300 集□鼎

△**按**　夏淥（1984：280）"醓"，"醢"之異構；陳秉新（1987：336）"䤛"，讀爲"酋"；李零（1992B：150）字從酉，與酒、醢一類食品有關。

集成 10371 陳純釜

△**按**　吳闓生（1932：金三・三十七）"歔"；吳闓生（1932：金四・三十三）"歔"；方濬益（1935：436，2004）"酎"之繁文；郭沫若（1957：223）"齩"；馬承源（1990：555）"齩"。

陶彙 3・163

陶彙 3・432

陶彙 3・796

陶彙 6・20

陶錄 5・24・3

璽彙 3395

集成 159 邾公鐘

△**按**　劉節（1931：86，1958）"戎"；徐中舒（1932：212，1998）"𢧵"，匕首之"匕"；唐蘭（1932：2，1995）"伐"；郭沫若（1932：366，2002）"戎"，讀爲"鏞"；温廷敬（1935：195）"戎"；朱德熙（1985：170—171，1999）"戌"，讀爲"代"；馬承源（1990：590）"䤵"；湯餘惠（1993A：11）"䤵"；白於藍（2012：425—428）"乂"，輔相。

集成 287 曾侯乙鐘　　集成 340 曾侯乙鐘

集成 2101 三斗鼎

集成 2243 㑋屏鼎

集成 2303 襄公鼎

集成 2707 右使車嗇夫鼎

集成 2707 右使車嗇夫鼎

集成 2746 梁十九年鼎　　曾侯乙 47

曾侯乙 63　　曾侯乙 4　　曾侯乙 28

曾侯乙 26　　曾侯乙 70

△**按**　黃盛璋（1988B：46）"戟"；裘錫圭、李家浩（1989：508）指席一類東西；馬承源（1990：597）"兼"；何琳儀（1998：1557）"弗"及從弗之字；何琳

儀（2004A：120）"簟（?）"；蕭聖中（2005：92）从兼聲之字，讀爲"嗛"；劉信芳（2006：8—10）"兼"及从兼之字，讀爲"簾"；禤健聰（2006：365—366）"弗"，讀爲"茀"；李天虹（2006：304—306）"𢾭"之初文，讀爲"薦"，釋爲重席；羅小華（2012：655—657）"𢾭"，讀爲"轏"；陳劍（2013：258—279）"叀"及从叀之字，讀爲"蓋"。

集成 4096 陳逆簠

△按　中國社會科學院考古研究所（2007：2264）"屯（純）"；孫剛（2010：317）"氏"。

集成 4625 長子口臣簠

集成 9452 長陵盉

△按　馬承源（1972：19）"晏"；唐友波（2000：157）"晏（嬰）"。

集成 9648 四斗䣄客方壺

集成 9735 中山方壺

△按　朱德熙、裘錫圭（1979：43）"施"，讀爲"也"；李學勤、李零（1979：151）"旆"，意同於焉；于豪亮（1979：171）"施"，讀爲"也"；張政烺（1979：213）"施"，讀爲"也"；趙誠（1979：249—250）引姚孝遂説釋爲"旆"，讀

爲"旆"，句尾助詞；徐中舒、伍仕謙（1979：1330，1998）"旆"，用爲焉，與秦用"殹（也）"相同；商承祚（1982：47）"旂"，"旆"或體，用爲焉；吳振武（2006：74—76）"綏（綏）"之本字，从彤沙之"沙"的象形初文得聲，讀爲"也"；魏宜輝（2014：57—59）"旃"，从几聲，讀爲"也"。

集成 10342 晉公盆

△按　吳榮光（1842：71，2004）"戌"；徐同柏（1906：361，2004）"成"；方濬益（1935：431，2004）"戌"；郭沫若（1957：232）"冂"，同"鬯"，靜也；馬承源（1990：588）"冂"，讀爲"鼏"；中國社會科學院考古研究所（2007：5577）"冂（鼏）"；謝明文（2013：241—242）"戌"，"成"之省訛，讀爲"定"。

集成 10342 晉公盆

△按　徐同柏（1906：361，2004）"智"；于省吾（1932：228，2009）"智"；馬承源（1990：588）"智"，與"柔"義相近；潘慧如（1999：243）"智（智）"；中國社會科學院考古研究所（2007：5577）"䛨（固）"；陳劍（2010：61）"珛（柔）"，字或作"揉"；謝明文（2013：237）"珛（柔）"。

集成 10342 晉公盆

△按　孫詒讓（1929：115，2004）"讓"

之異文；于省吾（1932：228，2009）
"諓"；郭沫若（1957：231）"諓"；中國
社會科學院考古研究所（2007：5577）
"諓"；謝明文（2013：242—247）"諒"，
讀爲"殷"。

集成 10342 晉公盆

△按　吳榮光（1842：71，2004）"馮"；
徐同柏（1906：361，2004）"馮"；方濬
益（1935：431—432，2004）"虎"，虎
臣；于省吾（1932：228，2009）"馮"；郭
沫若（1957：231）"馮"；中國社會科學
院考古研究所（2007：5577）"馮
（淲）"。

集成 10342 晉公盆

△按　吳榮光（1842：71，2004）"晨"；
徐同柏（1906：361，2004）"興"；于省
吾（1932：228，2009）"農"；郭沫若
（1957：232）"奰"，即"票"，讀爲
"暴"；馬承源（1990：588）"奰（暴）"；
潘慧如（1999：243）"奰（暴）"；中國社
會科學院考古研究所（2007：5577）
"票（暴）"。

集成 10342 晉公盆

△按　吳榮光（1842：71，2004）"電"；
方濬益（1935：431—432，2004）"電"；
郭沫若（1957：232）"𦥑"，即"舒"；馬
承源（1990：587）"𦥑（舒）"；中國社
會科學院考古研究所（2007：5577）"霦

（胡）"；謝明文（2013：247）"霦
（舒）"。

集成 10342 晉公盆

△按　吳榮光（1842：71，2004）"作"；
方濬益（1935：431，2004）"𢓊"；于省吾
（1932：228，2009）"𢓊（作）"；郭沫若
（1957：232）"𢓊"，"迮"之本字；馬承源
（1990：587）"𢓊（迮）"；中國社會科
學院考古研究所（2007：5577）"𢓊（迮）"；
謝明文（2013：247—250）"屖"。

集成 10342 晉公盆

△按　徐同柏（1906：361，2004）"翰"，
古文"𩏑"；于省吾（1932：228，2009）
"鞾（翰）"；郭沫若（1957：231）"鞾
（翰）"。

集成 10373 郘客銅量

△按　湯餘惠等（2001：76）"杏"。

集成 10385 司馬成公權

集成 10413 左使車鋪首

集成 10420 小器

集成 10421 小器

集成 10424 小器

集成 10427 小器

集成 10428 小器

集成 10430 小器

集成 10430 小器

集成 10431 小器

集成 10431 小器

集成 10432 小器

集成 10433 小器

集成 10436 小器

集成 10436 小器

集成 10437 小器

集成 10448　　山形器

集成 10449　　山形器

集成 10450　　左使車山形器

集成 10465 三年中府杖首

集成 10979 □晉戈

集成 10988 左庫戈

集成 11135 陰晉左庫戈

集成 11165 □戈

集成 11265 虎姒丘君戈

集成 11269 十四年州戈

集成 11283 九年戈

△按　何琳儀（1998：1519）"夘"。

集成 11283 九年戈

集成 11283 九年戈

集成 11292 二年右貫府戈

集成 11299 二十三年鄎令戈

集成 11301 二十三年□丘嗇夫戈

集成 11303 二十九年高都令戈

集成 11314 二年皇陽令戈

集成 11317 三年修余令韓雖戈

△按　中國社會科學院考古研究所（2007:6093）"隔（塥）"。

集成 11327 六年格氏令戈

集成 11338 三年□令戈

△按　何琳儀（1998:1559）"疠"。

集成 11338 三年□令戈

集成 11340 四年戈

集成 11342 二十一年相邦冉戈

△按　何琳儀（1998:1562）"葉"。

集成 11343 盲令司馬戈

集成 11344 八年盲令戈

集成 11344 八年盲令戈

集成 11348 五年龔令思戈

△按　中國社會科學院考古研究所

（2007:6113）"數"。

集成 11369 五年相邦呂不韋戈

△按　王輝（1990:90）"戴"。

集成 11373 二十一年鄭令戈

集成 11378 上郡武庫戈

△按　黃盛璋（1988A:44）"猣"。

集成 11382 十七年嚻令戈

集成 11391 二十九年相邦趙戈

集成 11402 枎里瘟戈

集成 11499 格氏矛

集成 11522 酆王喜矛

集成 11522 酆王喜矛

集成 11562 六年安陽令矛

集成 11562 六年安陽令矛

△按　中國社會科學院考古研究所（2007:6328）"艾（苀）"。

集成 11657 七年鈹

集成 11662 五年相邦春平侯鈹

集成 11662 五年相邦春平侯鈹

集成 11669 王立事鈹

集成 11672 七年鈹

集成 11676 十二年邦司寇鈹

集成 11702 十五年守相杢波鈹

集成 11710 十八年相邦劍

集成 11711 十三年鈹

集成 11711 信平君鈹

集成 11712 七年相邦鈹

集成 11715 十七年春平侯鈹

集成 11715 十七年春平侯鈹

集成 11863 私庫嗇夫鑲金銀泡飾

集成 12104 雁節　　集成 12106 鷹節

新收 569 六年陽城戈

新收 776 四年相邦春平侯鈹

新收 971 炊城戟

新收 1299 十一年房子令趙結戈

新收 1331 廿四年晉□上庫戈

新收 1412 王四年相邦儀戈

△按　鍾柏生、陳昭容、黃銘崇、袁國華（2006：976）“界”。

新收 1632 六年相邦司空馬鈹

新收 1974□陽邑令戈

新收 1976 馬雕令戈

新收 1977 十二年葡陽令戈

近二 987 大市銅量

△按　董珊（2010B：189）“政（征）”。

珍秦金吳 104

珍秦金吳 169 王二年戈

集成 11998 悍矢形器

珍秦金吳 169 王二年戟

集成 11341 四年咎奴令戈

珍秦金吳 230 韓少夫戟

集成 11348 五年龔令思戈

文物 1983-3, 頁 85

集成 11998 悍矢形器

考古 1988-7, 頁 617

金石癖·青銅·二耒戈

考古 1989-1, 頁 85

中國度量衡圖集頁 311, 圓形金飾件

△按　楊明珠(1989:84)"即"。

西清古鑑 29·42, 鄝侯載豆

文物季刊 1992-3, 頁 68

古文字研究 21, 頁 198

西清古鑑 29·42 鄝侯載豆

考古與文物 2007-6, 頁 56

西清古鑑 29·42 鄝侯載豆

△按　王輝、王沛(2007:56)"孝"字
之訛。

西清古鑑 29·42 鄝侯載豆

古文字研究 27, 頁 322

湖北出土商周文字輯證, 頁 98

△按　黃錫全(2008:319)"進"。

△按　黃錫全(1992:98)從羊。

揖芬集頁 353

湖北出土商周文字輯證, 頁 98

揖芬集頁 353

△按　黃錫全(1992:98)"鳥"。

湖北出土商周文字輯證, 頁 98

△按　黄錫全（1992：98）"市"。

湖北出土商周文字輯證，頁 98

△按　黄錫全（1992：98）字從"羊"。

二字戈，鳥蟲書圖 158

二字戈，鳥蟲書圖 158

石鼓文・而師

△按　張政烺（1934：29，2004）"戠"，"職"之初文；郭沫若（1939：123—124，1982）"戠"，即"熾"，從弋聲；徐寶貴（2008：762—764）讀爲"熾"，盛。

牌 3 牌 4 牌 5

仰天湖 28

△按　史樹青（1955：34）"希"，或作"絺"；中大楚簡整理小組（1977C：14）"牟"；劉國勝（2011B：117）"韋"。

信陽 2・24

△按　劉雨（1986：130）"集"；陳偉等（2009：384）"耿"。

信陽 2・24

△按　劉雨（1986：130）"馬"；朱德

熙、裘錫圭（1973：127）"舄"，讀爲"錯"。

信陽 2・28 上博二・從政甲 17

清華壹・楚居 9

△按　劉雨（1986：130）"皇"；李零（1999B：161）"填"；周鳳五（2003）從弁聲，讀爲"絆"；何琳儀（2003）"弁"，讀爲"並"；黄德寬（2003：83）"弁"；陳偉武（2003：202—203）"弁"，讀爲"樊"，阻礙；楊澤生（2009：169—170）"弁"，讀爲"反"或"慢"。

曾侯乙 1 曾侯乙 13 曾侯乙 25 曾侯乙 84 曾侯乙 105

△按　裘錫圭、李家浩（1989：490）右部爲"舌"；何琳儀（1996B：71）"甜"；宋華强（2011）"甜"，"甜 1"讀爲"刮"或"篆"，指戟約；"甜 2"讀爲"鍛"，指戟刺；陳斯鵬（2014：255）"甜"，讀爲"苦"；程燕（2015：107—109）"甜"，讀爲"沙"。

曾侯乙 4 曾侯乙 10

△按　何琳儀（1998：1001）"刪"，讀爲"貫"。

曾侯乙 10 曾侯乙 58

△按　白於藍（2003：197—198）"牠"，"赭"字異體；或讀爲"盧"，指黑色。

曾侯乙 67 曾侯乙 161

△按　裘錫圭、李家浩（1989:493、498）
"汆(？)"；蕭聖中（2011:87、114）"桼"。

曾侯乙 71

△按　裘錫圭、李家浩（1989:519）下
部爲云；何琳儀（1998:1314）"罨"，讀
爲"邔"，地名；陳秉新（2003:356—
357）"罨"，讀爲"邔"，古國名。

曾侯乙 103

△按　裘錫圭、李家浩（1989:520）從
二肉；何琳儀（1998:1475）"胎"，
"函"之異文；鵬宇（2010:282）"胎"，
讀爲"纂"，赤色絲帶。

曾侯乙 117

△按　裘錫圭、李家浩（1989:520）
"紉"，或"緇"之簡寫。

曾侯乙 124　曾侯乙 124　曾侯乙 128

曾侯乙 136

△按　裘錫圭、李家浩（1989:496）
"忞"；田河（2007:167）"忞"，"尨"字
異寫。

曾侯乙 136

△按　張光裕、黃錫全、滕壬生（1997:

324）"簪(？)"；蕭聖中（2006:21）"屬"，
從尾從喬。

曾侯乙 143　曾侯乙 146　曾侯乙 146
曾侯乙 151　曾侯乙 175

△按　何琳儀（1998:719）"舝"；陳偉
等（2009:366）"束"。

曾侯乙 156

△按　張光裕、黃錫全、滕壬生（1997:
335）"豎"；蕭聖中（2007:49）從厷從
手，"肱"字異體。

曾侯乙 205　曾侯乙 207

△按　何琳儀（1998:874）"舄"，"騾"
之初文。

曾侯乙 212

△按　蕭聖中（2006:21）從尾從累
（兜），"犀"字異體，或"兜"字繁構。

曾侯乙 213

△按　裘錫圭、李家浩（1989:500）
"酬"。

包山 23　包山 81

△按　黃錫全（1992:193）"競"之省
變；何琳儀（1998A:646）"競"，讀競，
人名；劉信芳（2003:38）"競(景)"。

包山 33

△按　劉彬徽、彭浩、胡雅麗、劉祖信（1991：19）“嬴（?）”；滕壬生（1995：679）“臨”；徐少華（1996A：95—96）“嬴”，讀爲“潁”；劉信芳（2003：46）“嬴（?）”。

包山 35

△按　劉彬徽、彭浩、胡雅麗、劉祖信（1991：19）“諫”；黃錫全（1992：187）“諭”；何琳儀（1998：1513）“諫”；施謝捷（2003）“酴”（word 版）；朱曉雪（2013：178）“醶（舍）”。

包山 87　包山 116

△按　黃錫全（1992：187）“兮（?）”；李運富（1997A：94）“平”；何琳儀（1998：840）“兮”；李零（1999B：144）从主；劉信芳（2003：84）“孚”。

包山 111

△按　劉彬徽、彭浩、胡雅麗、劉祖信（1991：47）“陞”；黃錫全（1992：188）“陶（陶?）”；何琳儀（1998：238）“隌”，讀爲“陶”；劉信芳（1999F：151）“隌”，讀爲“匋”；李守奎（2011：229—230）“赶”，讀爲“胡”。

包山 120　包山 121

△按　李零（1994：141，1998）“垂（郵?）”；陳偉（1996A：224）“而”；何琳儀（1998：868）“丞”，人名；劉信芳（2003：110）“耐”，讀爲“而”。

包山 122　包山 122　包山 123

△按　劉彬徽、彭浩、胡雅麗、劉祖信（1991：25）“孔”；袁國華（1995：213）“了”；何琳儀（1998：973—974）“兆”；劉信芳（2003：113）讀爲“節”；陳偉等（2009：60）“孨”之省寫。

　包山 122

△按　滕壬生（1995：56）“茜”；何琳儀（1998A：1552）“施”；劉信芳（2003：113）“啬”，經典多作“壺”；李守奎（2010：203）“眚”。

包山 130

△按　劉彬徽、彭浩、胡雅麗、劉祖信（1991：26）“摰”；何琳儀（1998：189）“鬽”，从鬼，執聲；劉信芳（2003：121）“鬾”；陳偉等（2009：64）上部爲“執”字異寫；朱曉雪（2013：441）“摯”。

包山 133　包山 135　上博六·用曰 17

△按　劉彬徽、彭浩、胡雅麗、劉祖信（1991：26）“並”；李零（1999B：149）“僉”省體；裘錫圭（2000：225）“戔”字變體，讀爲“戔”或“殘”；张光裕

（2007：303）"（競？）"；何有祖（2007C）"僉"，讀作"儉"或"斂"；凡國棟（2007A）"僉"，讀爲"儉"。

包山 155

△按　劉彬徽、彭浩、胡雅麗、劉祖信（1991：51）"授"；黃錫全（1992：188）"羖"；劉信芳（1996B：23）"㛤"，讀爲"捋"；何琳儀（1998：937）"媛"；劉信芳（1999B：154）"媭"，讀爲"捋"；陳偉等（2009：75）"受"。

包山 164

△按　黃錫全（1992：188）"末"；白於藍（1996：41—42）"橾"，即"柊"，讀爲"冬"；李運富（1997B：131—132）"年"；劉信芳（2003：173）"柊"，或"宋"。

包山 277

△按　滕壬生（1995：416）"匈"；何琳儀（1998：1388）"畬"，从缶，合聲；劉信芳（2003：318）"畬"，字又作"柂"，扁形鼓；羅小華（2011：323—324）"畬"，讀爲"拾"。

包山竹籤

磚 370·4（來源楚文字編，湖北江陵磚瓦廠竹簡）

望山 1·13

△按　朱德熙、裘錫圭、李家浩（1995：91）"瘺"，讀爲"屑"；中大楚簡整理小組（1977C：12—13）"楄"，讀爲"阻"。

望山 2·12

△按　李家浩（1999：145）"箬"，讀爲"蓋"；程燕（2003：87—88）"箬"，讀爲"幰"，車輨。

望山 2·12

△按　李家浩（1999：145）"皅（葩）"；程燕（2003：88）"易"，讀爲"錫"。

望山 2·37

望山 2·48

望山 2·49

△按　趙平安（1997：717）"夬"，讀爲"帙"，佩巾。

郭店·老甲 34

△按　荊門市博物館（1998：116）"然"；裘錫圭（1998：116）非"然"，義與"胘"相當；崔仁義（1998：66）"岇"，高貌；黃德寬、徐在國（1998：100）从士，勿聲，"胘"或體；劉信芳（1999B：41）陰陽之"陽"異構；李零

（1999A：467）"苶"，讀爲"朘"；趙建偉（1999A：288）"然"，"朘"之訛寫；魏啟鵬（1999：233）"然"，讀爲"勢"；王輝（2001：168）"会（陰）"；許文獻（2003：444—445）"前"，讀爲"全、朘、峻"；廖名春（2003：330）"劸"，上爲止，下爲易，牡器；范常喜（2006B）从士，尋省聲；郭永秉（2008）"鳫"之變體，讀爲"朘"；史傑鵬（2009）从士，勿聲，讀爲"勃"（5—14）。

郭店·五行 28　 郭店·五行 31

△按　荆門市博物館（1998：150、153）"穀"，讀爲"由"；裘錫圭（1998：153）"繇"字誤寫，讀爲"由"；陳斯鵬（2010：60—61）"穀"，讀爲"由"。

郭店·唐虞 15

△按　荆門市博物館（1998：157）"均（?）"；李零（1999A：501）从爿从月从才，讀爲"將"；周鳳五（1999C：753）讀爲"愠"；黄錫全（2005：221—222）"壯"，从爿从士从卩，讀爲"裝"，裝扮。

郭店·成之 24

△按　荆門市博物館（1998：168）"錫"；郭沂（1999：284—285）"晬"之本字；李零（2002A：126—127）从易得聲，讀爲"誠"；周鳳五（1999A：51）"淫"之異構；廖名春（2001：191）

"鍚"，讀爲"慎"，誠、實也；徐在國（2003C：54—56）从宋从呈，讀爲"審"，誠、信之義；劉釗（2003A：145）"楊"，从易聲，讀爲"蕩"，指心受到的震動。

郭店·尊德 34

△按　李零（1999A：524）"咎"省口，怪罪；黄德寬（2003：83）"夗"之變形，意爲曲。

郭店·性自 54

△按　荆門市博物館（1998：181）"豊"；黄德寬、徐在國（1998：110）"體"，"豊"字繁體，讀爲"禮"；趙建偉（1999B：39）"論"之異形，讀爲"倫"，序也；李零（1999A：510—511）"禮"字異體；劉信芳（2000A：937—940）"鼠"，讀爲"獵"，追逐；涂宗流、劉祖信（2001：179）从日从册，册亦聲，告誡；郭沂（2001：259—260）"台"異體，讀爲"怡"；李天虹（2003：186—187）"册"，讀爲"策"，謀略；林素清（2005：13）"扁"，讀爲"虘"，努力。

郭店·六德 16

△按　張光裕（1999：155）"它（施）"；李零（1999A：517）"也"；袁國華（1998：144—145）"它"，讀爲"施"；涂宗流、劉祖信（2001：198、

200）讀爲“匹”，類；李零（2002A：136）義同於表示條件的“雖”。

郭店・語二 3

△**按**　荆門市博物館（1998：203）“㞠（望）”；黄德寬、徐在國（1998：108）“㞷（狂）”；何琳儀（2002B：2—3）“兢”，恐懼；劉釗（2003C：248）“望”，意爲責望；蘇建洲（2010）“襄”，讀爲“讓”；趙平安（2011：245—248）“襄”，讀爲“讓”。

新蔡甲三 45

新蔡甲三 71

△**按**　賈連敏（2003：190）“犧”；宋華强（2010：437）“義”。

新蔡甲三 72

△**按**　賈連敏（2003：190）“䡪”；宋華强（2007：233）“諍”，人名。

新蔡甲三 96

新蔡甲三 229

△**按**　賈連敏（2003：195）“未”。

新蔡甲三 244

△**按**　賈連敏（2003：196）“黽”；廣瀬

薰雄（2006：215）“昆”。

新蔡甲三 316

△**按**　賈連敏（2003：198）“叙”；大西克也（2006：272）字上部爲“帝”字省形；宋華强（2010：445）“魚”。

新蔡甲三 335

△**按**　賈連敏（2003：199）“邑”；宋華强（2010：457）（信陽213）省寫。

新蔡甲三 346-2、384

△**按**　賈連敏（2003：199）“寡”；何有祖（2007A）从穴从日从共；宋華强（2010：444）“弅”。

新蔡乙四 6

△**按**　賈連敏（2003：206）“簡”；宋華强（2010：466）上从門下从匀。

新蔡乙四 132

△**按**　賈連敏（2003：209）“柰”。

新蔡乙四 134

△**按**　賈連敏（2003：209）“縣”；宋華强（2010：442）“枵”。

新蔡零 439

△**按**　賈連敏（2003：222）“晠”。

上博一 · 緇衣 22

△按　陳佩芬（2001：197）"暜"；顏世
鉉（2002）上從二木，下從目，即"相"；
黃德寬、徐在國（2002：4）從林從甘，
"香"字異體，讀爲"鄉"；趙平安
（2002：442）"香"異體，讀爲"鄉"；冀
小軍（2002）從林得聲，讀爲"鄉"；李
零（2007：49）"向"抄誤；蘇建洲
（2008A）"杏"，讀爲"向"。

上博二 · 民之 10　上博四 · 相邦 4

上博四 · 相邦 4

上博五 · 弟子 8　上博七 · 凡甲 15

△按　此字構形奇特，據辭例，在楚
簡中無疑皆用爲"曰"。關於該字之
釋讀，主要有三類：（一）"曰"之異體
或變體。（二）"曰"之假借字。（三）
"曰"之同義詞。陳斯鵬對各家釋讀
有評述，並認爲其構形乃取"水"形之
半而成，疑爲"巜"字，以音近讀作
"曰"（《楚簡中一個讀爲"曰"的奇字
補説》，《古文字論壇》第 1 輯，中山大
學出版社 2015 年）。

上博二 · 容成 37

△按　何琳儀（2003：92）"幻"之異
體，讀爲"眩"；劉釗（2003B）"眇"；黃
德寬（2005：3）"杳"的簡省，讀爲
"眇"；劉信芳（2004A：324）"昌"，讀

爲"張"；范常喜（2006A）"瞑"的
本字。

上博三 · 周易 30

△按　濮茅左（2003：177）"发"，或釋
"敚"；李零（2006：60）從八從子從又，
"敚"之壞字；楊澤生（2006B：170—
171）從八從丈，讀爲有分義的"判、
胖、料"；何琳儀、程燕（2004）"豭"；黃
錫全（2006：42）"癹（撥）"或"弁
（辦）"。陳斯鵬（2004）從兑從又之
"敚"；陳惠玲（2005：81）"弅（判）"；
蘇建洲（2007）"豭"或"家"。

上博三 · 亙先 11

△按　李零（2003A：297）"龙"；董珊
（2004：17—18，2014）"龙"之變體。

上博三 · 彭祖 5

△按　李零（2003B：306）"工"；陳斯
鵬（2007：88）"互"，讀爲"彝"或
"肆"。

上博四 · 采風 1

△按　馬承源（2004：165）"坌"；楊澤
生（2006B：335）讀爲"供"。

上博四 · 采風 3

△按　袁金平（2006）"弁"，讀爲
"變"。

上博四・采風 4

上博四・昭王 2

△按　陳佩芬（2004：183）"繸"；董珊（2005：65，2014）"綆（？）"；楊澤生（2006B：337）讀爲"窔"；李佳興（2005）从朕聲，讀爲"縢"，意爲束縛、制約；張崇禮（2007）"禰"，父廟；單育辰（2013：423—424）讀爲"送"，送死、送葬。

上博四・柬大 14

△按　濮茅左（2004：207）"句（後）"；董珊（2005）"句（哭？）"；季旭昇（2005）从口，勹聲，"呴"之異體；陳劍（2005）省"虍"之"䖒"，讀爲"呼"；楊澤生（2006B：338）"吟"，歎息；禤健聰（2006：363）从口聲，讀爲"哭"；張桂光（2006：268）从人，口聲，"叩"之異體；何有祖（2007B）"臨"省寫，訓作哭。

上博四・内豊 7

△按　李朝遠（2004：217）"飲"；房振三（2005）"㥜"，讀爲"負"；林素清（2006：18—23）"匱"。

上博四・曹沫 29　上博四・曹沫 37

△按　李零（2004：262）"虞"字古文，讀爲"御"；何有祖（2005A）字爲"耀"

字聲符，讀爲"耀"；蘇建洲（2005）"旅"字古文訛變，或讀爲"武"；陳斯鵬（2007：100）"从"之繁構。

上博五・鮑叔 4

△按　陳佩芬（2005：186）"庚（更）"；袁金平（2006）"弁"；季旭昇（2006B）从弁从刃；林志鵬（2006）"剕"；蘇建洲（2006A）从歹从刃（刃）即"列"字，讀爲"殘"；鄔可晶（2013：228—230）即清華簡《金縢》用爲"穫"之字（編按：即簡 9 、簡 14 ）省去"攴"旁的簡體，讀爲"郯"。

上博五・季庚 16

△按　濮茅左（2005：225）"薦"，讀爲"薦"。

上博五・季庚 23

△按　濮茅左（2005：235）"趜"字；何有祖（2006A）"廷"。

上博五・姑成 9

△按　李朝遠（2005：248）或釋爲"云"；季旭昇（2006A）"回"，讀爲"圍"。

上博五・弟子 10

△按　張光裕（2005：273—274）"擅（？）"；陳偉（2006）釋爲"亘"，疑讀爲"屬"。

上博五·三德 17

△按　侯乃峰（2006）“呈”,平也;陳劍（2008:182）“呈”;蘇建洲（2011:337）“単”。

上博六·季桓 5

△按　高佑仁（2007）下部是“虎”;陳劍（2008:170—171）下部是“尾”;郭永秉（2011:221）从鳥,屚省聲,“屍”的專字。

上博六·季桓 13

△按　陳劍（2008:167）“兼（?）”。

上博六·季桓 14

△按　濮茅左（2007:212）“鳴”,引申爲鳥;陳劍（2008:166）“睪（? 擇?）”。

上博六·季桓 14

△按　濮茅左（2007:212）“危”;陳劍（2008:166）“声（?）”。

上博六·季桓 15

△按　濮茅左（2007:213）“拜”;陳劍（2008:167）“拜（?）”。

上博六·季桓 15

△按　陳劍（2008:168）“僞（?）”。

上博六·季桓 15

△按　何有祖（2007C）“拜”。

上博六·季桓 15

△按　濮茅左（2007:213）“拜”。

上博六·季桓 26

△按　何有祖（2007D）“役”,僕役;復旦讀書會（2008）“大夫”合文。

上博六·季桓 26

△按　濮茅左（2007:224）“芚”;何有祖（2007D）“芻”,在先秦儀禮活動中可作爲行禮物品;復旦讀書會（2008）“芒（芒）”,讀爲“亡”,亡故之先人。

上博六·用曰 5

△按　張光裕（2007:290）“鳥（?）”;范常喜（2008:426）“鳶”。

上博六·用曰 20

△按　凡國棟（2007B）从曰从会,讀爲“陰”。

楚帛書

△按　饒宗頤（1958:5—6）“皇”;安志敏、陳公柔（1963:55—56）“童”;嚴一萍（1967:3011）“皇”;李零（1985:65—66）“娟”之本字;饒宗頤（1985:

12—13)"皇";高明(1985:376—377)"皇";何琳儀(1986C:78—79)"瑂"或"玼"。以聲類求之,即珛,"女玼"讀"女瑂",即女媧;湯餘惠(1993A:165)"皇";饒宗頤(1985:12—13)"皇"。字从皇,增"出"形爲繁體;陳茂仁(1996:149—150)"堇";李零(1998C:68、254)"填";劉信芳(2002:20—21)"豈"。"出"爲附加聲符,"豈、媧、娶"一音之轉,"女豈""女媧""女娶"本遠古女子之通名;李學勤(2006:169—170)"堊"。"女堊"即"女圣",也即女媧;陳斯鵬(2006:343—345)"填"。"女填"或相當於古書中的神話人物"女登",爲一名之異寫,或與女媧填補蒼天、填塞洪水的事迹有關;徐在國(2010:813)"填",疑當讀爲"媧"。

楚帛書

△按 饒宗頤(1968:3)"矍(鵬)";金祥恆(1968:3203)"矍";李零(1985:116)"矍";曾憲通(1985:307)"矍";高明(1985:376)"擢"字古體;饒宗頤(1985:8—10)"矍"。應是"雅"之繁形,"雅"即"雎";何琳儀(1986A:77—78)"矍",讀"雷";劉信芳(1996A:69)"矍";徐在國(2010:522)"臀"。

楚帛書

△按 商承祚(1964:22)"灋";饒宗頤(1968:4)"灋",即法字;陳邦懷(1981:239)"灋"。"灋逆"即"法步",謂用曆法推步四時;李零(1985:66)"灋",讀爲"廢";曾憲通(1985:304)"灋",即灋,今通作"法";何琳儀(1986A:79)"虒"。"虒逆"即"虒逃";連劭名(1991:41)"灋",讀爲"廢",大也;劉信芳(1996A:72—73)"唐(虐)";陳茂仁(1996:152)"虒",通作"乎";馮時(1996:180)"灋"。"灋逆"讀爲"法兆",猶言"法古"。

楚帛書

△按 蔡季襄(1944:8)"万";商承祚(1964:22)"曖(亂)";饒宗頤(1968:16)"亥";曾憲通(1985:242)"亥";劉信芳(1996A:91)"亥",讀爲"該",咸也;劉信芳(2001:137)"亥",讀爲"垓"。

楚帛書

△按 饒宗頤(1958:22)"糜",疑讀爲"迷";商承祚(1964:13)"鼠",訓憂;饒宗頤(1968:15)"兄",讀作"荒",義指荒歉;嚴一萍(1968:2972)"豸";唐健垣(1968:3332—3333)"兄",讀爲"荒";李棪(1971:539—544)"瘋";李學勤(1982:68—72)"鼠";高明(1985:385)"兒",讀爲

"哉",訓爲毀;李零(1985:56)"鼠",讀爲"爽";何琳儀(1986A:54)"兒",讀爲"閱";劉釗(1992:78—79)"兒",讀爲"毀",壞也,敗也;曾憲通(1985:238)"兄";湯餘惠(1993A:168)"鼠(癙)",憂病;劉信芳(1996A:90)"兒(霓)";李運富(1997B:132—133)"鼠";何琳儀(1998:526)"鼠",讀"癙";李零(2000:166—167)"兒",讀爲"霓",亦作"蜺",一種凶咎;李零(2000:168)"兒",讀"哉";楊澤生(2002:81—83)从鼠,乙聲,疑是"齧"字異體,讀作"蠤"。

陶彙3·49

△按　高明(1990:10)"平"。

陶彙3·93

陶彙3·107

△按　何琳儀(1998:1561)"參"。

陶彙3·177

陶彙3·248

△按　湯餘惠、吳良寶(2001:201)"向";孫剛(2010:201)"向"。

陶彙3·345

陶彙3·677

陶彙3·679

△按　丁佛言(1924:27)"柒";陳邦懷(1989:263)"柒(漆)";王恩田(2007:158)"黍"。

陶彙3·703

陶彙3·708

陶彙3·709

△按　何琳儀(1998:1548)"忓"。

陶彙3·730

△按　高明、葛英會(1991:97)"彰"。

陶彙3·738

陶彙3·760

△按　徐在國(2002B:114)"墾",从絲从坴,即"幾"。

陶彙3·775

陶彙3·792

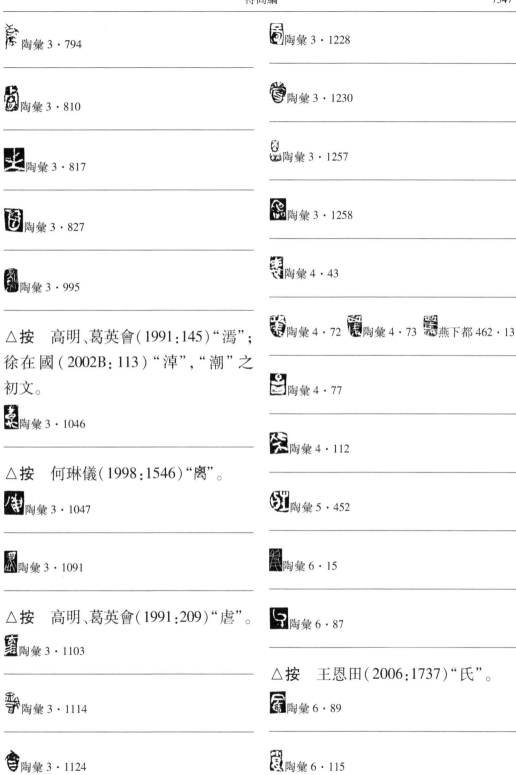

陶彙 3・794

陶彙 3・810

陶彙 3・817

陶彙 3・827

陶彙 3・995

△按　高明、葛英會（1991：145）"馮"；
徐在國（2002B：113）"漳"，"潮"之
初文。

陶彙 3・1046

△按　何琳儀（1998：1546）"离"。

陶彙 3・1047

陶彙 3・1091

△按　高明、葛英會（1991：209）"虐"。

陶彙 3・1103

陶彙 3・1114

陶彙 3・1124

△按　何琳儀（1998：1561）"亶"。

陶彙 3・1228

陶彙 3・1230

陶彙 3・1257

陶彙 3・1258

陶彙 4・43

陶彙 4・72　　陶彙 4・73　　燕下都 462・13

陶彙 4・77

陶彙 4・112

陶彙 5・452

陶彙 6・15

陶彙 6・87

△按　王恩田（2006：1737）"氏"。

陶彙 6・89

陶彙 6・115

△按　高明（1990：93）"复"。

陶彙6·225

[glyph]陶録2·12·3

[glyph]陶録2·13·2　[glyph]陶録2·14·2

[glyph]陶録2·13·1

[glyph]陶録2·16·4

△按　王恩田(2006:104)"雁"。
[glyph]陶録2·50·4

△按　王恩田(2006:138)"思"。
[glyph]陶録2·50·4　[glyph]陶録2·56·1
[glyph]陶録2·56·2

[glyph]陶録2·50·4

[glyph]陶録2·52·2

[glyph]陶録2·53·1

△按　王恩田(2006:141)"謍"。
[glyph]陶録2·55·2　[glyph]陶録2·55·4

[glyph]陶録2·81·2

△按　王恩田(2006:169)"儍"。

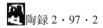陶録2·97·2

△按　王恩田(2006:185)"容"。
陶録2·97·4

[glyph]陶録2·97·4

△按　王恩田(2006:185)"夢"。
[glyph]陶録2·102·2　[glyph]陶録2·104·1
[glyph]陶録2·104·2

[glyph]陶録2·111·3

[glyph]陶録2·120·2

△按　王恩田(2006:208)"截"。
[glyph]陶録2·150·4

[glyph]陶録2·153·3

△按　王恩田(2006:241)"懌"。
[glyph]陶録2·154·1

△按　王恩田(2006:242)"敳";王恩田(2007:82)"敵"。
[glyph]陶録2·154·3

[glyph]陶録2·158·2

陶録 2・168・1

△按　王恩田(2006:256)"敌"。

陶録 2・179・1

陶録 2・180・2

陶録 2・181・2

陶録 2・219・1

陶録 2・240・4

陶録 2・251・4

△按　王恩田(2006:339)"赀"。

陶録 2・257・3

△按　王恩田(2006:345)"䜣"。

陶録 2・259・2

△按　王恩田(2006:347)"肯"。

陶録 2・280・4

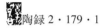陶録 2・286・2

陶録 2・287・2

△按　王恩田(2006:375)"陽"。

陶録 2・291・1

陶録 2・291・1

△按　何琳儀(1998:1532)"予"。

陶録 2・376・4

陶録 2・390・1

△按　王恩田(2006:480)"苪"。

陶録 2・390・4

△按　王恩田(2006:480)"蕬"。

陶録 2・397・1　　陶録 2・397・2

△按　王恩田(2007:389)金祥恆釋
"通"。甬與用都是甬鐘的象形,"週"
爲"通"的異構。

陶録 2・397・4

陶録 2・398・1　　陶録 2・398・2

陶録 2・398・4

△按　王恩田(2006:488)"商"。

陶録 2・403・3

陶録 2・434・3

陶録 2 · 436 · 4

△按　王恩田（2006:526）"太"。

陶録 2 · 497 · 4

△按　王恩田（2006:587）"豆"。

陶録 2 · 497 · 4

△按　高明、葛英會（1991:58）"埋"；
王恩田（2006:587）"里土"。

陶録 2 · 519 · 1

△按　王恩田（2006:609）"源"。

陶録 2 · 520 · 4

△按　王恩田（2006:610）"京"。

陶録 2 · 523 · 1

△按　王恩田（2006:613）"郒"。

陶録 2 · 544 · 3

△按　王恩田（2006:634）"厞"。

陶録 2 · 547 · 4

△按　王恩田（2006:637）"胅"。

陶録 2 · 549 · 3

△按　王恩田（2006:639）"塭"。

陶録 2 · 551 · 4

陶録 2 · 554 · 2　　　陶録 2 · 554 · 3

陶録 2 · 555 · 2　　　陶録 2 · 556 · 1
陶録 2 · 556 · 4

陶録 2 · 557 · 3

△按　王恩田（2006:647）"戜"。

陶録 2 · 561 · 4

陶録 2 · 563 · 1

陶録 2 · 564 · 1

陶録 2 · 603 · 2

陶録 2 · 650 · 4

△按　王恩田（2006:740）"厓"；徐在
國（2011:197）"匌"，从勹，封聲。

陶録 2 · 650 · 4

△按　王恩田（2006:740）"至"。

陶録 2 · 651 · 1

△**按**　王恩田(2006:741)"莒"。

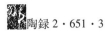陶録 2・651・3

陶録 2・654・1

陶録 2・677・4

△**按**　王恩田(2006:767)"豆里"。

陶録 2・702・3

△**按**　王恩田(2006:792)"舭"。

陶録 2・708・2

△**按**　王恩田(2006:798)"倶"。

陶録 2・726・1　　陶録 2・726・6

陶録 2・728・1

陶録 2・737・1　　陶録 2・738・2

陶録 2・750・4

陶録 2・752・1

陶録 2・752・1

△**按**　王恩田(2006:842)"戎"。

陶録 2・752・1

陶録 2・753・1

△**按**　王恩田(2006:843)"毛"。

陶録 2・753・1

陶録 3・2・1

△**按**　王恩田(2006:854)"甗"。

陶録 3・2・1

△**按**　王恩田(2006:854)"圣"。

陶録 3・8・4

△**按**　王恩田(2006:860)"戎"。

陶録 3・8・4

△**按**　王恩田(2006:860)"爪"。

陶録 3・9・3

陶録 3・18・6

陶録 3・20・2

△**按**　王恩田(2006:872)"湊"。

陶録 3・20・4

△**按**　王恩田(2006:872)"汚(河)"。

陶録 3・20・5

陶録 3・23・1

陶録 3・42・1　　陶録 3・42・2

陶録 3・23・2

△按　王恩田（2006：894）"褔"。

陶録 3・42・3　　陶録 3・42・4

陶録 3・24・1

陶録 3・151・5

陶録 3・24・1

△按　王恩田（2006：1003）"君"。

陶録 3・170・6

△按　王恩田（2006：876）"白"；王恩田（2007：180）"日"。

陶録 3・33・1

△按　王恩田（2006：1022）"獄"；王恩田（2007：159）"國"。

陶録 3・172・2

△按　王恩田（2006：885）"田"；王恩田（2007：488）"周"。

陶録 3・36・4　　陶録 3・37・4

陶録 3・179・3　　陶録 3・179・5

陶録 3・179・6

△按　高明、葛英會（1991：83）"巢"；王恩田（2006：888—889）"單"。

陶録 3・40・5

△按　王恩田（2006：1031）"成"。

陶録 3・180・1

△按　王恩田（2006：892）"大"。

陶録 3・40・5

△按　王恩田（2006：1032）"成"。

陶録 3・180・3　　陶録 3・180・4

△按　王恩田（2006：892）"里"。

陶録 3・41・5

△按　王恩田（2006：1032）"亓？"。

陶録 3・194・2　　陶録 3・194・3

△按　王恩田（2006：893）"秖"。

陶録 3・41・6

△按　王恩田（2006：1046）"潮"；王恩田（2007：292）"漳（潮）"。

陶録 3・201・3

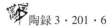陶録 3・201・6

陶録 3・226・6

△按　王恩田(2006:1078)"育"。

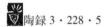陶録 3・227・6　陶録 3・229・5

△按　王恩田(2006:1079、1081)"朔";
施謝捷(1997:68—69)"蜀"。

陶録 3・228・5

△按　王恩田(2006:1080)"朔";施
謝捷(1997:68—69)"蜀"。

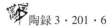陶録 3・229・1　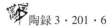陶録 3・229・3

△按　高明、葛英會(1991:245)"酉";
王恩田(2006:1081)"朔";施謝捷(1997:
68—69)"蜀"。

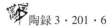陶録 3・250・4

△按　王恩田(2006:1102)"伈"。

陶録 3・250・5

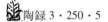陶録 3・261・3

△按　王恩田(2006:1113)"忒"。

陶録 3・292・2　陶録 3・292・3

陶録 3・292・5　陶録 3・292・6

△按　王恩田(2006:1144)"爪"。

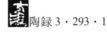陶録 3・293・1

陶録 3・293・6

△按　何琳儀(1998:1520)"中";王
恩田(2006:1145)"中"。

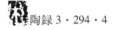陶録 3・294・4

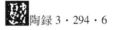陶録 3・294・6

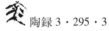陶録 3・295・3

陶録 3・319・6　陶録 3・320・1

△按　王恩田(2007:106)"盉(簋)"。
簋形簡化,从九聲。

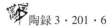陶録 3・324・5

△按　王恩田(2006:1176)"簋"。

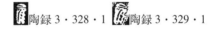陶録 3・328・1　陶録 3・329・1

△按　王恩田(2006:1180—1181)"羅"。

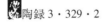陶録 3・329・2

△按　王恩田(2006:1181)"箸"。

陶録 3・330・3　陶録 3・330・4

△按 王恩田(2006:1182)"沽"。

陶録3·333·6

△按 王恩田(2006:1185)"伕"。

陶録3·339·1 陶録3·339·4

△按 王恩田(2006:1191)"垵"。

陶録3·339·6

△按 王恩田(2006:1191)"屋"。

陶録3·344·1

陶録3·344·2

陶録3·344·3

陶録3·344·5

陶録3·344·6

陶録3·351·5 陶録3·351·6

△按 王恩田(2006:1203)"達逾"。

陶録3·385·4

△按 王恩田(2006:1237)"咸"。

陶録3·394·1

△按 王恩田(2006:1246)"卣"。

陶録3·396·1 陶録3·396·2

陶録3·396·5

△按 王恩田(2006:1248)"大"。

陶録3·407·2 陶録3·407·3

陶録3·410·5 陶録3·410·1

陶録3·410·2 陶録3·411·5

△按 高明、葛英會(1991:109)"戠";何琳儀(1998:54)"熾";王恩田(2007:265)"熾"。

陶録3·407·4

△按 王恩田(2006:1259)"能"。

陶録3·443·5 陶録3·443·6

陶録3·444·1

陶録3·444·2

△按 王恩田(2006:1296)"後"。

陶録3·444·3

陶録3·444·4

陶録3·444·5

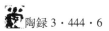陶録 3・444・6

△按　王恩田(2006:1296)"買"。

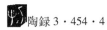陶録 3・454・4

△按　王恩田(2006:1306)"㓞"。

陶録 3・455・4　陶録 3・455・5

陶録 3・455・6

△按　王恩田(2006:1307)"象"。

陶録 3・456・6

陶録 3・474・1

陶録 3・474・3

陶録 3・474・5

陶録 3・475・6　陶録 3・476・6

△按　王恩田(2006:1327—1328)"乙"。

陶録 3・477・4

△按　王恩田(2006:1329)"目"。

陶録 3・477・6

陶録 3・478・2

△按　王恩田(2006:1330)"万"。

陶録 3・478・3

陶録 3・478・5

陶録 3・479・1

陶録 3・479・3

陶録 3・480・1

陶録 3・480・2

陶録 3・480・4

陶録 3・481・1

陶録 3・481・2

陶録 3・483・1

陶録 3・483・3

陶録 3・483・5

陶録 3・483・6

陶録 3・485・1

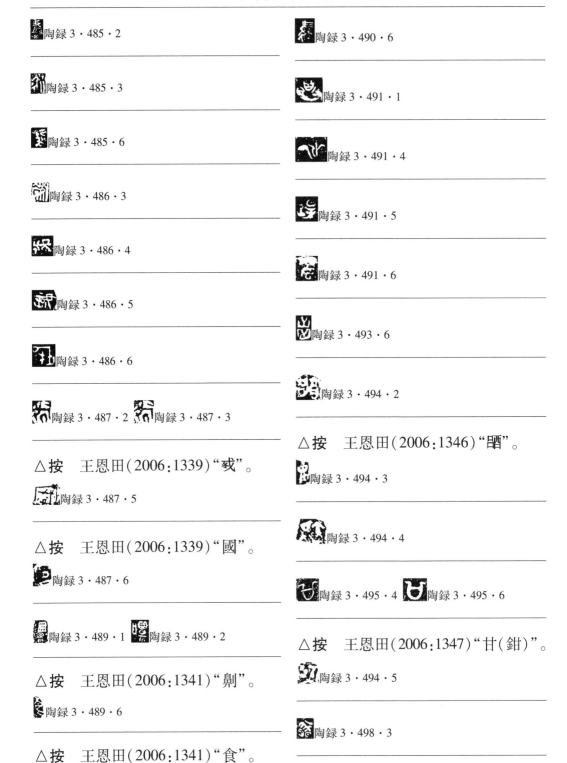

陶録3・485・2

陶録3・485・3

陶録3・485・6

陶録3・486・3

陶録3・486・4

陶録3・486・5

陶録3・486・6

陶録3・487・2　　陶録3・487・3

△按　王恩田(2006:1339)"戜"。

陶録3・487・5

△按　王恩田(2006:1339)"國"。

陶録3・487・6

陶録3・489・1　　陶録3・489・2

△按　王恩田(2006:1341)"剄"。

陶録3・489・6

△按　王恩田(2006:1341)"食"。

陶録3・490・5

陶録3・490・6

陶録3・491・1

陶録3・491・4

陶録3・491・5

陶録3・491・6

陶録3・493・6

陶録3・494・2

△按　王恩田(2006:1346)"晒"。

陶録3・494・3

陶録3・494・4

陶録3・495・4　　陶録3・495・6

△按　王恩田(2006:1347)"甘(鉗)"。

陶録3・494・5

陶録3・498・3

陶録3・498・6

陶録 3・499・1

陶録 3・499・2

陶録 3・499・3

陶録 3・499・4

△按　王恩田（2006：1351）"迠"。

陶録 3・499・5

陶録 3・499・6

陶録 3・500・1

陶録 3・500・2

陶録 3・500・4

陶録 3・500・5

陶録 3・500・6

陶録 3・501・1

陶録 3・501・2

陶録 3・501・3

陶録 3・502・3

陶録 3・502・4

陶録 3・502・6

陶録 3・503・2

陶録 3・503・3

陶録 3・503・5

陶録 3・503・6

陶録 3・504・2

陶録 3・504・3

陶録 3・504・5

陶録 3・504・6

陶録 3・505・1

陶録 3・505・2

陶録 3・505・3

△按　王恩田（2006：1360）“正”。

陶録 3 · 505 · 4　陶録 3 · 505 · 5

陶録 3 · 506 · 1

陶録 3 · 506 · 2

陶録 3 · 506 · 3

△按　王恩田（2006：1361）“丙”。

陶録 3 · 506 · 4

陶録 3 · 506 · 6

△按　王恩田（2006：1361）“河”。

陶録 3 · 508 · 3

陶録 3 · 508 · 4

陶録 3 · 508 · 5

陶録 3 · 508 · 6

陶録 3 · 509 · 2　陶録 3 · 509 · 3

陶録 3 · 511 · 2　陶録 3 · 511 · 5

△按　王恩田（2006：1366）“行”。

陶録 3 · 511 · 3　陶録 3 · 511 · 6

△按　王恩田（2006：1366）“行”。

陶録 3 · 515 · 4

△按　王恩田（2006：1370）“沾”。

陶録 3 · 521 · 6

△按　王恩田（2007：486）疑“芻”。

陶録 3 · 522 · 2

陶録 3 · 522 · 4

△按　王恩田（2006：1377）“大”。

陶録 3 · 522 · 5

陶録 3 · 523 · 3

△按　王恩田（2006：1378）“茸”。

陶録 3 · 523 · 4

陶録 3 · 524 · 4　陶録 3 · 524 · 5
陶録 3 · 531 · 1　陶録 3 · 531 · 2

陶録 3 · 529 · 2

陶録 3 · 529 · 2

陶録 3・529・3

陶録 3・530・1

陶録 3・530・2

陶録 3・530・4

陶録 3・531・5

陶録 3・532・6

陶録 3・534・3

△按　王恩田（2006：1389）“明”。

陶録 3・534・4

陶録 3・534・5

△按　王恩田（2006：1389）“瓜”。

陶録 3・535・1　　陶録 3・535・2

陶録 3・535・3

陶録 3・535・4

陶録 3・535・6

陶録 3・536・1　　陶録 3・536・3

陶録 3・536・6

陶録 3・537・4

陶録 3・537・5

陶録 3・537・6

陶録 3・538・4

陶録 3・538・5

陶録 3・538・6

陶録 3・539・1　　陶録 3・539・3

陶録 3・540・1　陶録 3・540・2

△按　王恩田（2006：1395）“漕”。

陶録 3・540・3

陶録 3・540・5

陶録 3・541・1　　陶録 3・541・2

陶録 3・541・4

陶録 3・541・6

【图】陶録 3・542・4

【图】陶録 3・543・1　【图】陶録 3・543・3
【图】陶録 3・543・4　【图】陶録 3・543・6

△按　王恩田（2006：1398）"疌"。

【图】陶録 3・544・2　【图】陶録 3・544・5

【图】陶録 3・544・3

【图】陶録 3・544・6

【图】陶録 3・545・1　【图】陶録 3・545・3

【图】陶録 3・547・3　【图】陶録 3・547・4

【图】陶録 3・548・3

【图】陶録 3・548・5

【图】陶録 3・549・1

【图】陶録 3・549・2

【图】陶録 3・549・3

【图】陶録 3・550・1　【图】陶録 3・550・2

△按　王恩田（2006：1405）"映"。

【图】陶録 3・550・4

【图】陶録 3・550・5

【图】陶録 3・550・6

【图】陶録 3・551・1

【图】陶録 3・551・2

【图】陶録 3・551・3

【图】陶録 3・551・4

【图】陶録 3・551・5　【图】陶録 3・551・6

【图】陶録 3・552・1

△按　王恩田（2006：1407）"臣"。

【图】陶録 3・552・3　【图】陶録 3・552・4

【图】陶録 3・552・6

【图】陶録 3・553・2

【图】陶録 3・553・3

陶録 3・553・5

陶録 3・553・6

陶録 3・554・1

陶録 3・554・3

陶録 3・554・4

陶録 3・554・5

陶録 3・554・6

陶録 3・555・1

陶録 3・555・2

陶録 3・555・3

陶録 3・555・5

陶録 3・556・1

陶録 3・556・2

陶録 3・556・3

陶録 3・556・5

陶録 3・556・6

△按　王恩田（2006：1411）“亼”。

陶録 3・557・2

陶録 3・557・3

陶録 3・557・3

陶録 3・557・4

陶録 3・557・5

陶録 3・557・6

陶録 3・558・1

陶録 3・558・2

△按　王恩田（2006：1413）“因”。

陶録 3・558・3

陶録 3・558・4

△按　王恩田（2006：1413）“仕”。

陶録 3・558・5

△按　王恩田(2006:1413)"工"。

陶録 3・558・6

陶録 3・559・3

陶録 3・559・4

陶録 3・560・1　陶録 3・560・2

陶録 3・560・3

陶録 3・560・5　陶録 3・560・6

陶録 3・561・5

△按　王恩田(2006:1416)"宗"。

陶録 3・561・6

陶録 3・562・1

陶録 3・562・2

陶録 3・562・3

陶録 3・562・5

陶録 3・562・6

△按　王恩田(2006:1417)"兑"。

陶録 3・563・5

陶録 3・564・1

陶録 3・564・1

陶録 3・564・2

陶録 3・564・4

陶録 3・565・2

陶録 3・565・3

陶録 3・565・3

陶録 3・565・4

陶録 3・565・5

陶録 3・565・6

陶録 3・566・1

陶録 3・566・2

陶録 3・566・4

陶録 3・566・5

陶録 3・566・6

陶録 3・567・1

陶録 3・567・1

陶録 3・567・2

陶録 3・567・2

陶録 3・567・3

陶録 3・567・4

陶録 3・567・5

陶録 3・567・6

陶録 3・568・1

陶録 3・568・2

陶録 3・568・4

陶録 3・569・5　陶録 3・569・6

陶録 3・570・1

陶録 3・570・2

陶録 3・570・5

△按　王恩田（2006：1425）"鹿"。

陶録 3・570・6

陶録 3・571・2

陶録 3・571・3

陶録 3・571・5

陶録 3・572・1　陶録 3・572・2

陶録 3・572・6

△按　王恩田（2006：1427）"皙"。

陶録 3・573・2

陶録 3・573・3

陶録 3・573・4

陶録 3・573・5

△按　王恩田（2006：1428）"楠"。

陶録 3・573・6

△按　王恩田（2006：1428）“成”。

陶録 3・574・1

陶録 3・574・2

陶録 3・574・3

陶録 3・574・4

陶録 3・575・1

陶録 3・575・1

陶録 3・575・2

陶録 3・575・5

陶録 3・576・2

陶録 3・576・5

陶録 3・576・6

陶録 3・577・1

陶録 3・576・3

陶録 3・576・4

陶録 3・577・2

陶録 3・577・3

陶録 3・577・5

陶録 3・578・2

陶録 3・578・3

陶録 3・578・3

陶録 3・578・4

陶録 3・578・5

陶録 3・578・6

陶録 3・578・6

陶録 3・579・1

陶録 3・579・2

陶録 3・579・3

陶録 3・579・4

陶録 3・579・5

陶録 3・580・1

陶録 3・580・4

陶録 3・581・1

陶録 3・581・2

陶録 3・581・4

陶録 3・581・5

陶録 3・582・1

陶録 3・582・2

陶録 3・582・3

△按　王恩田(2006:1437)"草?"。

陶録 3・583・1

△按　王恩田(2006:1438)"匽?"。

陶録 3・583・4

陶録 3・584・2

△按　王恩田(2006:1439)"井"。

陶録 3・584・3

陶録 3・584・4

陶録 3・584・5

陶録 3・584・6

△按　王恩田(2006:1439)"左?"。

陶録 3・585・3

△按　王恩田(2006:1440)"牛?"。

陶録 3・585・5

陶録 3・586・2

陶録 3・586・2

陶録 3・586・3

陶録 3・586・3

陶録 3・586・6

陶録 3・587・3

陶録 3・587・4

陶録 3・597・1

陶録 3・587・5

陶録 3・597・2

陶録 3・588・2

陶録 3・597・4

陶録 3・588・3

△按　王恩田（2006：1452）“新？”。

陶録 3・598・1

陶録 3・588・5

△按　王恩田（2006：1453）“文”。

陶録 3・588・6

陶録 3・598・2

陶録 3・589・2　　陶録 3・589・3

陶録 3・598・3

陶録 3・589・5　　陶録 3・590・4

△按　王恩田（2006：1453）“炅”。

陶録 3・591・1

陶録 3・598・4

陶録 3・592・6

陶録 3・599・2

陶録 3・593・4

陶録 3・599・4

陶録 3・594・5

陶録 3・599・6

陶録 3・596・4

陶録 3・600・2

△按　王恩田（2006：1451）“奔”。

△按　王恩田（2006：1455）“宊”。

陶録 3・596・5　　陶録 3・596・6

陶録 3・601・1

△按　王恩田（2006：1456）"血？"。

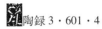陶録3·601·4

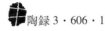陶録3·605·6

陶録3·601·5

陶録3·601·6

△按　王恩田（2006：1456）"彷"。

陶録3·602·4

△按　王恩田（2006：1457）疑"兩"字變體。

陶録3·602·5

陶録3·602·6

△按　王恩田（2006：1457）"曰"。

陶録3·603·1

陶録3·603·4

陶録3·604·3

陶録3·604·6

陶録3·605·2

陶録3·605·3

△按　王恩田（2006：1460）"月"。

陶録3·606·1

陶録3·606·2

陶録3·606·3

陶録3·606·3

△按　王恩田（2006：1461）"宄"。

陶録3·606·4

陶録3·607·1

陶録3·607·1

△按　王恩田（2006：1462）"千"。

陶録3·607·2

陶録3·607·3

陶録3·607·4

陶録3·610·2　陶録3·624·4

△按　王恩田（2006：1465、1479）"卣"。

陶録 3・610・3

陶録 3・610・4

陶録 3・611・3

△按　王恩田（2006:1466）"詻"。

陶録 3・611・4

△按　王恩田（2006:1466）"立"。

陶録 3・612・1

陶録 3・612・2

陶録 3・612・3

陶録 3・612・4

陶録 3・613・4

△按　王恩田（2006:1468）"紉"。

陶録 3・614・2

△按　王恩田（2006:1469）"毛"。

陶録 3・614・4

陶録 3・615・2

△按　王恩田（2006:1470）"酉"。

陶録 3・615・4

△按　王恩田（2006:1470）"心"。

陶録 3・616・3

陶録 3・616・4

陶録 3・617・1

陶録 3・617・2

陶録 3・617・3

陶録 3・617・4

陶録 3・618・1

陶録 3・618・2

陶録 3・618・3

陶録 3・618・4

陶録 3・620・2

陶録 3・620・2

陶録 3・620・3

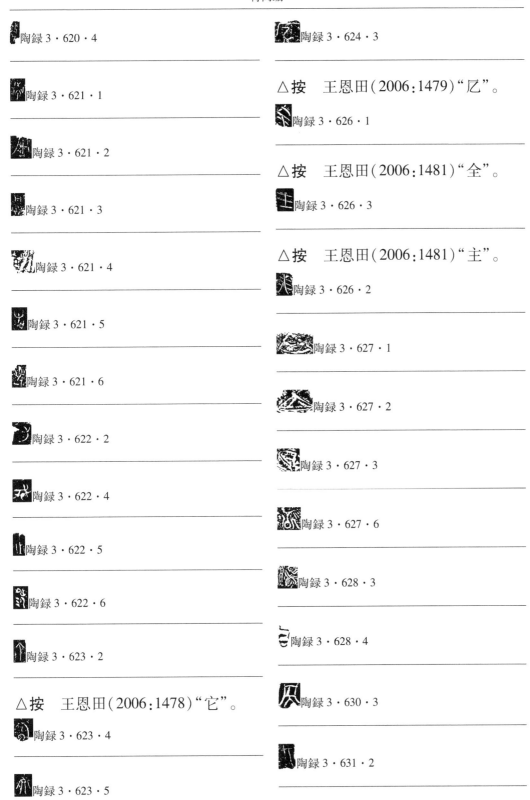

陶録 3・620・4

陶録 3・624・3

陶録 3・621・1

△按　王恩田（2006：1479）"厇"。

陶録 3・621・2

陶録 3・626・1

陶録 3・621・3

△按　王恩田（2006：1481）"全"。

陶録 3・621・4

陶録 3・626・3

陶録 3・621・5

△按　王恩田（2006：1481）"主"。

陶録 3・621・6

陶録 3・626・2

陶録 3・622・2

陶録 3・627・1

陶録 3・622・4

陶録 3・627・2

陶録 3・622・5

陶録 3・627・3

陶録 3・622・6

陶録 3・627・6

陶録 3・623・2

陶録 3・628・3

△按　王恩田（2006：1478）"它"。

陶録 3・628・4

陶録 3・623・4

陶録 3・630・3

陶録 3・623・5

陶録 3・631・2

△按　王恩田（2006：1486）"亓"。

陶録 3・631・3

陶録 3・651・1

陶録 3・631・4

陶録 3・651・2

△按　王恩田(2006:1486)"甶"。

陶録 3・651・3

陶録 3・632・1

陶録 3・651・4

陶録 3・632・3

陶録 3・651・5

陶録 3・632・4

陶録 3・652・1

陶録 3・632・5

陶録 3・653・1

陶録 3・636・5

陶録 3・653・5

陶録 3・636・6

陶録 3・653・6

陶録 3・639・5

陶録 3・654・1

陶録 3・648・6

陶録 3・654・5

△按　王恩田(2006:1503)"悬"。

陶録 3・654・6

陶録 3・650・4

陶録 3・655・1

陶録 3・650・6

陶録 3・656・5

△按　王恩田(2006:1505)"五"。

△按　王恩田(2006:1511)"馴"。

陶録 3・658・1

陶録 3・658・2

陶録 3・658・5

陶録 3・658・6

陶録 3・659・1

△按　王恩田(2006:1514)"巳"。

陶録 3・660・3

陶録 3・660・5

陶録 4・30・1

陶録 4・30・4

陶録 4・32・2

陶録 4・40・3

陶録 4・40・4

陶録 4・44・1

陶録 4・44・4

陶録 4・53・3

△按　王恩田(2006:1571)"告"。

陶録 4・58・1

陶録 4・58・2

陶録 4・59・3

△按　王恩田(2006:1577)"儠"。

陶録 4・60・4

△按　王恩田(2006:1578)"倅"。

陶録 4・61・2

陶録 4・62・1

陶録 4・62・3

陶録 4・64・3

陶録 4・69・4

陶録 4・70・1

陶録 4・79・2　　陶録 4・79・4

陶録 4・94・1

陶録 4・94・2

陶録 4・94・4

陶録 4・94・6

陶録 4・95・4

陶録 4・96・1

陶録 4・96・2

陶録 4・98・3

陶録 4・98・4

陶録 4・99・2

陶録 4・102・3

陶録 4・102・4

陶録 4・108・3

陶録 4・110・3

陶録 4・112・2

陶録 4・112・3

陶録 4・115・2

陶録 4・116・1

陶録 4・116・2

陶録 4・116・4

陶録 4・117・1

陶録 4・118・3

陶録 4・118・4

陶録 4・119・3

陶録 4・120・2

陶録 4・120・3

陶録 4・131・2

陶録 4・131・4

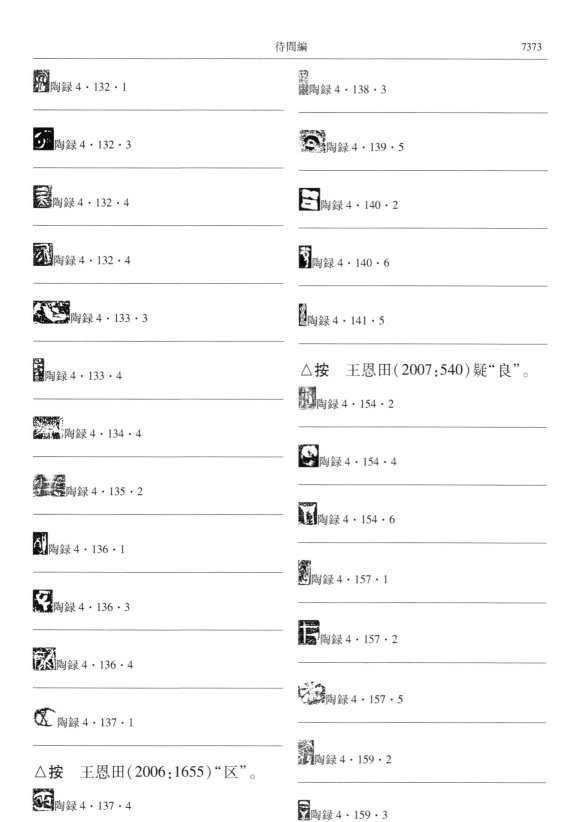

陶録 4・132・1

陶録 4・132・3

陶録 4・132・4

陶録 4・132・4

陶録 4・133・3

陶録 4・133・4

陶録 4・134・4

陶録 4・135・2

陶録 4・136・1

陶録 4・136・3

陶録 4・136・4

陶録 4・137・1

△按　王恩田（2006：1655）"区"。

陶録 4・137・4

陶録 4・138・3

陶録 4・139・5

陶録 4・140・2

陶録 4・140・6

陶録 4・141・5

△按　王恩田（2007：540）疑"良"。

陶録 4・154・2

陶録 4・154・4

陶録 4・154・6

陶録 4・157・1

陶録 4・157・2

陶録 4・157・5

陶録 4・159・2

陶録 4・159・3

陶録 4・159・4

陶録 4・161・6

陶録 4・159・5

陶録 4・162・1

陶録 4・159・6

陶録 4・163・1

陶録 4・160・1

陶録 4・163・5

陶録 4・160・2

陶録 4・163・6

陶録 4・160・3

陶録 4・165・1

△按　湯餘惠等(2001:64)"含"。

陶録 4・165・2

陶録 4・160・4

陶録 4・165・4

陶録 4・160・5

陶録 4・165・6

陶録 4・160・6

陶録 4・166・5

陶録 4・161・1

陶録 4・166・6

陶録 4・161・2

陶録 4・167・3

陶録 4・161・3

陶録 4・167・4

陶録 4・161・4

陶録 4・167・5

陶録 4・161・5

陶録4·168·2

陶録4·168·3

陶録4·169·1

△按　王恩田(2006:1687)"太"。

陶録4·169·2

陶録4·169·4

陶録4·169·5

陶録4·169·6

陶録4·171·4

陶録4·171·5

陶録4·171·6

陶録4·172·5

陶録4·173·6

陶録4·174·1　陶録4·174·2　陶録4·174·3　陶録4·174·4

△按　王恩田(2006:1692)"匠?"。

陶録4·174·5

陶録4·176·6

陶録4·178·1

陶録4·183·1

陶録4·183·2

陶録4·184·2

陶録4·185·3　陶録4·185·4

△按　王恩田(2006:1703)"緐?"。

陶録4·187·3

陶録4·189·6

陶録4·190·1

陶録4·190·3

陶録4·190·4

陶録4·191·1

△**按**　王恩田（2006:1709）"末"。

陶録4·191·2

陶録4·191·3

陶録4·191·4

陶録4·191·5

陶録4·191·6

陶録4·192·4

陶録4·193·1

陶録4·193·5

陶録4·193·6

陶録4·194·1

陶録4·194·2

陶録4·194·3

△**按**　王恩田（2006:1712）"立"。

陶録4·194·4

陶録4·194·5

陶録4·195·3

陶録4·195·4

陶録4·195·5

陶録4·195·6

陶録4·196·1

陶録4·196·2

△**按**　王恩田（2006:1714）"木"。

陶録4·196·3　　陶録4·196·4

陶録4·196·5　　陶録4·196·6

陶録4·197·1

陶録4·197·2

△**按**　王恩田（2006:1715）"凸"。

陶録4·197·4

陶録4·197·5

陶録4·197·6

陶録 4・198・1

陶録 4・198・1

陶録 4・198・5

陶録 4・199・3

陶録 4・199・4

陶録 4・199・5

陶録 4・199・6

陶録 4・200・2

陶録 4・200・5

陶録 4・201・2

陶録 4・201・3

陶録 4・201・4

陶録 4・201・5

陶録 4・201・6

陶録 4・202・4

△按　王恩田(2006:1720)"巨"。

陶録 4・202・6

△按　王恩田(2006:1720)"契"。

陶録 4・203・4

陶録 4・204・3

陶録 4・204・5

陶録 4・206・4

陶録 4・207・1

陶録 4・207・4

陶録 4・208・5

陶録 4・209・1

陶録 4・209・2

陶録 4・209・3

陶録 4・209・3

陶録 4・209・4

陶録 4・209・5

陶録 4・210・4

△按　王恩田（2006：1728）“内”。

陶録 4・210・5

陶録 4・211・1

△按　王恩田（2006：1729）“酖”。

陶録 4・212・2

陶録 4・212・3

△按　王恩田（2006：1730）“三”。

陶録 4・212・4

△按　王恩田（2006：1730）“午”。

陶録 4・212・5

△按　王恩田（2006：1730）“米”。

陶録 5・5・3

陶録 5・5・4

陶録 5・12・1

△按　王恩田（2006：1744）“邢”。

陶録 5・13・4

陶録 5・17・3

陶録 5・26・4　珍秦 193

△按　何琳儀（1998：1538）“旁”。

陶録 5・28・2

陶録 5・30・6

陶録 5・46・4

△按　王恩田（2006：1778）“受”。

陶録 5・69・2

△按　王恩田（2006：1801）“后”。

陶録 5・71・4

陶録 5・73・1

△按　王恩田（2007：564）“皀”。

陶録 5・80・1

陶録 5・80・3

△按　王恩田（2007：76）“孚”。

陶録 5・81・4

陶録 5・81・5

陶録 5・84・5

陶録 5・84・6

陶録 5・87・1

陶録 5・87・2

陶録 5・87・4

陶録 5・87・6

陶録 5・88・3

△按　王恩田（2006：1820）“五”。

陶録 5・89・3

陶録 5・90・1

陶録 5・92・1

陶録 5・99・1

陶録 5・99・5

陶録 5・100・3

△按　王恩田（2006：1832）“奠”。

陶録 5・100・5

陶録 5・104・6

陶録 5・108・3

△按　王恩田（2006：1840）“咸”。

陶録 7・7・3　　陶録 7・7・4

陶録 7・7・3　　陶録 7・7・4

秦陶 403

秦陶 577

秦陶 1430

考古與文物 1987-6,頁 22

△按　田亞岐、王保平（1987：22）
“雛”。

中原文物 1988-4,頁 13

△按　喬志敏、趙丙唤（1988：12）
“步”。

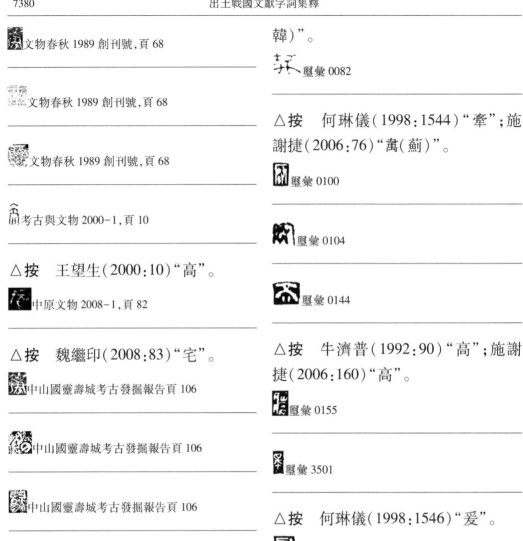文物春秋 1989 創刊號, 頁 68

文物春秋 1989 創刊號, 頁 68

文物春秋 1989 創刊號, 頁 68

考古與文物 2000-1, 頁 10

△按　王望生(2000:10)"高"。

中原文物 2008-1, 頁 82

△按　魏繼印(2008:83)"宅"。

中山國靈壽城考古發掘報告頁 106

中山國靈壽城考古發掘報告頁 106

中山國靈壽城考古發掘報告頁 106

中山國靈壽城考古發掘報告頁 106

璽彙 0018　璽彙 0055

△按　何琳儀(1998:1539)"皿"。

璽彙 0022

璽彙 0053

△按　施謝捷(2006:85)"旟(軗—

韓)"。

璽彙 0082

△按　何琳儀(1998:1544)"牽";施謝捷(2006:76)"萬(薊)"。

璽彙 0100

璽彙 0104

璽彙 0144

△按　牛濟普(1992:90)"高";施謝捷(2006:160)"高"。

璽彙 0155

璽彙 3501

△按　何琳儀(1998:1546)"爰"。

璽彙 0193

△按　孫剛(2010:245)"䏠"。

璽彙 0220

璽彙 0241

璽彙 0244

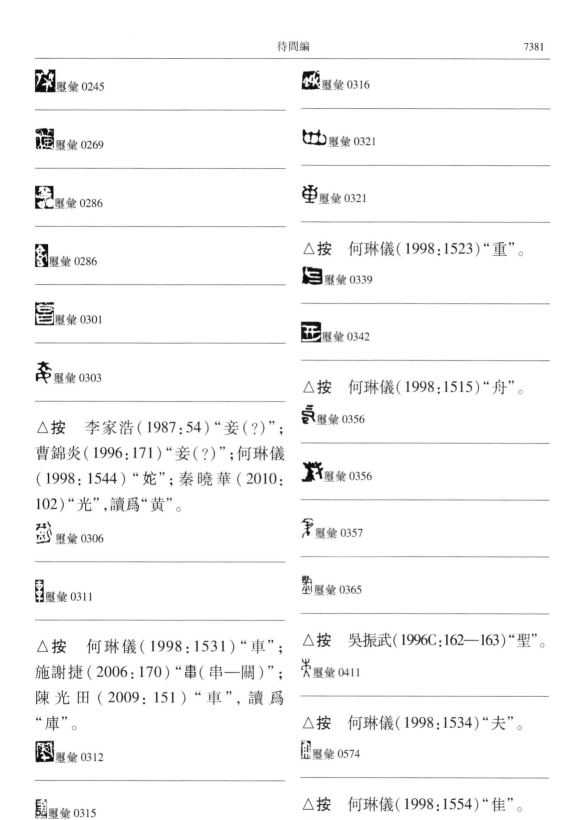

璽彙 0245

璽彙 0269

璽彙 0286

璽彙 0286

璽彙 0301

璽彙 0303

△按　李家浩（1987：54）"妾（？）"；曹錦炎（1996：171）"妾（？）"；何琳儀（1998：1544）"妮"；秦曉華（2010：102）"光"，讀爲"黄"。

璽彙 0306

璽彙 0311

△按　何琳儀（1998：1531）"車"；施謝捷（2006：170）"軎（串—關）"；陳光田（2009：151）"車"，讀爲"庫"。

璽彙 0312

璽彙 0315

△按　何琳儀（1998：1537）"遊"。

璽彙 0316

璽彙 0321

璽彙 0321

△按　何琳儀（1998：1523）"重"。

璽彙 0339

璽彙 0342

△按　何琳儀（1998：1515）"舟"。

璽彙 0356

璽彙 0356

璽彙 0357

璽彙 0365

△按　吳振武（1996C：162—163）"聖"。

璽彙 0411

△按　何琳儀（1998：1534）"夫"。

璽彙 0574

△按　何琳儀（1998：1554）"隹"。

璽彙 0652

璽彙 0879

△按　何琳儀（1998：1519）"奧"；施
謝捷（2006：281）"每"。

璽彙 0904

璽彙 1052

璽彙 1063

璽彙 1137

△按　陳光田（2009：229）"矢"。

璽彙 1233

璽彙 1275

璽彙 1298

璽彙 1329

△按　施謝捷（2006：207）"晵（友）"；
陳光田（2009：165）"晵（友）"。

璽彙 1355

璽彙 1366

璽彙 1427

璽彙 1477　　璽彙 3720

璽彙 1588

璽彙 1595

璽彙 1638

璽彙 1686

璽彙 1686

璽彙 1706

璽彙 1804

璽彙 1854

璽彙 1855

璽彙 1867

△按　何琳儀（1998：1561）"眐"。

璽彙 1876

璽彙 1949

璽彙 1953

璽彙 2079

璽彙 2138

璽彙 2168

璽彙 2186

璽彙 2203

璽彙 2235

璽彙 2414

璽彙 2509

璽彙 2551

璽彙 2751

璽彙 2776

璽彙 2827

璽彙 2945

△按　湯餘惠（2001：191）"段"。

璽彙 2968

璽彙 3099

璽彙 3136

璽彙 3240　集粹

璽彙 3279

璽彙 3283

璽彙 3289

璽彙 3301

璽彙 3336

璽彙 3347

璽彙 3383

璽彙 3389

璽彙 3394

璽彙 3400

璽彙 3409

璽彙 3415

璽彙 3417

△按 湯餘惠等(2001:811—812)"弗"。

璽彙 3423

璽彙 3440

璽彙 3452

璽彙 3458

璽彙 3466

璽彙 3473

璽彙 3478

璽彙 3479

△按 何琳儀(1998:1520)"戎"。

璽彙 3504

璽彙 3551

△按 何琳儀(1998:1530)"旀";孫
剛(2010:279)"悌"。

璽彙 3574

璽彙 3575

璽彙 3589

璽彙 3615

△按 何琳儀(1998:1514)"乘"。

璽彙 3637

△按 丁佛言(1924:4)"余";吳振武
(1984:258,2011)"余"。

璽彙 3650

璽彙 3650

璽彙 3669

璽彙 3671

璽彙 3678

璽彙 3685

璽彙 3690

璽彙 3697

璽彙 3701

璽彙 3706

璽彙 3706

璽彙 3707

璽彙 3712

璽彙 3712

璽彙 3713

璽彙 3717

璽彙 3717

璽彙 3733

璽彙 3736　璽彙 5604

璽彙 3738

璽彙 3758

璽彙 3758

△按　何琳儀（1998：1491）"嗌缶"，讀"益壽"；徐在國（2002：95）"嗌𠕸"，疑讀爲"夷吾"，古姓氏。

璽彙 3797

璽彙 3823

璽彙 3876

△按　裘錫圭、李家浩（1989：553）"癥"字的古文；何琳儀（1998：311）"疫"。

璽彙 3904

璽彙 3909

璽彙 3925

△按　何琳儀（1998：1534）"布"。

璽彙 4027

璽彙 4095

璽彙 4099

璽彙 4100

璽彙 4135

璽彙 4703　璽彙 4704　璽彙 4707

璽彙 4894　璽彙 4895　璽彙 4896

璽彙 4897

璽彙 4898　璽彙 4899

璽彙 4911

璽彙 5396

璽彙 5402

△按　何琳儀（1998：1554）“豪”。

璽彙 5434

△按　何琳儀（1998：1555—1556）
“尒”。

璽彙 5436

璽彙 5444

璽彙 5445　貨系 392

△按　汪慶正等（1988：173）“京”。

璽彙 5473

△按　何琳儀（1998：1519）“缶”。

璽彙 5499

璽彙 5525

璽彙 5636

璽彙 5644

△按　何琳儀（1998：1536）“康”。

璽彙 5646

△按　何琳儀（1998：1525）“孔”；陳
光田（2009：60）“𡥈（芾）”。

璽考頁 67

璽考頁 68

璽考頁 69

璽考頁 69

璽考頁 70

璽考頁 70

璽考頁 84

璽考頁 84

璽考頁 251

璽考頁 90

璽考頁 267

璽考頁 91

璽考頁 282

璽考頁 91

璽考頁 295

璽考頁 91

璽考頁 300

璽考頁 91

璽考頁 311

璽考頁 103　　貨系 1871

秦印

△按　黃錫全（2001：354）“柢”；施謝
捷（2006：103）“禾”。

秦印

璽考頁 122

秦印

璽考頁 122

秦印

璽考頁 142

集粹

璽考頁 212

集粹

璽考頁 212

集粹

璽考頁 212

集粹

集粹	彐香續一 254
集粹	玉印 28
集粹	玉印 28
集粹	珍秦·戰 40
集粹	珍秦·戰 40
集粹　珍秦·戰 80	珍秦·戰 175
集粹	珍秦·戰 175
集粹	珍秦·戰 175
集粹	珍秦·戰 175
集粹	珍秦 78
集粹	港印 13
集粹	鑒印山房藏古璽印菁華 51
山東 166	中國古文字研究第 1 輯,頁 141
香續一 106	程訓義 1–93

灬程訓義 2-51

灬程訓義 2-74

程訓義 9-55　程訓義 9-53

文物 1988-6,頁 89

△按　韓自强（1988:89）"博"；何琳儀（1998:1535）"塼"。

侯馬 1:35

侯馬 1:65

侯馬 1:81

△按　陳漢平（1989:354）"旆"。

侯馬 1:85　　侯馬 185:7

△按　何琳儀（1998:1561）"糁"；陳漢平（1989:349）"杲"。

侯馬 1:87

△按　李裕民（1981:291）"處"；何琳儀（1998:454）"處",姓氏。

侯馬 3:9

△按　陳漢平（1989:355）"魏",從木從止,媿聲,人名。

侯馬 3:25

△按　何琳儀（1998:1525）"墅"。

侯馬探 8②:3

侯馬探 8②:3

侯馬 16:3

△按　何琳儀（1998:1176）"韋"。

侯馬 85:10

侯馬 92:1

△按　何琳儀（1998:1307）"呆",讀爲"未",姓氏。

侯馬 92:44

侯馬 98:1

侯馬 98:18

侯馬 180:1

侯馬 185:9

侯馬 194:1

侯馬 194:11

井 侯馬 200:16

侯馬 200:25

侯馬 200:33

△按　何琳儀（1998:29）"邵"，人名。

侯馬 200:57

新出・溫縣 WT1 K14:1367

溫縣

古文字研究 1,頁 101

文物 1959-8,頁 63

文物 1959-8,頁 63

貨系 47

△按　汪慶正等（1988:58）"勹"；黃
錫全（2001:349）"巳"。

貨系 50

貨系 52

貨系 52

貨系 57

△按　汪慶正等（1998:61）"正"。

貨系 58

△按　黃錫全（2001:349）"牡"。

貨系 59

△按　黃錫全（2001:349）"化?"。

貨系 59

△按　黃錫全（2001:349）"匕"。

貨系 59

貨系 62

△按　黃錫全（2001:349）"丘"。

貨系 62

貨系 64　　貨系 63

△按　黃錫全（2001:349）"東"。

貨系 64

△按　黃錫全(2001:349)"卅五"。

貨系 102

△按　汪慶正等(1988:76)"丙"。

貨系 108

△按　汪慶正等(1988:78)"戊"。

貨系 135

△按　汪慶正等（1988:87）"封"；吳良寶(2006:196)"封"。

貨系 138

△按　黃錫全(2001:349)"豕?"。

貨系 146

△按　汪慶正等(1988:91)"大"。

貨系 147

△按　黃錫全（2001:350）"少"或"水"。

貨系 155

△按　汪慶正等(1988:94)"商"。

貨系 182

△按　黃錫全(2001:350)"貝"或"鼎"。

貨系 183

△按　黃錫全（2001:350）"户（扈?）"。

貨系 184

貨系 187

貨系 201　先秦編 107

△按　汪慶正等(1988:109)"巨"；黃錫全(2001:350)"耳"；何琳儀（1998:1512）"耳"。

貨系 228

△按　黃錫全(2001:350)"戊"。

貨系 240

△按　汪慶正等(1988:122)"歀"；何琳儀（1998:1551）"歀"。

貨系 268

△按　汪慶正等(1988:131)"土"；黃錫全(2001:350)"于?"。

貨系 336

△按　何琳儀(1998:1532)"舍"。

貨系 365

貨系 393

貨系 421

貨系 427

△按　汪慶正等（1988:184）"心"。

貨系 429

△按　汪慶正等（1988:185）"目"。

貨系 461

△按　汪慶正等（1988:196）"匕";黃錫全（2001:351）"曲"。

貨系 462

△按　汪慶正等（1998:196）"匕";黃錫全（2001:351）"卜（濮）"。

貨系 498

△按　汪慶正等（1988:208）"非";何琳儀（1998：1291）"非";吳良寶（2006:89）"析"。

貨系 508

△按　汪慶正等（1988:211）"斝";黃錫全（2001:351）"鼎?"。

貨系 519

△按　汪慶正等（1988:215）"丏"。

貨系 521

△按　汪慶正等（1988:216）"止"。

貨系 522

△按　黃錫全（2001:351）"徵"。

貨系 523

△按　汪慶正等（1988:216）"皇";黃錫全（2001:351）"徵"。

貨系 527

貨系 528　　貨系 529

貨系 532

△按　黃錫全（2001:351）"孚"。

貨系 540

△按　黃錫全（2001:352）"虫"。

貨系 542

△按　何琳儀（1998:1554）"隹"。

貨系 547

△按　汪慶正等（1988:224）"厥"。

貨系 548

△按　汪慶正等（1988:225）"盟"。

貨系 556

△按　汪慶正等(1988:227)"氐"。

⿰ 貨系 561

X 貨系 562

△按　汪慶正等(1988:229)"八"。

(⿴) 貨系 587

△按　黃錫全(2001:352)"首";何琳
儀(2002C:64)"首"。

⿰ 貨系 587

△按　黃錫全(2001:352)"陽";何琳
儀(2002C:65)"易(陽)"。

⿰ 貨系 693　⿰ 貨系 694

⿰ 貨系 699

△按　汪慶正等(1988:273)"上上"。

⿰ 貨系 700

○ 貨系 702

⿰ 貨系 704

⿰ 貨系 705

△按　汪慶正等(1988:276)"白"。

⿰ 貨系 706　⿰ 貨系 709

⿰ 貨系 709

△按　黃錫全(2001:352)"亥"。

⿰ 貨系 709

△按　黃錫全(2001:352)"盾"。

◇ 貨系 885

△按　黃錫全(2001:352)"白"。背
文"百"。

⿰ 貨系 978

⿰ 貨系 966

⿰ 貨系 979

⿰ 貨系 1111

△按　汪慶正等(1988:355)"烏";黃
錫全(2001:353)"洹(垣)"。

⿰ 貨系 3796

⿰ 貨系 1139

△按　黃錫全(2001:353)"六"。

⿰ 貨系 1203　◇ 貨系 1204

△**按** 汪慶正等（1988:371）"文"；黄
錫全（2001:353）"也（地）"。

货系 1207

△**按** 黄錫全（2001:353）"百"。
讀伯。

货系 1208

△**按** 汪慶正等（1988:371）"父"；黄
錫全（2001:353）"尹"。

货系 1214

货系 1214

货系 1520

货系 1520

货系 1525

△**按** 黄錫全（2001:354）"邑子"或
"子邑"。可能爲"長子"省文。

货系 1527

△**按** 黄錫全（2001:354）"巨"，即
"渠"。

货系 1690

△**按** 黄錫全（2001:354）"成"。

货系 1691

△**按** 黄錫全（2001:354）"成"。

货系 1694

△**按** 黄錫全（2001:354）"成"。

货系 1695

货系 1811 货系 1812

△**按** 汪慶正等（1988:474）"氏"。

货系 1813

货系 1813

货系 1872

货系 1872

货系 1952

△**按** 汪慶正等（1988:497）"烏"；何
琳儀（1990A:248,2002）"仁（尸）"；
黄錫全（2001:354）"仁（尸）"；何琳
儀（2002C:72—73）"巨"，"仁"之古
文,讀爲"尸"。

货系 2004

△**按** 黄錫全（2001:355）"王"。

貨系 2004

△**按** 黄錫全(2001:355)"自","官"之省。

貨系 2005

△**按** 黄錫全(2001:355)"城?"。

貨系 2005

△**按** 黄錫全(2001:355)"王"。

貨系 2247

△**按** 汪慶正等(1988:546)"貝"。

貨系 2249

△**按** 汪慶正等(1988:546)"丘"。

貨系 2250

△**按** 汪慶正等(1988:547)"貝邑"。

貨系 2252

△**按** 汪慶正等(1988:547)"木"。

貨系 2254

△**按** 汪慶正等(1988:547)"貝"。

貨系 2255

△**按** 汪慶正等(1988:547)"丘";黄錫全(2001:355)"也(地)"。

貨系 2255

△**按** 黄錫全(2001:355)"氏"。

貨系 2282

△**按** 黄錫全(1995:110—112)"沙"。

貨系 2481

△**按** 汪慶正等(1988:586)"輶";何琳儀(1990B:12)"輾",讀爲"轅";黄錫全(2001:356)"轘(懷)"。

貨系 2645 背文 先秦編 401 背文

貨系 2883

△**按** 汪慶正等(1988:729)"六"。

貨系 2907

貨系 2924

△**按** 黄錫全(2001:357)"巳"。

貨系 2930

貨系 2934

△**按** 汪慶正等(1988:742)"貝"。

貨系 2936

貨系 2938

貨系 2940

貨系 2940

貨系 2941

貨系 2946

貨系 2950　　先秦編 580

貨系 2956

貨系 2957

貨系 2962

△按　汪慶正等（1988:749）"金"。

貨系 2964

貨系 2989

貨系 2985

貨系 2986

貨系 2988

貨系 2982

貨系 2991　　貨系 2987

貨系 2992

貨系 2999

貨系 3138

貨系 3152

△按　汪慶正等（1988:796）"匕"。

貨系 3153　　貨系 3156　　貨系 3384

貨系 3157

貨系 3159

貨系 3212

貨系 3215

貨系 3220

貨系 3221

貨系 3260

貨系 3267

貨系 3354

貨系 3364

△按　汪慶正等(1988:849)"匕"。
貨系 3381

△按　何琳儀(1998:1532)"也"。
貨系 3383

△按　汪慶正等(1988:854)"貝"。
貨系 3387

△按　汪慶正等(1988:855)"四"。
貨系 3390

△按　汪慶正等(1988:856)"八"。
貨系 3401

貨系 3611

△按　黄錫全(2001:357)"丑"。
貨系 3636

貨系 3648

貨系 3673

△按　汪慶正等(1988:927)"白"。
貨系 3674

貨系 3675

貨系 3682

△按　汪慶正等(1988:929)"同"。
貨系 3786 背文

貨系 3787 背文

貨系 3787 背文

貨系 3795

貨系 3796

△按　黄錫全(2001:358)"辰"。
貨系 3842

貨系 3844

Ψ 貨系 3857

冂 貨系 3974

R 貨系 3939

о 貨系 703

△按 汪慶正等（1988：994）"魚"；吳良寶（2006：176）"魚"。

)(貨系 1082

ᗺ 貨系 3950

木 貨系 1138

△按 汪慶正等（1988：997）"文"。

A 貨系 1138

W 貨系 3951

Ħ 先秦編 85

H 貨系 3952

先秦編 105

彐 貨系 3956

先秦編 164

Ψ 貨系 3963

先秦編 167

↑ 貨系 3966

先秦編 175

十 貨系 3968

先秦編 243

貨系 3970

先秦編 243

匚 貨系 3973

先秦編 349

△按 汪慶正等（1988：1002）"氏"。

貨系 4275

先秦編 390 背文

先秦編 401 背文

先秦編 402 背文

先秦編 402 背文

先秦編 406

先秦編 546

先秦編 546

先秦編 546

先秦編 549

先秦編 549

先秦編 549

先秦編 549

先秦編 549

先秦編 549

先秦編 549

先秦編 549

先秦編 549

先秦編 549

先秦編 551

先秦編 551

先秦編 553

先秦編 553

先秦編 555

先秦編 555

先秦編 558

先秦編 557

先秦編 557

先秦編 558

先秦編 561

先秦編 561

先秦編 561　　先秦編 561

先秦編 561

先秦編 561

先秦編 561

先秦編 561

先秦編 561

先秦編 561

先秦編 562

先秦編 562

先秦編 562

先秦編 562

先秦編 562

先秦編 562

先秦編 562

先秦編 562

先秦編 569

先秦編 569

先秦編 569

先秦編 570

先秦編 570

先秦編 570

先秦編 570

先秦編 570

先秦編 570

先秦編 573

先秦編 580

先秦編 580

先秦編 580

先秦編 580

先秦編 604

燕下都 136·1

燕下都 185

燕下都 221·6

燕下都 231·6

燕下都 231·7

燕下都 237·6

燕下都 279

燕下都 279

燕下都 305

錢典 1

錢典 1

錢典 26

錢典 136

△按　何琳儀(1998:483)"叟",讀爲
"瑕"。

錢典 148

△按　何琳儀(1998:1515)"州"。

錢典 274

錢典 347

△按　何琳儀(1998:1549)"珽"。

錢典 348

錢典 535

錢典 1076

錢典 1192 背文

錢典 1206

古錢新典 39

古錢新典 39

三晉 32

三晉 128

三晉 129

三晉 129

三晉 109

三晉 108

三晉 112

三晉 126

古幣 283

邱二 228

邱二 228

▽△邱二 228

先秦貨幣研究頁 64

先秦貨幣研究頁 64

先秦貨幣研究頁 65

先秦貨幣研究頁 76

三晉 131

齊幣 208

齊幣 347

齊幣 347

齊幣 369

齊幣 384

齊幣 386

齊幣 418

齊幣 421

齊幣 423

齊幣 424

齊幣 445

考古 1973-1,頁 36

齊幣 450

考古 1973-1,頁 36

齊幣 457

考古 1973-1,頁 36

考古 1973-1,頁 37

考古 1973-1,頁 36

考古 1973-1,頁 36

考古 1973-1,頁 36

考古 1973-1,頁 36

考古 1973-1,頁 36

考古 1973-1,頁 36

考古 1973-1,頁 36

考古 1973-1,頁 36

考古 1973-1,頁 36

考古 1973-1,頁 36

考古 1973-1,頁 36

考古 1973-1,頁 36

考古 1973-1,頁 36

考古 1973-1,頁 36

考古 1973-1,頁 36

考古 1973-1,頁 36

考古 1973-1,頁 36

考古 1973-1,頁 36

考古 1973-1,頁 36

考古 1973-1,頁 36

考古 1973-1,頁 36

考古 1973-1,頁 36

考古 1973-1,頁 36

考古 1973-1,頁 36

考古 1973-1,頁 36

考古 1973-1,頁 36

考古 1973-1,頁 36

考古 1973-1,頁 36

考古 1973-1,頁 36

考古 1973-1,頁 36

考古 1973-1,頁 36

考古 1973-1,頁 36

考古 1973-1,頁 36

考古 1973-1,頁 36

考古 1973-1,頁 36

考古 1973-1,頁 37

考古 1973-1,頁 36

考古 1973-1,頁 36

考古 1973-1,頁 36

考古 1973-1,頁 36

考古 1973-1,頁 36

考古 1973-1,頁 36

考古 1973-1,頁 36

考古 1973-1,頁 36

考古 1973-1,頁 36

考古 1973-1,頁 36

考古 1973-1, 頁 36

考古 1973-1, 頁 36

考古 1973-1, 頁 36

考古 1973-1, 頁 36

考古 1973-1, 頁 36

考古 1973-1, 頁 36

考古 1973-1, 頁 36

考古 1973-1, 頁 37

考古 1973-1, 頁 37

考古 1973-1, 頁 37

考古 1973-1, 頁 37

考古 1973-1, 頁 37

考古 1973-1, 頁 37

考古 1973-1, 頁 37

考古 1973-1, 頁 37

考古 1973-1, 頁 37

考古 1973-1, 頁 37

考古 1973-1, 頁 37

考古 1973-1, 頁 37

考古 1973-1, 頁 37

考古 1973-1, 頁 37

考古 1973-1, 頁 37

考古 1973-1, 頁 37

考古 1973-1, 頁 37

考古 1973-1, 頁 37

考古 1973-1, 頁 37

考古 1973-1, 頁 37

考古 1973-1, 頁 37

考古 1973-1,頁 37

考古 1973-1,頁 37

考古 1973-1,頁 37

考古 1973-1,頁 37

考古 1973-1,頁 37

考古 1973-1,頁 37

考古 1973-1,頁 37

考古 1973-1,頁 37

考古 1973-1,頁 37

考古 1973-1,頁 37

考古 1973-1,頁 37

考古 1973-1,頁 37

考古 1973-1,頁 37

考古 1973-1,頁 37

考古 1973-1,頁 37

考古 1973-1,頁 37

考古 1973-1,頁 37

考古 1973-1,頁 37

考古 1973-1,頁 37

考古 1973-1,頁 37

考古 1973-1,頁 37

考古 1973-1,頁 37

考古 1973-1,頁 37

考古 1973-1,頁 37

考古 1973-1,頁 37

考古 1973-1,頁 37

考古 1973-1,頁 37

考古 1973-1,頁 37

考古 1973-1,頁 37

考古 1973-1,頁 37

考古 1973-1,頁 37

🔲考古 1973-1,頁 37

🔲中國錢幣 1997-2,頁 46

🔲考古 1973-1,頁 37

🔲考古 1973-1,頁 37

△按　朱華(1997:47)"城"字横書。

🔲中國錢幣 1997-2,頁 46

🔲考古 1973-1,頁 37

🔲考古 1973-1,頁 37

🔲中國錢幣 1997-2,頁 46

🔲考古 1973-1,頁 37

🔲考古 1973-1,頁 37

🔲中國錢幣 1997-2,頁 46

🔲考古 1973-1,頁 37

🔲中國錢幣 1997-2,頁 46　🔲中國錢幣 1997-2,頁 46

🔲考古 1973-1,頁 37

🔲內蒙古錢幣 1998-1,頁 13

🔲考古 1973-1,頁 37

🔲內蒙古錢幣 1998-1,頁 13

🔲中國錢幣 1987-4,頁 44

🔲內蒙古錢幣 1998-1,頁 13

🔲中國錢幣 1987-4,頁 44

🔲內蒙古錢幣 2000-1,頁 40

🔲中國錢幣 1997-2,頁 45

🔲內蒙古錢幣 2000-1,頁 40

🔲中國錢幣 1997-2,頁 46;張頜學術文集頁 111

🔲內蒙古錢幣 2000-1,頁 38

🔲中國民間泉幣藏珍

🔲中國錢幣 1997-2,頁 46

🔲曾侯漆書

出處簡稱表

簡稱	全稱	出處
簡帛類		
包山	包山楚簡	湖北省荊沙鐵路考古隊《包山楚簡》,文物出版社 1991 年
曹家崗	曹家崗楚簡	黃岡市博物館《湖北黃岡兩座中型楚墓》,《考古學報》2000 年第 2 期
港藏	香港中文大學文物館藏簡牘	陳松長《香港中文大學文物館藏簡牘》,香港中文大學出版社 2001 年
關沮	關沮秦簡	湖北省荊州市周梁玉橋遺址博物館《關沮秦漢墓簡牘》,中華書局 2001 年
郭店	郭店楚墓竹簡	荊門市博物館《郭店楚墓竹簡》,文物出版社 1998 年
老甲	老子(甲)	
老乙	老子(乙)	
老丙	老子(丙)	
太一	太一生水	
緇衣	緇衣	
魯穆	魯穆公問子思	
窮達	窮達以時	
五行	五行	
唐虞	唐虞之道	
忠信	忠信之道	
成之	成之聞之	
尊德	尊德義	
性自	性自命出	
六德	六德	
語一	語叢一	

簡稱	全稱	出處
語二	語叢二	荆門市博物館《郭店楚墓竹簡》,文物出版社 1998 年
語三	語叢三	
語四	語叢四	
殘	殘簡	
河西	河西簡牘	馬建華《河西簡牘》,重慶出版社 2003 年
九店	九店楚簡	湖北省文物考古研究所、北京大學中文系《九店楚簡》,中華書局 2000 年
龍崗	龍崗秦簡	中國文物研究所、湖北省文物考古研究所《龍崗秦簡》,中華書局 2001 年
秦家咀	秦家咀楚簡	滕壬生《楚系簡帛文字編》,湖北教育出版社 1995 年
清華壹	清華大學藏戰國竹簡(壹)	清華大學出土文獻研究與保護中心《清華大學藏戰國竹簡》(壹),中西書局 2010 年
楚居	楚居	
清華叁	清華大學藏戰國竹簡(叁)	清華大學出土文獻研究與保護中心《清華大學藏戰國竹簡》(叁),中西書局 2012 年
芮良夫	芮良夫毖	
上博一	上海博物館藏戰國楚竹書一	馬承源主編《上海博物館藏戰國楚竹書》(一),上海古籍出版社 2001 年
詩論	孔子詩論	
緇衣	緇衣	
性情論	性情論	
上博二	上海博物館藏戰國楚竹書二	馬承源主編《上海博物館藏戰國楚竹書》(二),上海古籍出版社 2002 年
民之	民之父母	
子羔	子羔	
魯邦	魯邦大旱	
從甲	從政(甲)	
從乙	從政(乙)	
昔者	昔者君老	
容成	容成氏	

續表

簡稱	全稱	出處
上博三	上海博物館藏戰國楚竹書三	馬承源主編《上海博物館藏戰國楚竹書》（三），上海古籍出版社2003年
周易	周易	
中弓	中弓	
亙先	亙先	
彭祖	彭祖	
上博四	上海博物館藏戰國楚竹書四	馬承源主編《上海博物館藏戰國楚竹書》（四），上海古籍出版社2004年
采風	采風曲目	
（逸詩）交交	交交鳴烏	
（逸詩）多薪	多薪	
昭王	昭王毀室·昭王與龔之脾	
柬大	柬大王泊旱	
内豊	内豊	
相邦	相邦之道	
曹沫	曹沫之陣	
上博五	上海博物館藏戰國楚竹書五	馬承源主編《上海博物館藏戰國楚竹書》（五），上海古籍出版社2005年
競建	競建内之	
鮑叔	鮑叔牙與隰朋之諫	
季庚	季庚子問於孔子	
姑成	姑成家父	
君子	君子爲禮	
弟子	弟子問	
三德	三德	
鬼神	鬼神之明	
上博六	上海博物館藏戰國楚竹書六	馬承源主編《上海博物館藏戰國楚竹書》（六），上海古籍出版社2007年
競公	競公瘧	
季桓	孔子見季桓子	
鄭壽	平王問鄭壽	
平王	平王與王子木	

簡稱	全稱	出處
慎子	慎子曰恭儉	馬承源主編《上海博物館藏戰國楚竹書》（六），上海古籍出版社 2007 年
天甲	天子建州（甲本）	
天乙	天子建州（乙本）	
用曰	用曰	
莊王	莊王既成	
上博七	上海博物館藏戰國楚竹書七	馬承源主編《上海博物館藏戰國楚竹書》（七），上海古籍出版社 2008 年
武王	武王踐阼	
鄭甲	鄭子家喪（甲本）	
鄭乙	鄭子家喪（乙本）	
君甲	君人者何必安哉（甲本）	
君乙	君人者何必安哉（乙本）	
凡甲	凡物流形（甲本）	
凡乙	凡物流形（乙本）	
吳命	吳命	
睡虎地	睡虎地秦簡	睡虎地秦墓竹簡整理小組《睡虎地秦簡》，文物出版社 1990 年
編年	編年紀	
語書	語書	
秦律	秦律十八種	
效律	效律	
雜抄	秦律雜抄	
答問	法律答問	
封診	封診式	
爲吏	爲吏之道	
日甲	日書甲種	
日乙	日書乙種	
天星觀	天星觀楚簡	滕壬生《楚系簡帛文字編》，湖北教育出版社 1995 年

續表

簡稱	全稱	出處
望山	望山楚簡	湖北省文物考古研究所、北京大學中文系《望山楚簡》,中華書局 1995 年
五里牌	五里牌楚簡	商承祚《戰國楚竹簡匯編》,齊魯書社 1995 年
夕陽坡	夕陽坡楚簡	劉彬徽《常德夕陽坡楚簡考釋》,《早期文明與楚文化研究》,嶽麓書社 2001 年
新蔡	新蔡楚簡	河南省文物考古研究所《新蔡葛陵楚墓》,大象出版社 2003 年
信陽	信陽楚簡	河南省文物研究所《信陽楚簡》,文物出版社 1986 年
楊家灣	楊家灣楚簡	商承祚《戰國楚竹簡匯編》,齊魯書社 1995 年
仰天湖	仰天湖楚簡	
曾侯乙	曾侯乙楚簡	湖北省博物館《曾侯乙墓》,文物出版社 1989 年
磚瓦廠	磚瓦廠楚簡	滕壬生、黃錫全《江陵磚瓦廠 M370 楚墓竹簡》,《簡帛研究二〇〇一》,廣西師範大學出版社 2001 年
銅器類		
安徽金文	安徽出土金文訂補	崔恆昇《安徽出土金文訂補》,黃山書社 1998 年
嚳編	中山王嚳器文字編	張守中《中山王嚳器文字編》,中華書局 1981 年
集成	殷周金文集成	中國社會科學院考古研究所《殷周金文集成》,中華書局 1984 年
金石癖・青銅	金石癖・青銅網站	金石癖・青銅網站 http://sites.google.com/site/jinshi999
近出	近出殷周金文集録	劉雨、盧岩《近出殷周金文集録》,中華書局 2002 年
近二	近出殷周金文集録二編	劉雨、嚴志斌《近出殷周金文集録二編》,中華書局 2010 年
銘文選	商周青銅器銘文選	馬承源《青銅器銘文選》(三),文物出版社 1988 年 馬承源《青銅器銘文選》(四),文物出版社 1990 年

續表

簡稱	全稱	出處
鳥蟲書圖	鳥蟲書通考・圖版	黃錦炎《鳥蟲書通考》,上海書畫出版社 1999 年
善齋	善齋吉金録	劉體智《善齋吉金録》,石印本 1934 年
通鑒	商周金文資料通鑒	吳鎮烽《商周金文資料通鑒》,2008 年
新收	新收殷周青銅器銘文暨器影彙編	鍾柏生、陳昭容、黃銘崇、袁國華《新收殷周青銅器銘文暨器影彙編》,藝文印書館 2006 年
新鄭	新鄭古器圖録	關百益《新鄭古器圖録》,1929 年初印本
鬱華閣	鬱華閣金文	盛昱《金文文獻集成》(第 15 册),線裝書局 2005 年
珍秦金秦	珍秦齋藏金・秦銅器篇	蕭春源《珍秦齋藏金・秦銅器篇》,澳門基金會 2012 年
珍秦金吳	珍秦齋藏金・吳越三晉篇	蕭春源《珍秦齋藏金・吳越三晉篇》,澳門基金會 2008 年
總集	金文總集	嚴一萍《金文總集》,藝文印書館 1983 年
璽印類		
澂秋	澂秋館印存	陳寶琛《澂秋館印存》,上海書店 1988 年
程訓義	程訓義先生藏古璽印	程訓義《程訓義先生藏古璽印》,河北美術出版社 2007 年
方氏	方氏集古印譜	方雨樓藏輯《方氏集古印譜》,鈐印本
封成	古封泥集成	孫慰祖《古封泥集成》,上海書店 1994 年
簠齋	陳簠齋手拓古印集	陳介祺輯《陳簠齋手拓古印集》,神州國光社印行
港印	香港中文大學文物館藏印集	王人聰《香港中文大學文物館藏印集》,香港中文大學文物館 1980 年
故宮	故宮博物院藏古璽印選	羅福頤《故宮博物院藏古璽印選》,文物出版社 1982 年

續表

簡稱	全稱	出處
官印	秦漢南北朝官印徵存	羅福頤《秦漢南北朝官印徵存》,文物出版社 1987 年
赫連	赫連泉館古印存	羅振玉藏輯《赫連泉館古印存》,上海書店 1988 年
湖南	湖南省博物館藏古璽印集	湖南省博物館《湖南省博物館藏古璽印集》,上海書店 1991 年
吉大	吉林大學藏古璽印選	吉林大學歷史系文物陳列室《吉林大學藏古璽印選》,文物出版社 1987 年
吉金	吉金齋古銅印譜	何昆玉藏輯《吉金齋古銅印譜》,上海書店 1989 年
吉林	吉林出土古代官印	張英《吉林出土古代官印》,文物出版社 1992 年
集粹	中國璽印集粹	【日】菅原石盧《中國璽印集粹》,二玄社 1995 年
集林	璽印集林	林樹臣《璽印集林》,上海書店 1991 年
輯存	古代璽印輯存	牟日易輯《古代璽印輯存》,香港集古齋影印本 1999 年
鑒印山房	鑒印山房藏古璽印菁華	許雄志《鑒印山房藏古璽印菁華》,河南美術出版社 2006 年
金符	十六金符齋印存	吳大澂藏輯《十六金符齋印存》,上海書店 1989 年
金薤	金薤留珍	蔣溥《金薤留珍》,故宮博物院鈐印本
津藝	天津市藝術博物館藏古璽印選	李東琬《天津市藝術博物館藏古璽印選》,文物出版社 1997 年
考藏	伏廬考藏璽印	陳漢第藏輯《伏廬考藏璽印》,1939 年鈐印本
平庵	平庵考藏古璽印選	【日】加藤慈雨樓《平庵考藏古璽印選》,臨川書店 1980 年
齊魯	齊魯古印捃	高慶齡藏輯《齊魯古印捃》,上海書店 1989 年
山東	山東新出土古璽印	賴非《山東新出土古璽印》,齊魯書店 1998 年
陝續	陝西出土歷代璽印續編	王翰章《陝西出土歷代璽印續編》,三秦出版社 1993 年

續表

簡稱	全稱	出處
上博	上海博物館藏印選	上海書畫出版社《上海博物館藏印選》,上海書畫出版社 1979 年
十鐘	十鐘山房印舉	陳介祺輯《十鐘山房印舉》,中國書店 1985 年
鐵續	鐵雲藏印續集	劉鶚《鐵雲藏印續集》,抱殘守缺齋鈐印本
鐵雲	鐵雲藏印初集	劉鶚《鐵雲藏印初集》,抱殘守缺齋鈐印本
璽彙	古璽彙編	羅福頤《古璽彙編》,文物出版社 1981 年
璽考	古璽彙考	施謝捷《古璽彙考》,安徽大學 2006 年博士論文
璽文附錄	古璽文編・附錄	羅福頤《古璽文編》(附錄),文物出版社 1981 年
香續一	香港中文大學文物館藏印續集一	王人聰《香港中文大學文物館藏印續集一》,香港中文大學文物館 1996 年
擷華	擷華齋印譜	劉仲山《擷華齋印譜》
續衡	續衡齋藏印	黃濬輯《續衡齋藏印》,江夏黃氏尊古齋鈐印本 1944 年
續齊	續齊魯古印捃	郭裕之藏輯《續齊魯古印捃》,上海書店 1989 年
印類	中國璽印類編	【日】小林斗盦《中國璽印類編》,天津美術出版社 2004 年
玉印	古玉印精粹	韓天衡、孫慰祖《古玉印精粹》,上海書店 1989 年
珍秦	珍秦齋古印展	蕭春源《珍秦齋古印展》,澳門市政廳 1993 年
珍秦・秦	珍秦齋藏印・秦印篇	蕭春源《珍秦齋藏印・秦印篇》,澳門基金會 2000 年
珍秦・戰	珍秦齋藏印・戰國篇	蕭春源《珍秦齋藏印・戰國篇》,澳門基金會 2001 年
尊古	尊古齋古鉨集林	黃濬輯《尊古齋古鉨集林》,江夏黃氏尊古齋鈐印本 1937 年
貨幣類		
古幣	古幣文編	張頷《古幣文編》,中華書局 1986 年

續表

簡稱	全稱	出處
河北滄縣蕭家樓刀幣	河北滄縣蕭家樓出土的刀幣	天津市文物管理處《河北滄縣蕭家樓出土的刀幣》,《考古》1973 年第 1 期
貨系	中國歷代貨幣大系·先秦貨幣	汪慶正《中國歷代貨幣大系·先秦貨幣》,上海人民出版社 1988 年
聚珍	燕下都東周貨幣聚珍	石永士、石磊《燕下都東周貨幣聚珍》,文物出版社 1996 年
內蒙古錢幣	內蒙古金融研究·錢幣專刊	內蒙古自治區錢幣學會自治區錢幣學會《內蒙古金融研究·錢幣專刊》1980—2007 年,現用刊名《北方金融》
齊幣	齊幣圖釋	山東省錢幣學會《齊幣圖釋》,齊魯書社 1996 年
錢典	古錢大辭典	丁福保《古錢大辭典》,中華書局 1982 年
邱二	邱文明《中國錢幣百科辭典》第二册	邱文明《中國錢幣百科辭典》,1972 年
三晉	三晉貨幣	朱華《三晉貨幣》,山西人民出版社 1994 年
三孔	三孔幣彙編	王貴忱《三孔幣彙編》,廣州出版社 1984 年
先秦編	中國錢幣大辭典·先秦編	《中國錢幣大辭典》編纂委員會《中國錢幣大辭典·先秦編》,中華書局 1995 年
玉石器類		
侯馬	侯馬盟書	山西省文物工作委員會《侯馬盟書》,文物出版社 1976 年
守丘石刻	中山守丘石刻	河北省文物研究所《䂪墓——戰國中山國國王之墓》,文物出版社 1996 年
温縣	温縣盟書	河南省文物研究所《河南温縣東周盟誓遺址一號坎發掘簡報》,《文物》1983 年第 3 期
新出·温縣 WT1 K14:1367	新出簡帛研究·"温縣盟書"圖版	艾蘭、邢文《新出簡帛研究》,文物出版社 2000 年

續表

簡稱	全稱	出處
陶器類		
關中	關中秦漢陶録	陳直《關中秦漢陶録》,中華書局2006年
季木	季木藏陶	周進、周季木《季木藏陶》,精華印刷公司1943年
睿録	古匋文睿録	顧廷龍《古匋文睿録》,上海古籍出版社2004年
秦陶	秦代陶文	袁仲一《秦代陶文》,三秦出版社1987年
秦陶新	秦陶文新編	袁仲一、劉鈺《秦陶文新編》,文物出版社2009年
瘦雲	瘦雲樓古陶拓本	王孝禹《瘦雲樓古陶拓本》,中國社會科學院考古研究所圖書室藏
陶彙	古陶文彙編	高明《古陶文彙編》,中華書局1990年
陶録	陶文圖録	王恩田《陶文圖録》,齊魯書社2006年
陶徵	古陶文字徵	高明、葛英會《古陶文字徵》,中華書局1991年
新季	新編全本季木藏陶	周進集藏,李零、周紹良整理《新編全本季木藏陶》,中華書局1998年
甲骨文類		
合集	甲骨文合集	郭沫若主編、中國社會科學院歷史研究所《甲骨文合集》,中華書局1978—1982年
花東	殷墟花園莊東地甲骨	中國社會科學院考古研究所《殷墟花園莊東地甲骨》,雲南人民出版社2003年
屯南	小屯南地甲骨	中國社會科學院考古研究所《小屯南地甲骨》(上),中華書局1980年 中國社會科學院考古研究所《小屯南地甲骨》(下),中華書局1983年
英藏	英國所藏甲骨集	李學勤《英國所藏甲骨集》,中華書局1992年
其他類		
包山竹籤	包山楚墓籤牌文字	湖北省荆沙鐵路考古隊《包山楚墓》,文物出版社1991年

續表

簡稱	全稱	出處
長沙木烙印	長沙銀行四號墓木樗烙印	李守奎《楚文字編》,華東師範大學出版社 2003 年
集證	秦文字集證	王輝、程學華《秦文字集證》,藝文印書館 1999 年
歷博	中國歷史博物館館刊	中國國家博物館《中國歷史博物館館刊》1979—2007 年,曾用名《中國歷史文物》,現用刊名《中國國家博物館館刊》
牌	包山楚墓籤牌文字	湖北省荊沙鐵路考古隊《包山楚墓》,文物出版社 1991 年
陝西史博館	陝西歷史博物館館刊	陝西省歷史博物館《陝西曆史博物館館刊》1994—2007 年
雪齋二集	雪齋學術論文二集	張光裕《雪齋學術論文二集》,藝文印書館 2004 年
揖芬集	揖芬集——張政烺先生九十華誕紀念文集	張政烺先生九十華誕紀念文集編委《揖芬集——張政烺先生九十華誕紀念文集》,社會科學文獻出版社 2002 年
雨臺山律管	江陵雨臺山 21 號楚墓律管	湖北省博物館《湖北江陵雨臺山 21 號戰國楚墓》,《文物》1988 年第 5 期
曾侯漆書	曾侯乙漆書	譚維四《曾侯乙墓》,文物出版社 2001 年
中國度量衡圖集	中國古代度量衡圖集	國家計量總局、中國歷史博物館、故宮博物院《中國古代度量衡圖集》,文物出版社 1981 年
左冢漆梮	荊門左冢楚墓漆梮	湖北省考古文物研究所、荊門市博物館、襄荊高速公路考古隊《荊門左冢楚墓》,文物出版社 2006 年

正文引用論著目

安徽大學古文字研究室 《上海楚竹書(二)研讀記》,《上博館藏戰國楚竹書研究續編》,上海書店出版社 2004 年

安徽省博物館 《安徽貴池發現東周青銅器》,《文物》1980 年第 8 期

安志敏 《金版與金餅——楚、漢金幣及其有關問題》,《考古學報》1973 年第 2 期

安志敏、陳公柔 《長沙戰國繒書及其有關問題》,《文物》1963 年第 9 期

白 光 《豐寧縣發現窖藏刀、布幣》,《文物春秋》1995 年第 2 期

白於藍 《包山楚簡零拾》,《簡帛研究》第 2 輯,法律出版社 1996 年

—— 《釋包山楚簡中的"巷"字》,《殷都學刊》1997 年第 3 期

—— 《包山楚簡考釋》(三篇),《吉林大學古籍整理研究所建所十五周年紀念文集》,吉林大學出版社 1998 年

—— 《〈包山楚簡文字編〉校訂》,《中國文字》新 25 期,藝文印書館 1999 年

—— 《〈郭店楚墓竹簡〉讀後記》,《中國古文字研究》第 1 輯,吉林大學出版社 1999 年

—— 《〈郭店楚墓竹簡〉釋文正誤一例》,《吉林大學社會科學學報》1999 年第 2 期

—— 《古璽印文字考釋》(四篇),《考古與文物》1999 年第 3 期

—— 《郭店楚簡〈老子〉"盂"、"賽"、"坒"》,《古籍整理研究學刊》2000 年第 2 期

—— 《郭店楚簡拾遺》,《華南師範大學學報》2000 年第 3 期

—— 《釋"彳"、"羼"》,《古文字研究》第 22 輯,中華書局 2000 年

—— 《包山楚簡補釋》,《中國文字》新 27 期,2001 年

—— 《郭店楚簡補釋》,《江漢考古》2001 年第 2 期

—— 《郭店楚墓竹簡考釋》(四篇),《簡帛研究二〇〇一》,廣西師範大學出版社 2001 年

—— 《郭店楚墓竹簡釋讀札記》,《古文字論集(二)》(《考古與文物》叢刊

第四號),《考古與文物》編輯部 2001 年

———　《〈上海博物館藏戰國楚竹書(一)〉釋注商榷》,《華南師範大學學
報》2002 年第 5 期

———　《釋"䚢"》,《古文字研究》第 24 輯,中華書局 2002 年

———　《曾侯乙墓竹簡中的"鹵"和"櫓"》,《中國文字》新 29 期,藝文印書
館 2003 年

———　《讀上博簡(二)札記》,《上博館藏戰國楚竹書研究續編》,上海書店
出版社 2004 年

———　《釋中山王𧮫方壺中的"屬"字》,《古文字研究》第 25 輯,中華書局
2004 年

———　《曾侯乙墓竹簡考釋》(四篇),《中國文字》新 30 期,藝文印書館
2005 年

———　《讀上博簡(二)札記》,《江漢考古》2005 年第 4 期

———　《上海博物館藏竹簡〈容成氏〉"凡民俾敄者"考》,《文物》2005 年第
11 期

———　《讀中山三器銘文瑣記》,《古文字研究》第 27 輯,中華書局 2008 年

———　《釋"夔"》,《古文字研究》第 28 輯,中華書局 2010 年

———　《戰國秦漢簡帛古書通假字彙纂》,福建人民出版社 2012 年

郱尚白　《九店五十六號楚墓一至十二簡試探》,《中國文學研究》第 16 期,
2002 年

蔡成鼎　《〈帛書·四時篇〉讀後》,《江漢考古》1988 年第 1 期

蔡季襄　《晚周繒書考證》,石印本 1944 年

蔡鏡浩　《〈睡虎地秦墓竹簡〉注釋補正》,《文史》第 29 輯,中華書局 1988 年

蔡全法　《近年來新鄭"鄭韓故城"出土陶文簡釋》,《中原文物》1986 年第
1 期

蔡運章　《楚國銀幣試探》,《楚文化研究論文集》,中州書畫社 1983 年

———　《鄙爰考》,《中國錢幣》1984 年第 3 期

———　《哀成叔鼎銘考釋》,《中原文物》1985 年第 4 期

———　《中國錢幣大辭典·先秦編》貨幣詞條,中華書局 1995 年

———　《見金錢牌研究》,《中國錢幣論文集》第 3 輯,中國金融出版社
1998 年

———　《論新發現的一件宜陽銅戈》,《文物》2000 年第 10 期

———　《太子鼎銘考略》,《文物》2001 年第 6 期

蔡運章、陳娟　《中國錢幣大辭典·先秦編》貨幣詞條,中華書局 1995 年

蔡運章、戴霖　《論楚簡〈太一生水〉的宇宙生成模式》,《四川文物》2004 年第 2 期

蔡運章、韓維亞　《〈春秋代布考〉商榷》,《中國錢幣》1985 年第 2 期

蔡運章、楊海欽　《十一年皋落戈及其相關問題》,《考古》1991 年第 5 期

蔡運章、余扶危　《空首布初探》,《中國錢幣論文集》,中國金融出版社 1985 年

蔡運章、趙曉軍　《三年垣上官鼎銘考略》,《文物》2005 年第 8 期

蔡運章、趙曉軍、戴霖　《論右洀鼎銘及其相關問題》,《文物》2004 年 9 期

蔡哲茂　《讀〈睡虎地秦墓竹簡〉札記二則》,《訓詁論叢》第 2 輯,文史哲出版社 1997 年

曹　峰　《對〈孔子詩論〉第八簡以後簡序的再調整》,《上博館藏戰國楚竹書研究》,上海書店出版社 2002 年

———　《上博楚簡思想研究》,萬卷樓圖書股份有限公司 2006 年

———　《〈三德〉零釋四則》,《楚地簡帛思想研究》(三),湖北教育出版社 2007 年

曹桂岑　《試談楚國貨幣》,《楚文化研究論文集》,中州書畫社 1983 年

曹建國　《楚簡逸詩〈交交鳴鶿〉考論》,《考古與文物》2010 年第 5 期

曹錦炎　《關於〈爰鈫兩考〉一文的商榷》,《社會科學戰線》1980 年第 4 期

———　《釋羍——兼釋續、瀆、竇、郟》,《史學集刊》1983 年第 3 期

———　《越王姓氏新考》,《中華文史論叢》1983 年第 3 輯(總第 27 輯),上海古籍出版社 1983 年

———　《讀〈先秦貨幣文編〉札記》,《中國錢幣》1984 年第 2 期

———　《紹興坡塘出土徐器銘文及其相關問題》,《文物》1984 年第 1 期

———　《楚帛書〈月令〉篇考釋》,《江漢考古》1985 年第 1 期

———　《平陰鼎蓋考釋》,《考古》1985 年第 7 期

———　《戰國璽印文字考釋》,《考古與文物》1985 年第 4 期

———　《東陲鼎蓋考釋——兼釋"胥"字》,《古文字研究》第 14 輯,中華書局 1986 年

———　《吳越青銅器銘文述編》,《古文字研究》第 17 輯,中華書局 1989 年

———　《關於邐邝鐘的"捨"字》,《東南文化》1990 年第 4 期

——— 《吳季子劍銘文考釋》,《東南文化》1990 年第 4 期

——— 《盱眙南窰銅壺新出銘文考釋》,《東南文化》1990 年第 1、2 期

——— 《關於先秦貨幣銘文的若干問題——讀〈中國歷代貨幣大系·先秦貨幣〉札記》,《中國錢幣》1992 年第 2 期

——— 《包山楚簡中的受期》,《江漢考古》1993 年第 1 期

——— 《舒城九里墩鼓座銘文補釋》,《中國文字》新 17 期,藝文印書館 1993 年

——— 《越王鐘補釋》,《國際百越文化研究》,中國社會科學出版社 1994 年

——— 《越王嗣旨不光劍銘文考》,《文物》1995 年第 8 期

——— 《古璽通論》,上海書畫出版社 1996 年

——— 《鳥蟲書研究》(三篇),《于省吾教授百年誕辰紀念文集》,吉林大學出版社 1996 年

——— 《浙江省博物館新入藏越王者旨於睗劍筆談》,《文物》1996 年第 4 期

——— 《跋古越閣新藏之州句劍銘文》,《第三屆國際中國古文字學研討會論文集》,香港中文大學中國文化研究所、中國語言及文學系 1997 年

——— 《越王嗣旨不光劍銘文考》,《容庚先生百年誕辰紀念文集》,廣東人民出版社 1998 年

——— 《關於真山出土的"上相邦璽"》,《故宮博物院院刊》1999 年第 2 期

——— 《鳥蟲書通考》,上海書畫出版社 1999 年

——— 《再論"能原"鎛》,《故宮博物院院刊》1999 年第 3 期

——— 《釋兔》,《古文字研究》第 20 輯,中華書局 2000 年

——— 《新見越王兵器及其相關問題》,《文物》2000 年第 1 期

——— 《從竹簡本〈老子〉、〈緇衣〉、〈五行〉談楚簡文字構形》,《揖芬集——張政烺先生九十華誕紀念文集》,社會科學文獻出版社 2002 年

——— 《記新發現的越王不壽劍》,《文物》2002 年第 2 期

——— 《新出鳥蟲書越王兵器考》,《古文字研究》第 24 輯,中華書局 2002 年

——— 《楚簡文字中的"兔"及相關諸字》,《新出土文獻與古代文明研究》,上海大學出版社 2004 年

——— 《越王得居戈考釋》,《古文字研究》第 25 輯,中華書局 2004 年

——— 《自鐸銘文考釋》,《文物》2004 年第 2 期

——— 《〈鬼神之明融師有成氏〉釋文考釋》,《上海博物館藏戰國楚竹書》（五）,上海古籍出版社 2005 年

——— 《吳王壽夢之子劍銘文考釋》,《文物》2005 年第 2 期

——— 《〈天子建州（甲本、乙本）〉釋文考釋》,《上海博物館藏戰國楚竹書》（六）,上海古籍出版社 2007 年

——— 《上海博物館藏楚竹書札記》（二則）,《簡帛》第 2 輯,上海古籍出版社 2007 年

——— 《〈凡物流形（甲本、乙本）〉釋文考釋》,《上海博物館藏戰國楚竹書》（七）,上海古籍出版社 2008 年

——— 《〈吳命〉釋文考釋》,《上海博物館藏戰國楚竹書》（七）,上海古籍出版社 2008 年

曹錦炎、吳振武 《釋戠》,《吉林大學社會科學學報》1981 年第 2 期

曹淑琴、殷瑋璋 《壽縣朱家集銅器群研究》,《考古學文化論集》（一）,文物出版社 1987 年

長白朝鮮族自治縣文物管理所 《吉林長白朝鮮族自治縣發現藺相如銅戈》,《文物》1998 年第 5 期

長 甘 《"侯馬盟書"叢考》,《文物》1975 年第 5 期

晁福林 《〈九店楚墓〉補釋——小議戰國時期楚國田畝制度》,《中原文物》2002 年第 5 期

——— 《上博簡〈仲弓〉疏證》,《孔子研究》2005 年第 2 期

陳邦懷 《對〈陳喜壺〉一文的補充》,《文物》1961 年第 10 期

——— 《金文叢考三則》,《文物》1964 年第 2 期

——— 《戰國楚帛書文字考證》,《古文字研究》第 5 輯,中華書局 1981 年

——— 《戰國楚文字小記》,《楚文化新探》,湖北人民出版社 1981 年

——— 《戰國〈行氣玉銘〉考釋》,《古文字研究》第 7 輯,中華書局 1982 年

——— 《中山國文字研究》,《天津社會科學》1983 年第 1 期

——— 《一得集》,齊魯書社 1989 年

陳秉新 《釋戠棠》,《文物研究》第 1 期,安徽省考古學會、安徽省文物考古研究所 1985 年

——— 《壽縣楚器銘文考釋拾零》,《楚文化研究論集》第 1 集,荊楚書社 1987 年

——— 《長沙楚帛書文字考釋之辨正》,《文物研究》第 4 輯,黃山書社

1988 年

———　《徐器銘文考釋商兑》,《東南文化》1991 年第 2 期

———　《安徽新出楚器銘文考釋》,《楚文化研究論集》第 3 集,湖北人民出版社 1994 年

———　《包山楚簡考釋商榷》,《南方文物》1998 年第 3 期

———　《釋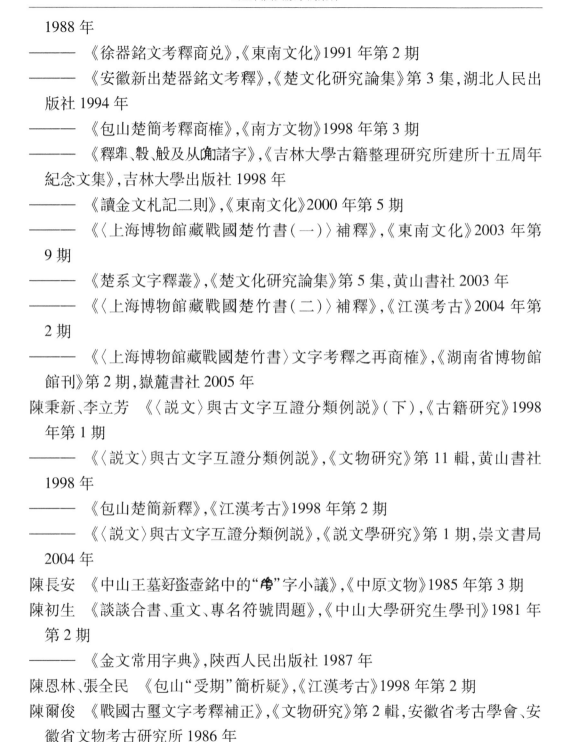諸字》,《吉林大學古籍整理研究所建所十五周年紀念文集》,吉林大學出版社 1998 年

———　《讀金文札記二則》,《東南文化》2000 年第 5 期

———　《〈上海博物館藏戰國楚竹書(一)〉補釋》,《東南文化》2003 年第 9 期

———　《楚系文字釋叢》,《楚文化研究論集》第 5 集,黃山書社 2003 年

———　《〈上海博物館藏戰國楚竹書(二)〉補釋》,《江漢考古》2004 年第 2 期

———　《〈上海博物館藏戰國楚竹書〉文字考釋之再商榷》,《湖南省博物館館刊》第 2 期,嶽麓書社 2005 年

陳秉新、李立芳　《〈説文〉與古文字互證分類例説》(下),《古籍研究》1998 年第 1 期

———　《〈説文〉與古文字互證分類例説》,《文物研究》第 11 輯,黃山書社 1998 年

———　《包山楚簡新釋》,《江漢考古》1998 年第 2 期

———　《〈説文〉與古文字互證分類例説》,《説文學研究》第 1 期,崇文書局 2004 年

陳長安　《中山王墓𨥹鎣壺銘中的“𦎫”字小議》,《中原文物》1985 年第 3 期

陳初生　《談談合書、重文、專名符號問題》,《中山大學研究生學刊》1981 年第 2 期

———　《金文常用字典》,陝西人民出版社 1987 年

陳恩林、張全民　《包山“受期”簡析疑》,《江漢考古》1998 年第 2 期

陳爾俊　《戰國古璽文字考釋補正》,《文物研究》第 2 輯,安徽省考古學會、安徽省文物考古研究所 1986 年

陳高志　《〈郭店楚墓竹簡・緇衣篇〉部分文字隸定檢討》,《張以仁先生七秩壽慶論文集》,臺灣學生書局 1999 年

———　《讀〈郭店楚墓竹簡〉札記》,《中國哲學》第 21 輯,遼寧教育出版社

2000 年

陳根遠、陳洪　《新出齊"陳棱"釜陶文考》,《考古與文物》1995 年第 3 期

陳公柔　《〈宋公䜌簠〉與宋公青銅器》,《洛陽考古四十年——1992 年洛陽考
　古學術研討會論文集》,科學出版社 1996 年

陳光田　《戰國璽印分域研究》,嶽麓書社 2008 年

陳漢平　《釋古璽文"堂"字》,《考古與文物》1982 年第 2 期

———　《古文字釋叢》,《出土文獻研究》,文物出版社 1985 年

———　《釋籑、纂、饡、纉、瀆》,《人文雜志》1985 年第 3 期

———　《屠龍絶緒》,黑龍江教育出版社 1989 年

———　《金文編訂補》,中國社會科學院出版社 1993 年

陳惠玲　《〈周易〉譯釋》,《〈上海博物館藏戰國楚竹書〉(三)讀本》,萬卷樓圖
　書股份有限公司 2005 年

陳嘉凌　《〈昔者君老〉譯釋》,《〈上海博物館藏戰國楚竹書〉(二)讀本》,萬卷
　樓圖書股份有限公司 2003 年

陳建梁　《釋"緅衣"》,《第二屆國際中國古文字學研討會論文集》,香港中文
　大學中國語言及文學系 1993 年

陳　劍　《青銅器自名代稱、連稱研究》,《中國文字研究》第 1 輯,廣西教育出
　版社 1999 年 7 月

———　《釋西周金文的"蠚(贛)"字》,《北京大學古文獻研究所集刊》第 1
　輯,北京燕山出版社 1999 年

———　《柞伯簋銘補釋》,《傳統文化與現代化》1999 年第 1 期

———　《説慎》,《簡帛研究二〇〇一》,廣西師範大學出版社 2001 年

———　《釋〈忠信之道〉的"配"字》,《國際簡帛研究通訊》第 2 卷,2002 年第
　6 期

———　《釋展》,《追尋中華古代文明的踪迹——李學勤先生學術活動五十
　年紀念文集》,復旦大學出版社 2002 年

———　《郭店簡補釋三篇》,《古墓新知——紀念郭店楚簡出土十周年論文
　專輯》,國際炎黃文化出版社 2003 年

———　《據戰國竹簡文字校讀古書兩則》,《第四屆國際中國古文字學研討
　會論文集》,香港中文大學中國語言及文學系 2003 年

———　《上博楚簡〈容成氏〉與古史傳説》,《"中研院"成立 75 周年紀念論
　文集——中國南方文明學術研討會》,臺灣史語所 2003 年

———　《上博簡〈子羔〉、〈從政〉篇的竹簡拼合與編連問題小議》,《文物》2003 年第 5 期

———　《郭店簡〈窮達以時〉、〈語叢四〉的幾處簡序調整》,《新出簡帛研究》,文物出版社 2004 年

———　《甲骨金文舊釋"尤"之字及相關諸字新釋》,《北京大學中國古文獻研究中心集刊》第 4 輯,北京大學出版社 2004 年

———　《據楚簡文字説"離騒"》,《新出土文獻與古代文明研究》,上海大學出版社 2004 年

———　《上博簡〈容成氏〉的竹簡拼合與編連問題小議》,《上博館藏戰國楚竹書研究續編》,上海書店出版社 2004 年

———　《釋上博竹書〈昭王毀室〉的"幸"字》,《漢字研究》第 1 輯,學苑出版社 2005 年

———　《上博竹書〈周易〉異文選釋》(六則),《文史》2006 年第 4 輯(總第 77 輯),中華書局

———　《郭店簡〈尊德義〉和〈成之聞之〉的簡背數字與其簡序關係的考察》,《簡帛》第 2 輯,上海古籍出版社 2007 年

———　《甲骨金文考釋論集》,線裝書局 2007 年

———　《上博竹書"葛"字小考》,《中國文字研究》第 8 輯,大象出版社 2007 年

———　《"邍"字補釋》,《古文字研究》第 27 輯,中華書局 2008 年

———　《〈上博(六)·孔子見季桓子〉重編新釋》,《出土文獻與古文字研究》第 2 輯,復旦大學出版社 2008 年

———　《〈上博(三)·仲弓〉賸義》,《簡帛》第 3 輯,上海古籍出版社 2008 年

———　《郭店簡〈六德〉用爲"柔"之字考釋》,《中國文字學報》第 2 輯,商務印書館 2008 年

———　《甲骨金文舊釋"蕭"之字及相關諸字新釋》,《出土文獻與古文字研究》第 2 輯,復旦大學出版社 2008 年

———　《上海博物館藏戰國楚竹書〈從政〉篇研究》(三題),《簡帛研究二〇〇五》,廣西師範大學出版社 2008 年

———　《楚簡"羿"字試解》,《簡帛》第 4 輯,上海古籍出版社 2009 年

———　《戰國竹書論集》,上海古籍出版社 2013 年

陳久金 《帛書及古典天文史料注析與研究》,萬卷樓圖書股份有限公司 2001 年

陳 抗 《釋"恁"》,《中山大學研究生學刊》1980 年第 1 期

陳 來 《荊門竹簡之〈性自命出〉篇初探》,《中國哲學》第 20 輯,遼寧教育 出版社 1999 年

陳連慶 《〈䮷羌鐘〉銘"征秦迮齊"新釋》,《吉林師範大學學報》1979 年第 3 期

陳茂仁 《淺探帛書〈宜忌篇〉章題之內涵》,《第九屆中國文字學全國學術研 討會論文集》,臺灣師範大學國文系 1998 年

陳美蘭 《〈容成氏〉譯釋》,《〈上海博物館藏戰國楚竹書〉(二)讀本》,萬卷樓 圖書股份有限公司 2003 年

陳夢家 《禺邗王壺考釋》,《燕京學報》第 21 期,1937 年
———— 《壽縣蔡侯墓銅器》,《考古學報》1956 年第 2 期
———— 《東周盟誓與出土載書》,《考古》1966 年第 5 期
———— 《西周銅器斷代》,《金文論文選》第 1 輯,香港圖鴻製版印刷公司 1968 年
———— 《戰國楚帛書考》,《考古學報》1984 年第 2 期

陳 寧 《〈郭店楚墓竹簡〉中的儒家人性言論初探》,《中國哲學史》1998 年 第 4 期

陳 槃 《先秦兩漢帛書考》,《史語所集刊》第 24 本,1953 年
———— 《楚繒書疏證跋》,《史語所集刊》第 40 本上,1968 年
———— 《春秋大事表列國爵姓及存滅表譔異》,《史語所專刊》之五十二, 1969 年

陳佩芬 《吳王夫差盉》,《上海博物館集刊》第 7 期,上海書畫出版社 1996 年
———— 《〈紂衣〉釋文考釋》,《上海博物館藏戰國楚竹書》(一),上海古籍出 版社 2001 年
———— 《〈昔者君老〉釋文考釋》,《上海博物館藏戰國楚竹書》(二),上海古 籍出版社 2002 年
———— 《〈昭王毀室昭王與龔之脾〉釋文考釋》,《上海博物館藏戰國楚竹 書》(四),上海古籍出版社 2004 年
———— 《〈鮑叔牙與隰朋之諫〉釋文考釋》,《上海博物館藏戰國楚竹書》 (五),上海古籍出版社 2005 年

———　《〈競建内之〉釋文考釋》,《上海博物館藏戰國楚竹書》(五),上海古
籍出版社 2005 年

———　《〈平王問鄭壽〉釋文考釋》,《上海博物館藏戰國楚竹書》(六),上海
古籍出版社 2007 年

———　《〈平王與王子木〉釋文考釋》,《上海博物館藏戰國楚竹書》(六),上
海古籍出版社 2007 年

———　《〈莊王既成,申公臣靈王〉釋文考釋》,《上海博物館藏戰國楚竹書》
(六),上海古籍出版社 2007 年

———　《〈鄭子家喪(甲本、乙本)〉釋文考釋》,《上海博物館藏戰國楚竹書》
(七),上海古籍出版社 2008 年

陳　平　《〈"寺工"小考〉補議》,《人文雜志》1983 年第 2 期

———　《"蜀月"、"蜀守"、與"皋月"小議——涪陵廿六年秦戈兩關鍵銘文
釋讀辨正》,《文博》1985 年第 5 期

———　《秦子戈、矛考》,《考古與文物》1986 年第 2 期

———　《試論戰國型秦兵的年代及有關問題》,《中國考古學研究論集——
紀念夏鼐先生考古五十周年》,三秦出版社 1987 年

———　《遼陽新出四十年上郡守起戈銘補釋》,《考古》1994 年第 9 期

陳平、楊震　《内蒙伊盟新出十五年上郡守壽戈銘考》,《考古》1990 年第 6 期

陳千萬　《湖北谷城縣出土"攻盧王叔戗此邻"劍》,《考古》2000 年第 4 期

陳全方、陳馨　《澳門驚現一批楚青銅器》,《收藏》2007 年第 11 期

陳世輝　《讀"戰國題銘概述"》,《文物》1960 年第 1 期

———　《玉飾銘和氣功療法》,《光明日報》1961 年 11 月 21 日

———　《〈詛楚文〉補釋》,《古文字研究》第 12 輯,中華書局 1985 年

———　《戰國齊圓錢字説》,《中國錢幣》2004 年第 2 期

陳世輝、湯餘惠　《古文字學概要》,福建人民出版社 2011 年

陳雙新　《樂器銘文考釋》(五篇),《古文字研究》第 22 輯,中華書局 2000 年

———　《鐘鐘銘文補議》,《古文字研究》第 24 輯,中華書局 2002 年

陳斯鵬　《讀郭店楚墓竹簡札記》(十則),《中山大學學報論叢》1999 年第
6 期

———　《郭店楚墓竹簡考釋補正》,《華學》第 4 輯,紫禁城出版社 2000 年

———　《郭店楚簡解讀四則》,《古文字研究》第 24 輯,中華書局 2002 年

———　《説"凷"及其相關諸字》,《中國文字》新 28 期,藝文印書館 2002 年

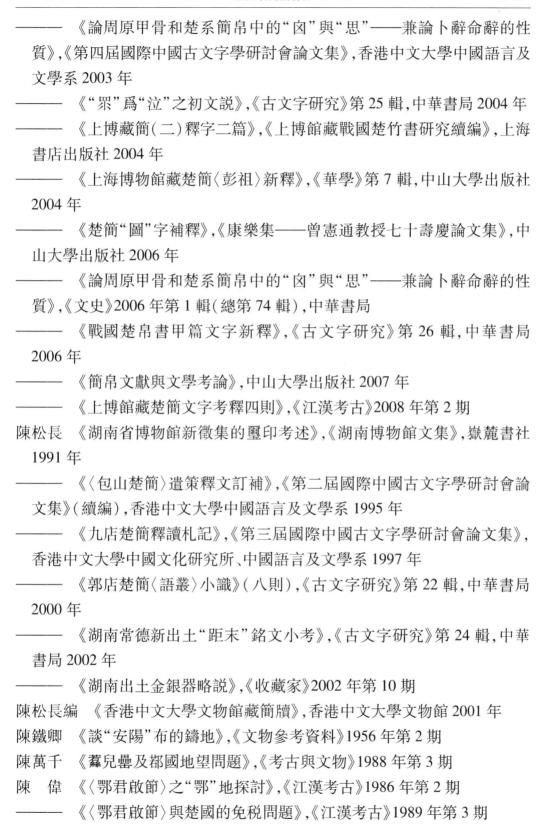

————　《論周原甲骨和楚系簡帛中的"囟"與"思"——兼論卜辭命辭的性質》,《第四屆國際中國古文字學研討會論文集》,香港中文大學中國語言及文學系 2003 年

————　《"眔"爲"泣"之初文説》,《古文字研究》第 25 輯,中華書局 2004 年

————　《上博藏簡(二)釋字二篇》,《上博館藏戰國楚竹書研究續編》,上海書店出版社 2004 年

————　《上海博物館藏楚簡〈彭祖〉新釋》,《華學》第 7 輯,中山大學出版社 2004 年

————　《楚簡"圖"字補釋》,《康樂集——曾憲通教授七十壽慶論文集》,中山大學出版社 2006 年

————　《論周原甲骨和楚系簡帛中的"囟"與"思"——兼論卜辭命辭的性質》,《文史》2006 年第 1 輯(總第 74 輯),中華書局

————　《戰國楚帛書甲篇文字新釋》,《古文字研究》第 26 輯,中華書局 2006 年

————　《簡帛文獻與文學考論》,中山大學出版社 2007 年

————　《上博館藏楚簡文字考釋四則》,《江漢考古》2008 年第 2 期

陳松長　《湖南省博物館新徵集的璽印考述》,《湖南博物館文集》,嶽麓書社 1991 年

————　《〈包山楚簡〉遣策釋文訂補》,《第二屆國際中國古文字學研討會論文集》(續編),香港中文大學中國語言及文學系 1995 年

————　《九店楚簡釋讀札記》,《第三屆國際中國古文字學研討會論文集》,香港中文大學中國文化研究所、中國語言及文學系 1997 年

————　《郭店楚簡〈語叢〉小識》(八則),《古文字研究》第 22 輯,中華書局 2000 年

————　《湖南常德新出土"距末"銘文小考》,《古文字研究》第 24 輯,中華書局 2002 年

————　《湖南出土金銀器略説》,《收藏家》2002 年第 10 期

陳松長編　《香港中文大學文物館藏簡牘》,香港中文大學文物館 2001 年

陳鐵卿　《談"安陽"布的鑄地》,《文物參考資料》1956 年第 2 期

陳萬千　《蠚兒罍及都國地望問題》,《考古與文物》1988 年第 3 期

陳　偉　《〈鄂君啟節〉之"鄂"地探討》,《江漢考古》1986 年第 2 期

————　《〈鄂君啟節〉與楚國的免稅問題》,《江漢考古》1989 年第 3 期

———　《關於包山"受期"簡的讀解》,《江漢考古》1993 年第 1 期

———　《包山楚司法簡 131—139 號考析》《江漢考古》1994 年第 4 期

———　《包山楚簡初探》,武漢大學出版社 1996 年

———　《關於包山楚簡中的喪葬文書》,《考古與文物》1996 年第 2 期

———　《包山楚簡中的宛郡》,《武漢大學學報》1998 年第 6 期

———　《郭店楚簡別釋》,《江漢考古》1998 年第 4 期

———　《九店日書校讀及其相關問題》,《人文論叢》1998 年卷,武漢大學出
版社

———　《〈大一生水〉考釋》,《古文字與古文獻》試刊號,臺灣楚文化研究會
籌備處 1999 年

———　《讀郭店竹書〈老子〉札記》(四則),《江漢論壇》1999 年第 10 期

———　《郭店楚簡〈六德〉諸篇零釋》,《武漢大學學報》1999 年第 5 期

———　《〈太一生水〉校讀並論與〈老子〉的關係》,《古文字研究》第 22 輯,
中華書局 2000 年

———　《〈語叢〉一、三中有關"禮"的幾條簡文》,《郭店楚簡國際學術研討
會論文集》,湖北人民出版社 2000 年

———　《關於郭店楚簡〈六德〉諸篇編連的調整》,《郭店楚簡國際學術研討
會論文集》,湖北人民出版社 2000 年

———　《郭店簡書〈人雖有性〉校釋》,《中國哲學史》2000 年第 4 期

———　《關於包山楚簡中的"弱典"》,《簡帛研究二〇〇一》,廣西師範大學
出版社 2001 年

———　《郭店簡書〈尊德義〉校釋》,《中國哲學史》2001 年第 3 期

———　《郭店簡〈六德〉校讀》,《古文字研究》第 24 輯,中華書局 2002 年

———　《郭店竹書別釋》,湖北教育出版社 2003 年

———　《新蔡楚簡零釋》,《華學》第 6 輯,紫禁城出版社 2003 年

———　《竹書〈容成氏〉零識》,《第四屆國際中國古文字學研討會論文集》,
香港中文大學中國語言及文學系 2003 年

———　《竹書〈容成氏〉所見的九州》,《中國史研究》2003 年第 3 期

———　《竹書《容成氏》共、滕二地小考》,《文物》2003 年第 12 期

———　《包山楚司法簡 131—139 號補釋》,《簡帛研究匯刊》第 1 輯,臺北中
國文化大學史學系、簡帛學文教基金會籌備處 2003 年

———　《包山簡"秦客陳慎"即陳軫試説》,《古文字研究》第 25 輯,中華書

局 2004 年

——　《葛陵楚簡所見的卜筮與禱祠》，《出土文獻研究》第 6 輯，上海古籍
出版社 2004 年

——　《郭店簡書〈性自命出〉校釋》，《新出土文獻與古代文明研究》，上海
大學出版社 2004 年

——　《上博簡〈從政〉〈周易〉校讀》，《楚地簡帛思想研究》（二），湖北教育
出版社 2005 年

——　《〈二年律令〉、〈奏讞書〉校讀》，《簡帛》第 1 輯，上海古籍出版社
2006 年

——　《讀新蔡簡札記》（四則），《康樂集——曾憲通教授七十壽慶論文
集》，中山大學出版社 2006 年

——　《竹書〈仲弓〉詞句試解》（三則），《古文字研究》第 26 輯，中華書局
2006 年

——　《〈簡大王泊旱〉新研》，《簡帛》第 2 輯，上海古籍出版社 2007 年

——　《包山“廷志”籤牌與九號簡》，《中國出土資料研究》第 11 號，日本
中國出土資料研究學會 2007 年

——　《〈三德〉與〈鬼神之明〉校讀》，《華學》第 9、10 輯，上海古籍出版社
2008 年

——　《讀上博楚竹書〈景公瘧〉札記》，《出土文獻與古文字研究》第 2 輯，
復旦大學出版社 2008 年

——　《上博楚竹書〈莊王既成〉初讀》，《古文字研究》第 27 輯，中華書局
2008 年

——　《慎子曰恭儉初讀》，《古文字學論稿》，安徽大學出版社 2008 年

——　《竹書〈孔子見季桓子〉初讀》，《簡帛》第 3 輯，上海古籍出版社
2008 年

——　《新出楚簡研讀》，武漢大學出版社 2010 年

——　《嶽麓書院秦簡校讀》，《簡帛》第 5 輯，上海古籍出版社 2010 年

陳偉等　《楚地出土戰國簡冊》（十四種），經濟科學出版社 2009 年

陳偉武　《〈古陶文字徵〉訂補》，《中山大學學報》1995 年第 1 期

——　《軍器及其題銘與簡帛兵學文獻》，《華學》第 2 輯，中山大學出版社
1996 年

——　《戰國秦漢同形字論綱》，《于省吾教授百年誕辰紀念文集》，吉林大

學出版社 1996 年

———　《同符合體字探微》,《中山大學學報》1997 年第 4 期

———　《戰國楚簡考釋斟議》,《第三屆國際中國古文字學研討會論文集》,香港中文大學中國文化研究所、中國語言及文學系 1997 年

———　《睡虎地秦簡叕詁》,《中國語文》1998 年第 2 期

———　《睡虎地秦簡叕詁》,《胡厚宣先生紀念文集》,科學出版社 1998 年

———　《出土戰國秦漢文獻中的縮略語》,《中國語言學報》第 9 期,商務印書館 1999 年

———　《簡帛兵學文獻探論》,中山大學出版社 1999 年

———　《試論晚清學者對傳抄古文的研究》,《第二屆國際清代學術研討會論文集》,高雄中山大學 1999 年

———　《雙聲符字綜論》,《中國古文字研究》第 1 輯,吉林大學出版社 1999 年

———　《郭店楚簡識小録》,《華學》第 4 輯,紫禁城出版社 2000 年

———　《舊釋"折"及從"折"之字評議——兼論"慎德"和"愁終"問題》,《古文字研究》第 22 輯,中華書局 2000 年

———　《楚系簡帛釋讀掇瑣》,《古文字研究》第 24 輯,中華書局 2002 年

———　《郭店楚簡中〈漢語大字典〉所無之字》,《中國文字研究》第 3 輯,廣西教育出版社 2002 年

———　《新出楚系竹簡中的專用字綜議》,《華學》第 6 輯,紫禁城出版社 2003 年

———　《戰國竹簡與傳世子書字詞合證》,《第四屆國際中國古文字學研討會論文集》,香港中文大學中國語言及文學系 2003 年

———　《讀上博藏簡第三冊零札》,《華學》第 7 輯,中山大學出版社 2004 年

———　《上博藏簡識小録》,《語言文字學研究》,中國社會科學出版社 2005 年

———　《讀上博藏簡第四冊零札》,《古文字研究》第 26 輯,中華書局 2006 年

———　《秦漢簡牘考釋拾遺》,《簡帛》第 2 輯,上海古籍出版社 2007 年

———　《上博簡考釋掇瑣》,《古文字研究》第 27 輯,中華書局 2008 年

———　《荊門左冢楚墓漆梮文字釋補》,《出土文獻與傳世典籍的詮釋——紀念譚樸森先生逝世兩周年國際學術研討會論文集》,上海古籍出版社

2010 年

——— 《愈愚齋磨牙集——古文字與漢語史研究叢稿》,中西書局 2014 年

陳煒湛　《包山楚簡研究》(七篇),《容庚先生百年誕辰紀念文集》,廣東人民
　　出版社 1998 年

陳錫勇　《郭店楚簡老子論證》,里仁書局 2005 年

陳曉捷　《臨潼新豐鎮劉寨村秦遺址出土陶文》,《考古與文物》1996 年第
　　4 期

陳英傑　《上博簡拾零》,《學術研究》2003 年第 4 期

——— 《楚簡札記五種》,《漢字研究》第 1 輯,學苑出版社 2005 年

陳應祺　《戰國中山國"成帛"刀幣考》,《中國錢幣》1984 年第 3 期

陳應時　《驗證饒解曾侯鐘銘文"斧"和"索"》,《華學》第 2 輯,中山大學出版
　　社 1996 年

陳　雍　《秦漢文字札叢》,《北方文物》1988 年第 3 期

——— 《關於"丞相啟"和"相國昌平君"》,《文物》1989 年第 11 期

陳玉璟　《秦簡詞語札記》,《安徽師範大學學報》1985 年第 1 期

陳昭容　《從古文字材料談古代的盥洗用具及其相關問題——自淅川下寺春
　　秋楚墓的青銅水器自名説起》,《史語所集刊》第 71 本第 4 分,2000 年

——— 《論山彪鎮一號墓出土周王叚戈的作器者及時代》,《古今論衡》第 5
　　期,臺灣史語所 2000 年

——— 《秦系文字研究——從漢字史的角度考察》,臺灣史語所 2003 年

陳振裕、劉信芳　《睡虎地秦簡文字編》,湖北人民出版社 1993 年

陳　直　《金文拾遺》,民國石印本

——— 《漢代人民的日常生活》,《西北大學學報》1957 年第 4 期

——— 《古器物文字叢考》,《考古》1963 年第 2 期

——— 《史記新證》,天津人民出版社 1979 年

——— 《摹廬叢著七種》,齊魯書社 1981 年

——— 《讀金日札》(周曉陸、陳曉捷編),西北大學出版社 2000 年

——— 《讀金日札 讀子日札》,中華書局 2008 年

程紀中　《燕布四珍》,《中國錢幣》1992 年第 4 期

程紀中、童子玉、馬漢民　《三孔布新品》,《中國錢幣》1993 年第 2 期

程鵬萬　《釋〈仲弓〉第 16 簡的"小人"》,《古文字研究》第 26 輯,中華書局
　　2006 年

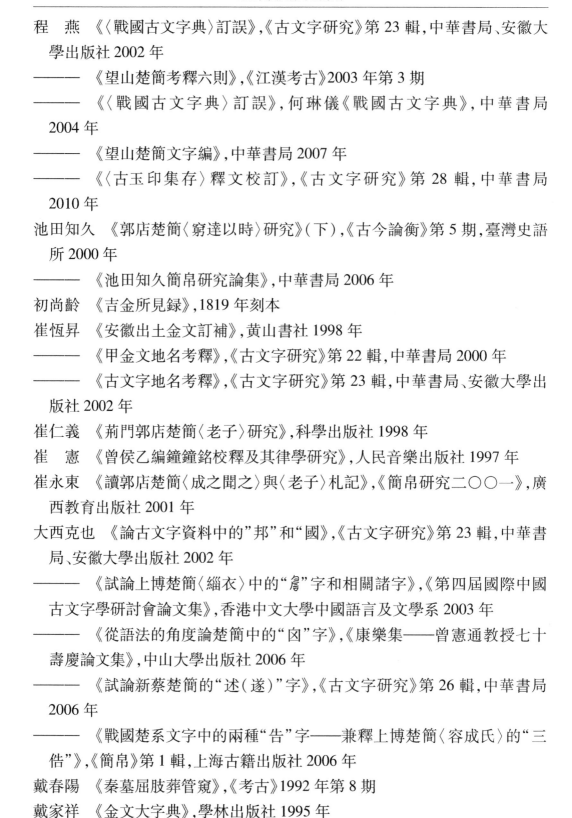

程　燕　《〈戰國古文字典〉訂誤》,《古文字研究》第 23 輯,中華書局、安徽大
學出版社 2002 年

———　《望山楚簡考釋六則》,《江漢考古》2003 年第 3 期

———　《〈戰國古文字典〉訂誤》,何琳儀《戰國古文字典》,中華書局
2004 年

———　《望山楚簡文字編》,中華書局 2007 年

———　《〈古玉印集存〉釋文校訂》,《古文字研究》第 28 輯,中華書局
2010 年

池田知久　《郭店楚簡〈窮達以時〉研究》(下),《古今論衡》第 5 期,臺灣史語
所 2000 年

———　《池田知久簡帛研究論集》,中華書局 2006 年

初尚齡　《吉金所見録》,1819 年刻本

崔恆昇　《安徽出土金文訂補》,黃山書社 1998 年

———　《甲金文地名考釋》,《古文字研究》第 22 輯,中華書局 2000 年

———　《古文字地名考釋》,《古文字研究》第 23 輯,中華書局、安徽大學出
版社 2002 年

崔仁義　《荊門郭店楚簡〈老子〉研究》,科學出版社 1998 年

崔　憲　《曾侯乙編鐘鐘銘校釋及其律學研究》,人民音樂出版社 1997 年

崔永東　《讀郭店楚簡〈成之聞之〉與〈老子〉札記》,《簡帛研究二〇〇一》,廣
西教育出版社 2001 年

大西克也　《論古文字資料中的"邦"和"國"》,《古文字研究》第 23 輯,中華書
局、安徽大學出版社 2002 年

———　《試論上博楚簡〈緇衣〉中的"𢎥"字和相關諸字》,《第四屆國際中國
古文字學研討會論文集》,香港中文大學中國語言及文學系 2003 年

———　《從語法的角度論楚簡中的"囟"字》,《康樂集——曾憲通教授七十
壽慶論文集》,中山大學出版社 2006 年

———　《試論新蔡楚簡的"述(遂)"字》,《古文字研究》第 26 輯,中華書局
2006 年

———　《戰國楚系文字中的兩種"告"字——兼釋上博楚簡〈容成氏〉的"三
佸"》,《簡帛》第 1 輯,上海古籍出版社 2006 年

戴春陽　《秦墓屈肢葬管窺》,《考古》1992 年第 8 期

戴家祥　《金文大字典》,學林出版社 1995 年

丁佛言　《説文古籀補補》,中華書局 1988 年影印 1924 年本

丁福保　《古錢大辭典》,中華書局 1982 年影印 1938 年本

————　《歷代錢譜》(續),《泉幣》第 7 期,泉幣學社 1941 年

————　《歷代錢譜》(續前),《泉幣》第 12 期,泉幣學社 1942 年

————　《歷代錢譜》(續前),《泉幣》第 14 期,泉幣學社 1942 年

————　《歷代錢譜》(續前),《泉幣》第 17 期,泉幣學社 1943 年

丁四新　《楚簡〈恆先〉章句釋義》,《楚地簡帛思想研究》(二),湖北教育出版
　　社 2005 年

————　《郭店楚竹書〈老子〉校注》,武漢大學出版社 2010 年

————　《楚竹書與漢帛書〈周易〉校注》,上海古籍出版社 2011 年

丁耀祖　《臨潼縣附近出土秦代銅器》,《文博簡訊》(三則),《文物》1965 年
　　第 7 期

丁原植　《郭店竹簡老子釋析與研究》(增修版),萬卷樓圖書股份有限公司
　　1999 年

————　《郭店楚簡儒家佚籍四種釋析》,臺灣古籍出版有限公司 2000 年

董楚平　《徐器湯鼎銘文考釋中的一些問題》,《杭州大學學報》1987 年第
　　1 期

————　《關於吳越文化新探的通信》,《浙江學刊》1990 年第 1 期

————　《吳越徐舒金文集釋》,浙江古籍出版社 1992 年

————　《越國金文綜述》,《杭州師範學院學報》1993 年第 5 期

————　《"王子孜戈"、"配兒鉤鑃"、"臧孫鐘"人名匯考》,《國際百越文化研
　　究》,中國社會科學出版社 1994 年

————　《六件"蔡仲戈"銘文匯釋——兼談蔡國的鳥篆書問題》,《考古》
　　1996 年第 8 期

————　《〈董武鐘〉補正》,《追尋中華古代文明的踪迹——李學勤先生學術
　　活動五十年紀念文集》,復旦大學出版社 2002 年

————　《楚帛書"創世篇"釋文釋義》,《古文字研究》第 24 輯,中華書局
　　2002 年

————　《中國上古創世神話鉤沉——楚帛書甲篇解讀兼談中國神話的若干
　　問題》,《中國社會科學》2002 年第 5 期

董　琨　《郭店楚簡〈老子〉的語言學札記》,《古文字研究》第 24 輯,中華書
　　局 2002 年

董蓮池　《金文編校補》,東北師範大學出版社 1995 年

———　《金文考釋二篇》,《于省吾教授百年誕辰紀念文集》,吉林大學出版社 1996 年

———　《釋兩周銅器銘文中的"業"字》,《吉林大學古籍整理研究所建所十五周年紀念文集》,吉林大學出版社 1998 年

———　《也説包山簡文中的"受期"》,《古籍整理研究學刊》1999 年第 4 期

———　《上海博物館藏〈戰國楚竹書(一)·孔子詩論〉解詁》(一),《古籍整理研究學刊》2002 年第 2 期

———　《上海博物館藏〈戰國楚竹書(一)·孔子詩論〉解詁》(二),《古籍整理研究學刊》2003 年第 2 期

董　珊　《釋燕系文字中的"無"字》,《于省吾教授百年誕辰紀念文集》,吉林大學出版社 1996 年

———　《新見戰國兵器七種》,《中國古文字研究》第 1 輯,吉林大學出版社 1999 年

———　《新見戰國古璽印一一七方》,《中國古文字研究》第 1 輯,吉林大學出版社 1999 年

———　《二年主父戈與王何立事戈考》,《文物》2004 年第 8 期

———　《論陽城之戰與秦上郡戈的斷代》,《古代文明》第 3 卷,文物出版社 2004 年

———　《向壽戈考》,《考古》2006 年第 3 期

———　《越者汈鐘銘新論》,《東南文化》2008 年第 2 期

———　《楚簡簿記與楚國量制研究》,《考古學報》2010 年第 2 期

———　《石鼓文考證》,《出土文獻與古文字研究》第 3 輯,復旦大學出版社 2010 年

———　《簡帛文獻考釋論叢》,上海古籍出版社 2014 年

董珊、陳劍　《郾王職壺銘文研究》,《北京大學中國古文獻研究中心集刊》第 3 輯,北京大學出版社 2002 年

杜金娥　《也談三孔布鑄行的年代和國別》,《廣東首屆年會錢幣論文集》,《廣東金融》增刊,1986 年

杜迺松　《春秋吳國具銘青銅器匯釋和相關問題》,《吳文化研究論文集》,中山大學出版社 1988 年

———　《金文"容"字和"玄鏐鎬鋁"考釋》,《于省吾教授百年誕辰紀念文

集》,吉林大學出版社 1996 年

杜宇、孫敬明 《考古發現與戰國齊兵器研究》,《管子學刊》1992 年第 2 期

段 渝 《巴蜀古文字的兩系及其起源》,《考古與文物》1993 年第 1 期

凡國棟 《〈容成氏〉"九州"得名原因試探》,《楚地簡帛思想研究》(三),湖北教育出版社 2007 年

樊瑞平、王巧蓮 《正定縣文物保管所收藏的兩件戰國有銘銅戈》,《文物》1999 年第 4 期

范常喜 《上博(二)·〈從政(甲)〉簡三補説》,《康樂集——曾憲通教授七十壽慶論文集》,中山大學出版社 2006 年

——— 《戰國楚祭禱簡"蒿之"、"百之"補議》,《中國歷史文物》2006 年第 5 期

——— 《上博楚竹書文字補釋八則》,《古文字研究》第 27 輯,中華書局 2008 年

——— 《〈上博二·容成氏〉簡 36"絢緆"補議》,《中國文字學報》第 3 輯,商務印書館 2010 年

——— 《上博簡〈容成氏〉和〈天子建州〉中"鹿"字合證》,《古文字研究》第 28 輯,中華書局 2010 年

范麗梅 《楚簡文字零釋》,《臺大中文學報》第 26 期,2007 年

——— 《郭店楚簡〈六德〉"仁類蔑而束"相關段落釋讀》,《楚地簡帛思想研究》(三),湖北教育出版社 2007 年

范毓周 《關於"矰之造戈"的幾個問題》,《華夏考古》1996 年第 1 期

方濬益 《綴遺齋彝器考釋》,商務印書館石印本 1935 年

馮廣宏、王家祐 《邵之飤鼎疑辨》,《四川文物》1997 年第 1 期

馮良珍 《説文勺及从勺之字探源》,《文物研究》第 1 期,黄山書社 1985 年

馮勝君 《戰國燕王戈研究》,《華學》第 3 輯,紫禁城出版社 1998 年

——— 《鼄鐘銘文解釋》,《吉林大學古籍整理研究所建所十五周年紀念文集》,吉林大學出版社 1998 年

——— 《戰國燕青銅禮器銘文彙釋》,《中國古文字研究》第 1 輯,吉林大學出版社 1999 年

——— 《讀〈郭店楚墓竹簡〉札記》(四則),《古文字研究》第 22 輯,中華書局 2000 年

——— 《讀上博簡〈孔子詩論〉札記》,《古籍整理研究學刊》2002 年第 2 期

——— 《讀上博簡〈緇衣〉札記二則》,《上博館藏戰國楚竹書研究》,上海書店出版社 2002 年

——— 《釋戰國文字中的"怨"》,《古文字研究》第 25 輯,中華書局 2004 年

——— 《戰國楚文字"黽"字用作"龜"字補議》,《漢字研究》第 1 輯,學苑出版社 2005 年

——— 《談談郭店簡〈五行〉篇中的非楚文字因素》,《簡帛》第 1 輯,上海古籍出版社 2006 年

——— 《郭店簡與上博簡對比研究》,線裝書局 2007 年

馮　時　《曾侯乙編鐘的所謂"變宮"問題》,《考古》1986 年第 7 期

——— 《楚帛書研究三題》,《于省吾教授百年誕辰紀念文集》,吉林大學出版社 1996 年

——— 《工盧大叔鏚銘文考釋》,《古文字研究》第 22 輯,中華書局 2000 年

——— 《中國天文考古學》,社會科學文獻出版社 2001 年

——— 《戰國竹書〈忠信之道〉釋論》,《古墓新知——紀念郭店楚簡出土十周年論文專輯》,國際炎黃文化出版社 2003 年

——— 《中國天文考古學》,中國社會科學出版社 2007 年

傅嘉儀　《秦封泥彙考》,上海書店出版社 2007 年

傅天祐　《兵器銘文中的"冶"非"工師"説》,《江漢考古》1984 年第 1 期

——— 《對秦〈石邑戈〉銘文解釋的商榷》,《江漢考古》1986 年第 3 期

——— 《越器〈無顓戈〉銘文考釋》,《江漢考古》1988 年第 1 期

復旦大學出土文獻與古文字研究中心研究生讀書會　《〈上博(七)·凡物流形〉重編釋文》,《出土文獻與古文字研究》第 3 輯,復旦大學出版社 2010 年

——— 《〈上博七·吳命〉校讀》,《出土文獻與古文字研究》第 3 輯,復旦大學出版社 2010 年

高本漢著,劉叔揚譯　《驫羌鐘之年代》,《考古學社社刊》第 4 期,1936 年

高桂雲　《首都博物館藏三孔布》,《中國錢幣》1994 年第 2 期

高　敏　《論〈秦律〉中的"嗇夫"一官》,《社會科學戰線》1979 年第 1 期

高　明　《古文字類編》,中華書局 1980 年

——— 《楚繒書研究》,《古文字研究》第 12 輯,中華書局 1985 年

——— 《古陶文彙編》,中華書局 1990 年

——— 《從臨淄陶文看衢里製陶業》,《古文字研究》第 19 輯,中華書局 1992 年

——— 《説“鋬”及其相關問題》,《考古》1996 年第 3 期

——— 《談古越閣藏吳王夫差劍》,《史物叢刊 10・商周青銅兵器暨夫差劍特展論文集》,臺灣歷史博物館 1996 年

——— 《高明論著選集》,科學出版社 2001 年

高明、葛英會　《古陶文字徵》,中華書局 1991 年

高士英　《朔縣趙家口發現戰國劍》,《考古與文物》1989 年第 3 期

高田忠周　《古籀篇》,宏業書局 1975 年影印 1925 年本

高英民　《戰國中山國金貝的出土——兼述“成白”刀面文諸問題》,《中國錢幣》1985 年第 4 期

高佑仁　《〈曹沫之陣〉“早”字考釋——從楚系“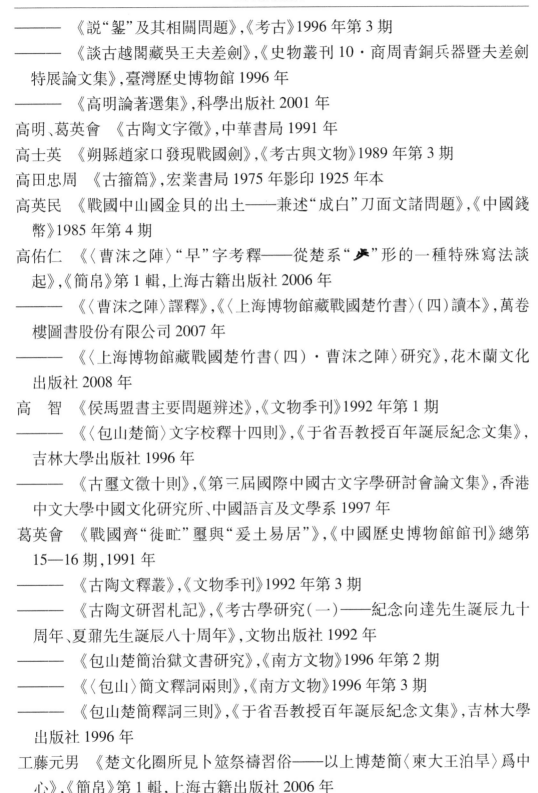”形的一種特殊寫法談起》,《簡帛》第 1 輯,上海古籍出版社 2006 年

——— 《〈曹沫之陣〉譯釋》,《〈上海博物館藏戰國楚竹書〉(四)讀本》,萬卷樓圖書股份有限公司 2007 年

——— 《〈上海博物館藏戰國楚竹書(四)・曹沫之陣〉研究》,花木蘭文化出版社 2008 年

高　智　《侯馬盟書主要問題辨述》,《文物季刊》1992 年第 1 期

——— 《〈包山楚簡〉文字校釋十四則》,《于省吾教授百年誕辰紀念文集》,吉林大學出版社 1996 年

——— 《古璽文徵十則》,《第三屆國際中國古文字學研討會論文集》,香港中文大學中國文化研究所、中國語言及文學系 1997 年

葛英會　《戰國齊“徙邨”璽與“爰土易居”》,《中國歷史博物館館刊》總第 15—16 期,1991 年

——— 《古陶文釋叢》,《文物季刊》1992 年第 3 期

——— 《古陶文研習札記》,《考古學研究(一)——紀念向達先生誕辰九十周年、夏鼐先生誕辰八十周年》,文物出版社 1992 年

——— 《包山楚簡治獄文書研究》,《南方文物》1996 年第 2 期

——— 《〈包山〉簡文釋詞兩則》,《南方文物》1996 年第 3 期

——— 《包山楚簡釋詞三則》,《于省吾教授百年誕辰紀念文集》,吉林大學出版社 1996 年

工藤元男　《楚文化圈所見卜筮祭禱習俗——以上博楚簡〈柬大王泊旱〉爲中心》,《簡帛》第 1 輯,上海古籍出版社 2006 年

公孫燕　《燕王職之戈》,《理論與實踐》1980 年第 4 期

顧榮木　《鶴廬印存》,榮寶齋出版社 1998 年

顧史考　《讀〈尊德義〉札記》,《第四屆國際中國古文字學研討會論文集》,香港中文大學中國語言及文學系 2003 年

———　《郭店楚簡〈成之〉等篇雜志》,《清華大學學報》2006 年第 1 期

———　《郭店楚簡〈語叢四〉篇韻讀新解三則》,《簡帛》第 1 輯,上海古籍出版社 2006 年

———　《郭店楚簡先秦儒書宏微觀》,臺灣學生書局 2006 年

———　《楚文字"唬"字之雙重用法:説"景公'瘨'及苗民五'虢'之刑"》,《古文字研究》第 27 輯,中華書局 2008 年

顧廷龍　《古匋文舂録》,國立北平研究院 1936 年

———　《古匋文舂録》,上海古籍出版社 2004 年影印 1936 年本

廣瀬薫雄　《新蔡楚簡所謂"賵書"簡試析——兼論楚國量制》,《簡帛》第 1 輯,上海古籍出版社 2006 年

———　《包山楚簡〈受期〉"阼門又敗"再探》,《簡帛》第 2 輯,上海古籍出版社 2007 年

廣州市文物管理委員會、中國社會科學院考古研究所、廣東省博物館　《西漢南越王墓》,文物出版社 1991 年

郭沫若　《兩周金文辭大系》,日本文求堂書店 1932 年

———　《古代銘刻彙考續編》,日本文求堂書店 1934 年

———　《石鼓文研究》,商務印書館 1939 年

———　《行氣銘釋文》,《中國建設》第 4 卷第 5 期,1947 年

———　《吳王壽夢之戈》,《光明日報》1950 年 6 月 7 日

———　《金文叢考》,人民出版社 1954 年

———　《兩周金文辭大系圖録考釋》,科學出版社 1957 年

———　《信陽墓的年代與國別》,《文物參考資料》1958 年第 1 期

———　《關於鄂君啟節的研究》,《文物參考資料》1958 年第 4 期

———　《者汈鐘銘考釋》,《考古學報》1958 年第 1 期

———　《殷周青銅器銘文研究》,科學出版社 1961 年

———　《跋江陵與壽縣出土銅器群》,《考古》1963 年第 4 期

———　《出土文物二三事》,《文物》1972 年第 3 期

———　《古代文字之辯證的發展》,《考古》1972 年第 3 期

———　《古代文字之辯證的發展》,《考古學報》1972 年第 1 期

———　《郭沫若全集·考古編》第 9 卷,科學出版社 1982 年

———　《郭沫若全集·考古編》第 10 卷,科學出版社 1982 年

———　《則、瀍度量則、則誓三事試解》,《古文字研究》第 7 輯,中華書局 1982 年

———　《兩周金文辭大系圖録考釋》,上海書店出版社 1999 年

———　《郭沫若全集·考古編》第 5 卷,科學出版社 2002 年

———　《郭沫若全集·考古編》第 6 卷,科學出版社 2002 年

———　《郭沫若全集·考古編》第 8 卷,科學出版社 2002 年

郭若愚　《蔡侯劍》,《江海學刊》1963 年第 2 期

———　《戰國梁布文字析義及有關問題初論》,《中國錢幣》1983 年第 3 期

———　《長沙仰天湖戰國竹簡文字的摹寫和考釋》,《上海博物館集刊》第 3 輯,上海古籍出版社 1986 年

———　《談談先秦錢幣的幾個問題》,《中國錢幣》1991 年第 2 期

———　《三孔布幣面文字再考釋及其鑄造年代之探究》,《中國錢幣》1994 年第 2 期

———　《戰國楚簡文字編》,上海書畫出版社 1994 年

———　《先秦鑄幣文字考釋和辨僞》,上海書店出版社 2001 年

郭偉民　《沅陵楚墓新近出土銘文砝碼小識》,《考古》1994 年第 8 期

郭一峰、張廣善　《高平縣出土"寧壽令戟"考》,《文物季刊》1992 年第 4 期

郭　沂　《楚簡〈老子〉與老子公案》,《中國哲學》第 20 輯,遼寧教育出版社 1999 年

———　《郭店竹簡與先秦學術思想》,上海教育出版社 2001 年

郭永秉　《秦駰玉版銘文考釋中的幾個問題》,《古代中國:傳統與變革》第 1 輯,復旦大學出版社 2005 年

———　《説〈子羔〉簡 4 的"敏以好詩"》,《出土文獻與古文字研究》第 1 輯,復旦大學出版社 2006 年

———　《帝系新研——楚地出土戰國文獻中的傳説時代古帝王系統研究》,北京大學出版社 2008 年

———　《釋上博楚簡〈平王問鄭壽〉的"訊"字》,《古文字研究》第 27 輯,中華書局 2008 年

———　《戰國竹書剩義》(三則),《語言研究集刊》第 5 輯,上海辭書出版社 2008 年

———　《談古文字中的“要”字和从“要”之字》,《古文字研究》第 28 輯,中華書局 2010 年

———　《古文字與古文獻論集》,上海古籍出版社 2011 年

郭子直　《戰國秦封宗邑瓦書銘文新釋》,《古文字研究》第 14 輯,中華書局 1986 年

國家計量總局、中國歷史博物館、故宫博物院　《中國古代度量衡圖集》,文物出版社 1984 年

韓建武、師小群　《陝西歷史博物館藏印叢考》,《文博》1997 年第 4 期

韓禄伯　《治國大綱——試讀郭店〈老子〉甲組的第一部分》,《道家文化研究》第 17 輯,三聯書店 1999 年

韓天衡、孫慰祖　《古玉印精萃》,上海書店 1989 年

———　《古玉印集存》,上海書店出版社 2002 年

韓自强　《安徽阜陽博物館藏印選介》,《文物》1988 年第 6 期

———　《過眼雲煙——記新見五件晉系銘文兵器》,《古文字研究》第 27 輯,中華書局 2008 年

韓自强、馮耀堂　《安徽阜陽地區出土的戰國時期銘文兵器》,《東南文化》1991 年第 2 期

韓自强、韓朝　《安徽阜陽出土的楚國官璽》,《古文字研究》第 22 輯,中華書局 2000 年

韓自强、劉海洋　《近年所見有銘銅器簡述》,《古文字研究》第 24 輯,中華書局 2002 年

漢語大字典字形組　《秦漢魏晉篆隸字形表》,四川辭書出版社 1985 年

郝本性　《新鄭“鄭韓故城”發現一批戰國銅兵器》,《考古》1972 年第 10 期

———　《壽縣楚器集脰諸銘考釋》,《古文字研究》第 10 輯,中華書局 1983 年

———　《試論楚國器銘中所見的府和鑄造組織》,《楚文化研究論集》第 1 集,荊楚書社 1987 年

———　《新鄭出土戰國銅兵器部分銘文考釋》,《古文字研究》第 19 輯,中華書局 1992 年

———　《信陽楚墓出土屈簹編鐘新讀》,《楚文化研究論集》第 4 集,河南人民出版社 1994 年

———　《河南温縣東周盟誓遺址發掘與整理情況》,《新出簡帛研究》,文物

　　出版社 2004 年

郝士宏　《郭店楚墓考釋一則》,《古文字研究》第 23 輯,中華書局、安徽大學
　　出版社 2002 年

何　浩　《〈楚屈叔沱戈〉考》,《安徽史學》1985 年第 1 期

———　《鄅陵君與春申君》,《江漢考古》1985 年第 2 期

———　《楚國封君封邑地望續考》,《江漢考古》1991 年第 4 期

何浩、劉彬徽　《包山楚簡"封君"釋地》,《包山楚墓》,文物出版社 1991 年

何琳儀　《鄅陵君三器考辨》,《江漢考古》1984 年第 1 期

———　《中山王器考釋拾遺》,《史學集刊》1984 年第 3 期

———　《長沙帛書通釋》,《江漢考古》1986 年第 1 期

———　《長沙帛書通釋》,《江漢考古》1986 年第 2 期

———　《返邦刀幣考》,《中國錢幣》1986 年第 3 期

———　《平安君鼎國別補證》,《考古與文物》1986 年第 5 期

———　《戰國文字與傳抄古文》,《古文字研究》第 15 輯,中華書局 1986 年

———　《秦文字辨析舉例》,《人文雜志》1987 年第 4 期

———　《長沙銅量銘文補釋》,《江漢考古》1988 年第 4 期

———　《皖出二兵跋》,《文物研究》第 3 輯,黃山書社 1988 年

———　《長沙帛書通釋校補》,《江漢考古》1989 年第 4 期

———　《戰國文字通論》,中華書局 1989 年

———　《者汈鐘銘校注》,《古文字研究》第 17 輯,中華書局 1989 年

———　《貝地布幣考》,《陝西金融・錢幣專輯》(14),1990 年

———　《余亡布考——兼述三孔布地名》,《中國錢幣》1990 年第 3 期

———　《楚官肆師》,《江漢考古》1991 年第 1 期

———　《尖足布幣考》,《陝西金融・錢幣專輯》(16),1991 年

———　《節可忌豆小記》,《考古》1991 年第 10 期

———　《南越王墓虎節考》,《汕頭大學學報》1991 年第 3 期

———　《王夸布幣考》,《古籍整理研究學刊》1991 年第 5 期

———　《"芎箕"解》,《農業考古》1992 年第 1 期

———　《百邑布幣考——兼述尖足空首布地名》,《史學集刊》1992 年第
　　1 期

———　《古陶雜識》,《考古與文物》1992 年第 4 期

———　《古璽雜識續》,《古文字研究》第 19 輯,中華書局 1992 年

———— 《韓國方足布四考》,《陝西金融·錢幣專輯》(18),1992 年

———— 《橋形布幣考》,《吉林大學社會科學學報》1992 年第 2 期

———— 《說无》,《江漢考古》1992 年第 2 期

———— 《魏國方足布四考》,《文物季刊》1992 年第 4 期

———— 《燕國布幣考》,《中國錢幣》1992 年第 2 期

———— 《趙國方足布三考》,《文物春秋》1992 年第 2 期

———— 《包山竹簡選釋》,《江漢考古》1993 年第 4 期

———— 《句吳王劍補釋——兼釋冢、主、开、丂》,《第二屆國際中國古文字學研討會論文集》,香港中文大學中國語言及文學系 1993 年

———— 《三孔布幣考》,《中國錢幣》1993 年第 4 期

———— 《釋四》,《文物春秋》1993 年第 4 期

———— 《信陽楚簡選釋》,《文物研究》第 8 輯,黃山書社 1993 年

———— 《三晉方足布彙釋》,《人文雜志》1994 年第 6 期

———— 《吳越徐舒金文選釋》,《中國文字》新 19 期,藝文印書館 1994 年

———— 《負疋布幣考》,《中國文字》新 20 期,藝文印書館 1995 年

———— 《古幣叢考》,文史哲出版社 1996 年

———— 《古兵地名雜識》,《考古與文物》1996 年第 6 期

———— 《戰國文字形體釋疑》,《于省吾教授百年誕辰紀念文集》,吉林大學出版社 1996 年

———— 《周方足布考》,《舟山錢幣》1996 年第 2 期

———— 《仰天湖竹簡選釋》,《簡帛研究》第 3 輯,廣西教育出版社 1998 年

———— 《戰國古文字典》,中華書局 1998 年

———— 《舒方新證》,《安徽史學》1999 年第 4 期

———— 《戰國兵器銘文選釋》,《考古與文物》1999 年第 5 期

———— 《楚王熊麗考》,《中國史研究》2000 年第 4 期

———— 《鄂君啟舟節釋地三則》,《古文字研究》第 22 輯,中華書局 2000 年

———— 《郭店竹簡選釋》,《文物研究》第 12 輯,黃山書社 2000 年

———— 《莒縣出土東周銅器銘文彙釋》,《文史》2000 年第 1 輯(總第 50 輯),中華書局 2000 年

———— 《戰國兵器銘文選釋》,《古文字研究》第 20 輯,中華書局 2000 年

———— 《楚幣六考》,《安徽錢幣》2001 年第 2 期

———— 《郭店竹簡選釋》,《簡帛研究二〇〇一》,廣西師範大學出版社

2001 年

———— 《信陽竹書與〈墨子〉佚文》,《安徽大學學報》2001 年第 1 期

———— 《成白刀幣考》,《古文字研究》第 24 輯,中華書局 2002 年

———— 《楚官璽雜識》,《南京師範大學學報》2002 年第 1 期

———— 《古幣叢考》(增訂本),安徽大學出版社 2002 年

———— 《郭店簡古文二考》,《古籍整理研究學刊》2002 年第 5 期

———— 《滬簡〈詩論〉選釋》,《上博館藏戰國楚竹書研究》,上海書店出版社 2002 年

———— 《空首布選釋》,《古幣叢考》(增訂本),安徽大學出版社 2002 年

———— 《第二批滬簡選釋》,《學術界》2003 年第 1 期

———— 《戰國文字通論》(訂補),江蘇教育出版社 2003 年

———— 《第二批滬簡選釋》,《上博館藏戰國楚竹書研究續編》,上海書店出版社 2004 年

———— 《釋兢》,《新出土文獻與古代文明研究》,上海大學出版社 2004 年

———— 《隨縣竹簡選釋》,《華學》第 7 輯,中山大學出版社 2004 年

———— 《新蔡竹簡選釋》,《安徽大學學報》2004 年第 3 期

———— 《楚竹書〈周易〉校記》(上),《安大史學》第 2 輯,安徽大學出版社 2006 年

———— 《帛書〈周易〉校記》,《周易研究》2007 年第 1 期

———— 《楚竹書〈周易〉校記》,《第二屆傳統中國研究國際學術研討會論文集》(一),2007 年

———— 《上海博物館藏楚竹書〈周易〉》,《儒藏》(精華編二八一),北京大學出版社 2007 年

———— 《安徽大學漢語言文字研究叢書·何琳儀卷》,安徽大學出版社 2013 年

何琳儀、程燕 《郭店簡〈老子〉校記》(甲篇),《簡帛研究二〇〇二—二〇〇三》,廣西師範大學出版社 2005 年

———— 《滬簡〈周易〉選釋》,《江漢考古》2005 年第 4 期

何琳儀、程燕、房振三 《滬簡〈周易〉選釋》(修訂),《周易研究》2006 年第 1 期

何琳儀、房振三 《"也""只"考辨》,《民俗典籍文字研究》第 3 輯,商務印書館 2006 年

何琳儀、黃德寬　《説蔡》,《東南文化》1999 年第 5 期

何琳儀、焦智勤　《八年陽城令戈考》,《古文字研究》第 26 輯,中華書局
　　2006 年

何琳儀、唐晉源　《周方足布續考》,《中國錢幣》2004 年第 2 期

何琳儀、徐在國　《釋“芾”及其相關字》,《中國文字》新 27 期,藝文印書館
　　2001 年

———　《釋蒝》,《楚文化研究論集》第 5 輯,黃山書社 2003 年

何　新　《宇宙的起源》,時事出版社 2002 年

何有祖　《楚簡釋讀七則》,《江漢考古》2006 年第 1 期

———　《讀上博楚竹書(五)札記》,《出土文獻研究》第 8 輯,上海古籍出版
　　社 2007 年

———　《楚簡札記二則》,《簡帛》第 2 輯,上海古籍出版社 2007 年

何直剛　《中山金器刻辭再推敲》,《文物春秋》1990 年第 3 期

河北省文物管理處　《燕下都第 23 號遺址出土一批銅戈》,《文物》1982 年第
　　8 期

河北省文物研究所　《䜌墓——戰國中山國國王之墓》,文物出版社 1996 年

———　《燕下都》,文物出版社 1996 年

河南省文物考古研究所　《新蔡葛陵楚墓》,大象出版社 2003 年

河南省文物考古研究所、河南省駐馬店市文化局、新蔡縣文物保護管理所
　　《河南新蔡平夜君成墓的發掘》,《文物》2002 年第 8 期

河南省文物研究所　《河南溫縣東周盟誓遺址一號坎發掘簡報》,《文物》1983
　　年第 3 期

———　《信陽楚墓》,文物出版社 1986 年

———　《河南登封縣八方村出土五件銅戈》,《華夏考古》1991 年第 3 期

河南省文物研究所、河南省丹江庫區考古發掘隊、淅川縣博物館　《淅川下寺
　　春秋楚墓》,文物出版社 1991 年

賀潤坤　《從〈日書〉看秦國的穀物種植》,《文博》1988 年第 3 期

———　《從雲夢秦簡〈日書〉看秦國的六畜飼養業》,《文博》1989 年第 6 期

侯　才　《郭店楚墓竹簡〈老子〉校讀》,大連出版社 1999 年

侯乃峰　《秦駰禱病玉版銘文集解》,《文博》2005 年第 6 期

———　《上博(五)幾個固定詞語和句式補説》,《楚地簡帛思想研究》(三),
　　湖北教育出版社 2007 年

——— 《〈鮑叔牙與隰朋之諫〉"人之性三"補説》,《簡帛》第 4 輯,上海古籍出版社 2009 年

——— 《〈周易〉文字彙校集釋》,臺灣古籍出版有限公司 2009 年

后曉榮 《戰國兵器銘文所見韓國置縣考》,《出土文獻研究》第 10 輯,中華書局 2011 年

胡光煒 《壽春新出楚王鼎考釋》,《國風》第 4 卷第 3 期,1934 年

——— 《壽春新出楚王鼎考釋又一器》,《國風》第 4 卷第 6 期,1934 年

——— 《安徽省立圖書館新得壽春出土楚王鉈鼎銘釋》,《國風》第 5 卷第 8、9 期合刊,1934 年

2018110640 胡平生 《青川秦墓木牘"爲田律"所反映的田畝制度》,《文史》第 19 輯,中華書局 1983 年

——— 《讀上博藏戰國楚竹書〈詩論〉札記》,《上博館藏戰國楚竹書研究》,上海書店出版社 2002 年

胡仁宜 《"大莫囂"古官璽》,《文物》1988 年第 2 期

胡小石 《胡小石論文集三編》,上海古籍出版社 1995 年

胡雅麗 《楚人宗教信仰芻議》(續),《江漢考古》2001 年第 4 期

胡悦謙 《試談安徽出土的楚國銅量》,《中國考古學會第二次年會論文集》(1980),文物出版社 1982 年

胡正明 《"丞相啟"即昌平君説商榷》,《文物》1988 年第 3 期

湖北省博物館 《曾侯乙墓》,文物出版社 1989 年

湖北省荆沙鐵路考古隊 《包山楚墓》,文物出版社 1991 年

湖北省荆州地區博物館 《江陵馬山一號楚墓》,文物出版社 1985 年

湖北省荆州市周梁玉橋遺址博物館 《關沮秦漢墓簡牘》,中華書局 2001 年

湖北省文物考古研究所 《江陵九店東周墓》,科學出版社 1995 年

湖北省文物考古研究所、北京大學中文系 《望山楚簡》,中華書局 1995 年

——— 《九店楚簡》,中華書局 1999 年

湖北省文物考古研究所,荆門市博物館、襄荆高速公路考古隊 《荆門左冢楚墓》,文物出版社 2006 年

湖北省文物考古研究所、孝感地區博物館、雲夢縣博物館 《雲夢龍崗 6 號秦墓及出土簡牘》,《考古學集刊》第 8 集,科學出版社 1994 年

湖南省博物館 《湖南省博物館藏古璽印集》,上海書店出版社 1991 年

湖南省文物考古研究所、湘西土家族苗族自治州文物處 《湘西里耶秦代簡

牘選釋》,《中國歷史文物》2003 年第 1 期

華義武、史潤梅　《介紹一件先秦有銘銅矛》,《文物》1989 年第 6 期

黃賓虹　《黃賓虹金石篆印叢編》,人民美術出版社 1999 年

黃德寬　《蔡侯産劍銘文補釋及其他》,《文物研究》第 2 期,安徽省考古學會、安徽省文物考古研究所 1986 年

———　《古文字考釋二題》,《于省吾教授百年誕辰紀念文集》,吉林大學出版社 1996 年

———　《説也》,《第三屆國際中國古文字學研討會論文集》,香港中文大學中國文化研究所、中國語言及文學系 1997 年

———　《釋金文𤔲字》,《容庚先生百年誕辰紀念文集》,廣東人民出版社 1998 年

———　《"𤔲"及相關字的再討論》,《中國古文字研究》第 1 輯,吉林大學出版社 1999 年

———　《曾姬無卹壺銘文新釋》,《古文字研究》第 23 輯,中華書局、安徽大學出版社 2002 年

———　《説遷》,《古文字研究》第 24 輯,中華書局 2002 年

———　《〈戰國楚竹書(二)〉釋文補正》,《學術界》2003 年第 1 期

———　《戰國楚竹書(二)釋文補正》,《上博館藏戰國楚竹書研究續編》,上海書店出版社 2004 年

———　《新蔡葛陵簡所見"穴熊"及相關問題》,《古籍研究》2005 卷下,安徽大學出版社 2005 年

黃德寬主編　《古文字譜系疏證》,商務印書館 2007 年

黃德寬、何琳儀、徐在國　《新出楚簡文字考》,安徽大學出版社 2007 年

黃德寬、徐在國　《郭店楚簡文字考釋》,《吉林大學古籍整理研究所建所十五周年紀念文集》,吉林大學出版社 1998 年

———　《郭店楚簡文字續考》,《江漢考古》1999 年第 2 期

———　《〈上海博物館藏戰國楚竹書(一)·孔子詩論〉釋文補正》,《安徽大學學報》2002 年第 3 期

———　《〈上海博物館藏戰國楚竹書(一)緇衣·性情論〉釋文補正》,《古籍整理研究學刊》2002 年第 2 期

黃德馨　《"郢爰"新解》,《湖北大學學報》1986 年第 6 期

———　《"郢爰"新解》,《光明日報》1987 年 3 月 4 日

黄鳳春　《釋信陽楚簡中的"碪石之硅"》,《楚文化研究論集》第 6 集,湖北教育出版社 2005 年

黄鳳春、劉國勝　《左冢三號楚墓出土的棋局文字及用途初考》,《荆門左冢楚墓》,文物出版社 2006 年

黄岡市博物館、黄州區博物館　《湖北黄岡兩座中型楚墓》,《考古學報》2000 年第 2 期

黄吉軍、黄吉博　《談"河市"、"河亭"和秦墓斷代》,《中原文物》1998 年第 2 期

黄家祥　《四川青川縣出土九年吕不韋戈考》,《文物》1992 年第 11 期

黄留珠　《秦封泥窺管》,《西北大學學報》1997 年第 1 期

───　《秦簡"敖童"解》,《歷史研究》1997 年第 5 期

黄流沙　《楚爰金(郢爰)溯源識略》,《廣東首届年會錢幣論文集》,《廣東金融》增刊,1986 年

黄茂琳　《新鄭出土戰國兵器中的一些問題》,《考古》1973 年第 6 期

黄人二　《郭店楚簡〈魯穆公問子思〉考釋》,《張以仁先生七秩壽慶論文集》,臺灣學生書局 1999 年

───　《郭店竹簡〈窮達以時〉考釋》,《古文字與古文獻》試刊號,臺灣楚文化研究會籌備處 1999 年

───　《從上博博物館藏〈孔子詩論〉簡之〈詩經〉篇名論其性質》,《上博館藏戰國楚竹書研究》,上海書店出版社 2002 年

───　《上海博物館藏戰國楚竹書(一)研究》,高文出版社 2002 年

───　《出土文獻論文集》,高文出版社 2005 年

───　《上海博物館藏戰國楚竹書(三)研究》,高文出版社 2005 年

黄人二、林志鵬　《上海藏簡第三册〈恆先〉試探》,《華學》第 7 輯,中山大學出版社 2004 年

黄盛璋　《關於陳喜壺的幾個問題》,《文物》1961 年第 10 期

───　《關於鄂君啟節交通路線的復原問題》,《中華文史論叢》第 5 輯,中華書局 1964 年

───　《試論三晉兵器的國別和年代及其相關問題》,《考古學報》1974 年第 1 期

───　《關於戰國中山國墓葬遺物若干問題辨正》,《文物》1979 年第 5 期

───　《司馬成公權的國別、年代與衡制問題》,《中國歷史博物館館刊》總

第 2 期,1980 年

——— 《關於侯馬盟書的主要問題》,《中原文物》1981 年第 2 期

——— 《公朱鼎及相關諸器綜考》,《中原文物》1981 年第 4 期

——— 《旅大市所出啟封戈銘的國別、地理及其相關問題》,《考古》1981 年第 4 期

——— 《當陽兩戈銘文考》,《江漢考古》1982 年第 1 期

——— 《歷史地理論集》,人民出版社 1982 年

——— 《歷史地理與考古論叢》,齊魯書社 1982 年

——— 《青川新出秦田律木牘及其相關問題》,《文物》1982 年第 9 期

——— 《新出信安君鼎、平安君鼎的國別、年代與有關制度問題》,《考古與文物》1982 年第 2 期

——— 《再論鄂君啟節交通路線復原與地理問題》,《楚史研究專輯》,湖北省楚史研究會、《武漢師範學院學報》編輯部 1982 年

——— 《中山國銘刻在古文字、語言上若干研究》,《古文字研究》第 7 輯,中華書局 1982 年

——— 《"匈奴相邦"印之國別年代及相關問題》,《文物》1983 年第 8 期

——— 《跋集安新出陽安君劍》,《考古》1983 年第 5 期

——— 《平山戰國中山石刻初步研究》,《古文字研究》第 8 輯,中華書局 1983 年

——— 《試論戰國秦漢銘刻中从"酉"諸奇字及其相關問題》,《古文字研究》第 10 輯,中華書局 1983 年

——— 《寺工新考》,《考古》1983 年第 9 期

——— 《戰國"冶"字結構類型與分國研究》,《古文字學論集》(初編),香港中文大學中國文化研究所、吳多泰中國語文研究中心 1983 年

——— 《戰國燕國銅器銘刻新考》,《内蒙古師大學報》1983 年第 3 期

——— 《楚銘刻中"陵、陲"的考辨及其相關問題》,《安徽史學》1984 年第 1 期

——— 《盱眙新出銅器、金器及相關問題考辨》,《文物》1984 年第 10 期

——— 《關於魯南新出趙导工劍與齊工師銅泡》,《考古》1985 年第 5 期

——— 《新出戰國金銀器銘文研究》(三題),《古文字研究》第 12 輯,中華書局 1985 年

——— 《敓(撻)齋(齊)及其和兵器鑄造關係新考》,《古文字研究》第 15

輯，中華書局 1986 年

——— 《戰國"江陵"璽與江陵之興起因沿考》，《江漢考古》1986 年第 1 期

——— 《跋"車大夫長畫"戈兼談相關問題》，《文物》1987 年第 1 期

——— 《新發現之三晉兵器及其相關的問題》，《文博》1987 年第 2 期

——— 《商水扶蘇城出土陶文及其相關問題》，《中原文物》1988 年第 1 期

——— 《魏享陵鼎銘考論》，《文物》1988 年第 11 期

——— 《新出秦兵器銘刻新探》，《文博》1988 年第 6 期

——— 《再論鄂君啟節交通路線復原與地理問題》，《安徽史學》1988 年第
2 期

——— 《三晉銅器的國別、年代與相關制度》，《古文字研究》第 17 輯，中華
書局 1989 年

——— 《新發現的"羕陵"金版及其相關的羕器、曾器銘文中諸問題的考
索》，《出土文物研究續集》，文物出版社 1989 年

——— 《新發現之戰國銅器與國別》，《文博》1989 年第 2 期

——— 《論出土魏國銅器之秦墓與墓主及遺物》，《人文雜志》1990 年第
1 期

——— 《秦二十九年漆奩》，《中國文物報》1990 年 2 月 15 日

——— 《秦俑坑出土兵器銘文與相關制度發覆》，《文博》1990 年第 5 期

——— 《關於加拿大多倫多市安大略博物館所藏三晉兵器及相關問題》，
《考古》1991 年第 1 期

——— 《秦封宗邑瓦書及其相關問題考辨》，《考古與文物》1991 年第 3 期

——— 《燕、齊兵器研究》，《古文字研究》第 19 輯，中華書局 1992 年

——— 《關於安徽阜陽博物館藏印的若干問題》，《文物》1993 年第 6 期

——— 《新發現的"屯氏"三孔幣與相關問題發覆》，《中國錢幣》1993 年第
4 期

——— 《包山楚簡中若干重要制度發覆與爭論未決諸關鍵字解難、決疑》，
《湖南考古輯刊》第 6 集，《求索》雜志社 1994 年

——— 《戰國祈室銅位銘文破譯與相關問題新探》，《第二屆國際中國古文
字學研討會論文集》（續編），香港中文大學中國語言及文學系 1995 年

——— 《連雲港楚墓出土襄城公競尹戈銘文考釋及其歷史地理問題》，《考
古》1998 年第 3 期

——— 《秦兵器分國、斷代與有關制度研究》，《古文字研究》第 21 輯，中華

書局 2001 年
黃文傑 《睡虎地秦簡疑難字試釋》,《江漢考古》1992 年第 4 期
——— 《秦系簡牘文字譯釋商榷》(三則),《中山大學學報》1996 年第 3 期
——— 《秦漢時期形聲字音近聲符换用例析》,《中山大學學報》1998 年第 3 期
——— 《氏民辨》,《容庚先生百年誕辰紀念文集》,廣東人民出版社 1998 年
——— 《説朋》,《古文字研究》第 22 輯,中華書局 2000 年
——— 《睡虎地秦簡牘詞語考釋四則》,《古文字研究》第 27 輯,中華書局 2008 年
黃錫全 《"大武辟兵"淺析》,《江漢考古》1983 年第 3 期
——— 《利用〈汗簡〉考釋古文字》,《古文字研究》第 15 輯,中華書局 1986 年
——— 《古文字考釋數則》,《古文字研究》第 17 輯,中華書局 1989 年
——— 《楚系文字略論》,《華夏考古》1990 年第 3 期
——— 《汗簡注釋》,武漢大學出版社 1990 年
——— 《"葴郢"辨析》,《楚文化研究論集》第 2 輯,湖北人民出版社 1991 年
——— 《古文字中所見楚官府官名輯證》,《文物研究》第 7 輯,黃山書社 1991 年
——— 《𨜒𡢃考辨》,《江漢考古》1991 年第 1 期
——— 《包山楚簡部分釋文校釋》,《湖北出土商周文字輯證》,武漢大學出版社 1992 年
——— 《"淊前"玉圭跋》,《文物研究》第 8 期,黃山書社 1993 年
——— 《〈中國歷代貨幣大系・先秦貨幣〉釋文校訂》,《第二届國際中國古文字學研討會論文集》,香港中文大學中國語言及文學系 1993 年
——— 《湖北出土兩件銅戈跋》,《江漢考古》1993 年第 4 期
——— 《楚幣新探》,《中國錢幣》1994 年第 2 期
——— 《先秦貨幣數考》,《陝西金融・錢幣專輯》(22),1994 年
——— 《"枎比堂忻"布應是楚幣》,《中國錢幣》1995 年第 2 期
——— 《侯馬新絳新發現空首布的價值及有關問題略述》,《舟山錢幣》1995 年第 4 期
——— 《晉國尖足空首布三考》,《陝西金融・錢幣專輯》(23),1995 年增刊 1

——— 《趙國方足布七考》,《華夏考古》1995 年第 2 期

——— 《燕刀"明"字新解》,《安徽錢幣》1996 年第 1 期

——— 《古幣三考》,《陝西金融‧錢幣專輯》(24),1996 年

——— 《"昊陽"方足布考》,《安徽錢幣》1997 年第 4 期

——— 《古幣六考》,《內蒙古金融研究‧錢幣專刊》1997 年第 3、4 期

——— 《銳角布國別漫議》,《中國錢幣》1997 年第 2 期

——— 《山西稷山新出空首布布文初探》,《第三屆國際中國古文字學研討會論文集》,香港中文大學中國文化研究所、中國語言及文學系 1997 年

——— 《從尖首刀面文"邦""鼓"等談到尖首刀的國別、年代及有關問題》,《中國錢幣》1998 年第 2 期

——— 《古幣三辨》,《胡厚宣先生紀念文集》,科學出版社 1998 年

——— 《尖首刀銘文釋地》,《徐中舒先生百年誕辰紀念文集》,巴蜀書社 1998 年

——— 《尖足空首布新品六種述考》,《內蒙古金融研究》1998 年增刊

——— 《古幣札記二則》,《安徽錢幣》1998 年第 3 期

——— 《齊"六字刀"銘文釋讀及相關問題》,《吉林大學古籍整理研究所建所十五周年紀念文集》,吉林大學出版社 1998 年

——— 《三晉兩周小方足布的國別及有關問題初論》,《中國錢幣論文集》第 3 輯,中國金融出版社 1998 年

——— 《先秦貨幣數考》,《容庚先生百年誕辰紀念文集》,廣東人民出版社 1998 年

——— 《楚銅貝貝文釋義新探》,《錢幣研究》1999 年第 1 期

——— 《〈汗簡〉、〈古文四聲韻〉中之〈義雲章〉"古文"研究》,《古文字研究》第 20 輯,中華書局 2000 年

——— 《讀郭店楚簡〈老子〉札記三則》,《郭店楚簡國際學術研討會論文集》,湖北人民教育出版社 2000 年

——— 《尖足空首布新品"禹主"考》,《故宮博物院院刊》2000 年第 6 期

——— 《尖足空首布新品續考》,《內蒙古金融研究》2000 年增刊第 1 期

——— 《試說楚國黃金貨幣稱量單位"半鎰"》,《江漢考古》2000 年第 1 期

——— 《楚簡"譖"字簡釋》,《簡帛研究二○○一》,廣西師範大學出版社 2001 年

——— 《先秦貨幣研究》,中華書局 2001 年

———　《先秦貨幣通論》,紫禁城出版社 2001 年

———　《新見布權試析》,《揖芬集——張政烺先生九十華誕紀念文集》,社會科學文獻出版社 2002 年

———　《新見宜陽銅戈考論》,《考古與文物》2002 年第 2 期

———　《燕破齊史料的重要發現——燕王職壺銘文的再研究》,《古文字研究》第 24 輯,中華書局 2002 年

———　《讀上博簡(二)札記五則》,《第四屆國際中國古文字學研討會論文集》,香港中文大學中國語言及文學系 2003 年

———　《讀上博楚簡(二)札記八則》,《上博館藏戰國楚竹書研究續編》,上海書店出版社 2004 年

———　《讀上博楚簡札記》,《新出簡帛研究》,文物出版社 2004 年

———　《〈唐虞之道〉疑難字句新探》,《長沙三國吳簡暨百年來簡帛發現與研究國際學術研討會論文集》,中華書局 2005 年

———　《讀上博〈戰國楚竹書(三)〉札記》,《康樂集——曾憲通教授七十壽慶論文集》,中山大學出版社 2006 年

———　《介紹一件韓廿年冡子戈》,《古文字研究》第 27 輯,中華書局 2008 年

———　《古文字與古貨幣文集》,文物出版社 2009 年

黃錫全、劉森淼　《"救秦戎"鐘銘文新解》,《江漢考古》1992 年第 1 期

黃翔鵬　《先秦音樂文化的光輝創造——曾侯乙墓的古樂器》,《文物》1979 年第 7 期

———　《曾侯乙鐘、磬銘文樂學體系初探》,《音樂研究》1981 年第 1 期

吉林大學考古專業紀南城開門辦學分隊　《〈南郡守騰文書〉和秦的反復辟鬥爭》,《考古》1976 年第 5 期

集安縣文物保管所　《吉林集安縣發現趙國青銅短劍》,《考古》1982 年第 6 期

紀　中　《傳形"賹六化"錢》,《中國錢幣》1993 年第 2 期

濟寧市博物館　《山東濟寧發現戰國錢幣》,《考古》1987 年第 2 期

季旭昇　《讀郭店楚墓竹簡札記:卞、絕爲棄作、民復季子》,《中國文字》新 24 期,藝文印書館 1998 年

———　《讀郭店楚簡札記之二:〈老子〉第三十二章"知之不殆"解》,《中國文字》新 25 期,藝文印書館 1999 年

——— 《讀郭店、上博簡五題:舜、河澴、紳而易、牆有茨、宛丘》,《中國文字》新 27 期,藝文印書館 2001 年

——— 《由上博詩論"小宛"談楚簡中幾個特殊的从冐的字》,《漢學研究》第 20 卷第 2 期,2002 年

——— 《從新蔡葛陵簡説"熊"字及其相關問題》,第十五屆中國文字學學術研討會論文,2004 年

——— 《〈上博三·周易·訟卦〉二題:憴、其邑人三四户》,《中國文字》新 31 期,藝文印書館 2006 年

——— 《〈交交鳴烏〉新詮》,《古文字與古代史》第 1 輯,臺灣史語所 2007 年

——— 《上博五〈鮑叔牙與隰朋之諫〉試讀》,《楚地簡帛思想研究》(三),湖北教育出版社 2007 年

季旭昇主編　《〈上海博物館藏戰國楚竹書〉(二)讀本》,萬卷樓圖書股份有限公司 2003 年

——— 《〈上海博物館藏戰國楚竹書〉(一)讀本》,萬卷樓圖書股份有限公司 2004 年

——— 《〈上海博物館藏戰國楚竹書〉(三)讀本》,萬卷樓圖書股份有限公司 2005 年

——— 《〈上海博物館藏戰國楚竹書〉(四)讀本》,萬卷樓圖書股份有限公司 2007 年

賈繼東　《包山楚墓簡文"見日"淺釋》,《江漢考古》1995 年第 4 期

——— 《〈包山楚簡〉中〈受期〉簡別解》,《東南文化》1996 年第 1 期

賈連敏　《新蔡葛陵楚墓出土竹簡釋文》,《新蔡葛陵楚墓》,大象出版社 2003 年

——— 《新蔡葛陵楚簡中的祭禱文書》,《華夏考古》2004 年第 3 期

——— 《新蔡竹簡中的楚先祖名》,《華學》第 7 輯,中山大學出版社 2004 年

——— 《戰國文字中的"穴"》,《楚文化研究論集》第 6 集,湖北教育出版社 2005 年

菅原石盧　《鴨雄緑齋藏中國古璽印精選》,マートライフ社 2004 年

《簡帛文獻語言研究》課題組　《簡帛文獻語言研究》,社會科學文獻出版社 2009 年

江林昌　《考古所見中國古代宇宙生成論以及相關的哲學思想》,《學術研究》2005 年第 10 期

江淑惠　《齊國彝銘彙考》,臺灣大學出版委員會 1990 年

江西省博物館、遂川縣文化館　《記江西遂川出土的幾件秦代銅兵器》,《考古》1978 年第 1 期

姜亮夫　《秦詛楚文考釋——兼釋亞駝、大沈久湫兩辭》,《蘭州大學學報》1980 年第 4 期

蔣　瑞　《楚簡“大水”即水帝顓頊即〈離騷〉“高陽”考》,《湖北大學學報》2008 年第 3 期

焦智勤　《鄴城戰國陶文研究》,《古文字研究》第 24 輯,中華書局 2002 年

金祥恆　《匋文編》,藝文印書館 1964 年

——　《楚繒書“霊虛”解》,《中國文字》第 28 册,1968 年

——　《長沙漢簡零釋》,《中國文字》第 46 册,1972 年

晉　華　《山西榆社出土一件吳王肵發劍》,《文物》1990 年第 2 期

荊門市博物館　《郭店楚墓竹簡》,文物出版社 1998 年

康殷、任兆鳳主輯　《印典》,國際文化出版公司 1994 年

柯昌濟　《韡華閣集古録跋尾》,1935 年餘園叢刻鉛字本影印

孔仲温　《楚簡中有關祭禱的幾個固定字詞試釋》,《第三屆國際中國古文字學研討會論文集》,香港中文大學中國文化研究所、中國語言及文學系 1997 年

———　《望山卜筮祭禱簡“癁梅”二字考釋》,《第一屆國際暨第三屆全國訓詁學學術研討會論文》,臺灣中山大學中文系 1997 年

———　《郭店楚簡〈緇衣〉字詞補釋》,《古文字研究》第 22 輯,中華書局 2000 年

賴　非　《山東新出土古璽印》,齊魯書社 1998 年

郎保利　《長平古戰場出土三十八年上郡戈及相關問題》,《文物》1998 年第 10 期

黎廣基　《郭店楚簡〈老子〉“攸繆”考》,《中國文字研究》第 3 輯,廣西教育出版社 2002 年

———　《上博楚竹書(二)〈民之父母〉“無體之禮,日述月相”》,《漢字研究》第 1 輯,學苑出版社 2005 年

———　《郭店楚簡〈老子〉“不谷端呈”考》,《康樂集——曾憲通教授七十壽慶論文集》,中山大學出版社 2006 年

———　《上博楚竹書(二)〈容成氏〉“弜(强)溺(弱)不絅諹,衆募(寡)不聖

訟"考》,《簡帛》第 3 輯,上海古籍出版社 2008 年

李朝遠　《汝陰令戈小考》,《中國文字研究》第 1 輯,廣西教育出版社 1999 年

———　《新見者兒戈考》,《古文字研究》第 23 輯,中華書局、安徽大學出版社 2002 年

———　《〈中弓〉釋文考釋》,《上海博物館藏戰國楚竹書》(三),上海古籍出版社 2003 年

———　《〈内豊〉釋文考釋》,《上海博物館藏戰國楚竹書》(四),上海古籍出版社 2004 年

———　《〈姑成家父〉釋文考釋》,《上海博物館藏戰國楚竹書》(五),上海古籍出版社 2005 年

———　《〈慎子曰恭儉〉釋文考釋》,《上海博物館藏戰國楚竹書》(六),上海古籍出版社 2007 年

李純一　《曾侯乙編鐘銘文考索》,《音樂研究》1981 年第 1 期

李丁生　《潛山縣出土"二十四年上郡守臧"戈考》,《文物研究》第 12 輯,黃山書社 2000 年

李東琬　《箴言古璽與先秦倫理思想》,《北方文物》1997 年第 2 期

李恩佳　《戰國時期中山國的陶量》,《文物》1987 年第 4 期

李光軍、宋蕊　《咸陽博物館收藏的兩件帶銘銅壺》,《考古與文物》1983 年第 6 期

李家浩　《試論戰國時期楚國的貨幣》,《考古》1973 年第 3 期

———　《釋"弁"》,《古文字研究》第 1 輯,中華書局 1979 年

———　《戰國𠂤布考》,《古文字研究》第 3 輯,中華書局 1980 年

———　《戰國貨幣文字中的"㡀"和"比"》,《中國語文》1980 年第 5 期

———　《信陽楚簡"澮"字及從"关"之字》,《中國語言學報》第 1 期,商務印書館 1983 年

———　《楚國官印考釋》(四篇),《江漢考古》1984 年第 2 期

———　《楚王酓璋戈與楚滅越的年代》,《文史》第 24 輯,中華書局 1985 年

———　《盱眙銅壺芻議》,《古文字研究》第 12 輯,中華書局 1985 年

———　《關於𨺃陵君銅器銘文的幾點意見》,《江漢考古》1986 年第 4 期

———　《戰國於疋布考》,《中國錢幣》1986 年第 4 期

———　《楚國官印考釋》(兩篇),《語言研究》1987 年第 1 期

———　《從戰國"忠信"印談古文字中的異讀現象》,《北京大學學報》1987

年第 2 期

———　《先秦文字中的"縣"》,《文史》第 28 輯,中華書局 1987 年

———　《攻五王光韓劍與虞王光趩戈》,《古文字研究》第 17 輯,中華書局
1989 年

———　《從曾姬無卹壺銘文談楚滅曾的年代》,《文史》第 33 輯,中華書局
1990 年

———　《攻敔王光劍銘文考釋》,《文物》1990 年第 2 期

———　《戰國官印考釋》(二篇),《文物研究》第 7 輯,黃山書社 1991 年

———　《齊國文字中的"遂"》,《湖北大學學報》,1992 年第 3 期

———　《戰國貨幣考》(七篇),《中國錢幣學會成立十周年紀念文集》,中國
金融出版社 1992 年

———　《包山楚簡研究》(五篇),第二屆國際中國古文字學研討會論文,香
港中文大學 1993 年

———　《貴將軍虎節與辟大夫虎節——戰國符節銘文研究之一》,《中國歷
史博物館館刊》1993 年第 2 期

———　《十一年皋落戈銘文釋文商榷》,《考古》1993 年第 8 期

———　《仰天湖楚簡十三號考釋》,《中國典籍與文化論叢》第 1 輯,中華書
局 1993 年

———　《包山二六六號簡所記木器研究》,《國學研究》第 2 卷,北京大學出
版社 1994 年

———　《戰國鄲刀新考》,《中國錢幣論文集》第 3 輯,中國金融出版社
1994 年

———　《包山楚簡的旌旆及其他》,《第二屆國際中國古文字學研討會論文
集》(續編),香港中文大學中國語言及文學系 1995 年

———　《信陽楚簡中的"柿枳"》,《簡帛研究》第 2 輯,法律出版社 1996 年

———　《戰國官印考釋兩篇》,《于省吾教授百年誕辰紀念文集》,吉林大學
出版社 1996 年

———　《包山楚簡"簸"字及其相關之字》,《第三屆國際中國古文字學研討
會論文集》,香港中文大學中國文化研究所、中國語言及文學系 1997 年

———　《包山竹簡所見楚先祖名及其相關的問題》,《文史》第 42 輯,中華書
局 1997 年

———　《包山楚簡中的"枳"字》,《徐中舒先生百年誕辰紀念文集》,巴蜀書

社 1998 年

———　《傳遽鷹節銘文考釋——戰國符節銘文研究之二》,《海上論叢》第 2 輯,復旦大學出版社 1998 年

———　《傳賃龍節銘文考釋——戰國符節銘文研究之三》,《考古學報》1998 年第 1 期

———　《南越王墓車馹虎節銘文考釋》,《容庚先生百年誕辰紀念文集》,廣東人民出版社 1998 年

———　《信陽楚簡“樂人之器”研究》,《簡帛研究》第 3 輯,廣西教育出版社 1998 年

———　《燕國“泃谷山金鼎瑞”補釋》,《中國文字》新 24 期,藝文印書館 1998 年

———　《越王州句複合劍銘文及其所反映的歷史——兼釋八字鳥篆鐘銘文》,《北京大學學報》1998 年第 2 期

———　《𪔌鍾銘文考釋》,《北大中文研究》第 1 輯,北京大學出版社 1998 年

———　《楚大府鎬銘文新釋》,《語言學論叢》第 22 輯,商務印書館 1999 年

———　《楚簡中的裪衣》,《中國古文字研究》第 1 輯,吉林大學出版社 1999 年

———　《楚墓竹簡中的“昆”字及从“昆”之字》,《中國文字》新 25 期,藝文印書館 1999 年

———　《讀〈郭店楚墓竹簡〉瑣議》,《中國哲學》第 20 輯,遼寧教育出版社 1999 年

———　《睡虎地秦簡〈日書〉“楚除”地性質及其他》,《史語所集刊》第 70 本第 4 分,1999 年

———　《應侯盤》,《保利藏金——保利藝術博物館精品選》,嶺南美術出版社 1999 年

———　《鄂君啟節銘文中的高丘》,《古文字研究》第 22 輯,中華書局 2000 年

———　《釋文與考釋》,《九店楚簡》,中華書局 2000 年

———　《包山祭禱簡研究》,《簡帛研究二○○一》,廣西師範大學出版社 2001 年

———　《秦駰玉版銘文研究》,《北京大學中國古文獻研究中心集刊》第 2 輯,北京燕山出版社 2001 年

———　《談春成侯盉與少府盉的銘文及其容量》,《華學》第 5 輯,中山大學
出版社 2001 年

———　《戰國官印“尚路璽”考釋》,《揖芬集——張政烺先生九十華誕紀念
文集》,社會科學出版社 2002 年

———　《著名中年語言學家自選集·李家浩卷》,安徽教育出版社 2002 年

———　《包山遣册考釋》(四篇),《古籍整理研究學刊》2003 年第 5 期

———　《九店楚簡“告武夷”研究》,《簡帛研究匯刊》第 1 輯,臺北中國文化
大學史學系、簡帛學文教基金會籌備處 2003 年

———　《戰國竹簡〈緇衣〉中的“逯”》,《古墓新知——紀念郭店楚簡出土十
周年論文專輯》,國際炎黄文化出版社 2003 年

———　《戰國官印考釋三篇》,《出土文獻研究》第 6 輯,上海古籍出版社
2004 年

———　《戰國开陽布考》,《古文字研究》第 25 輯,中華書局 2004 年

———　《包山卜筮簡 218—219 號研究》,《長沙三國吳簡暨百年來簡帛發現
與研究國際學術研討會論文集》,中華書局 2005 年

———　《季姬方尊銘文補釋》,《黄盛璋先生八秩華誕紀念文集》,中國教育
文化出版社 2005 年

———　《説“夆”字》,《漢字研究》第 1 輯,學苑出版社 2005 年

———　《釋上博戰國竹簡〈緇衣〉中的“玆臣”合文——兼釋兆域圖“逐”和
屬羌鐘“富”等字》,《康樂集——曾憲通教授七十壽慶論文集》,中山大學出
版社 2006 年

———　《談包山楚簡“歸鄧人之金”一案及其相關問題》,《出土文獻與古文
字研究》第 1 輯,復旦大學出版社 2006 年

———　《攻敔王姑義讋劍銘文及其所反映的歷史》,《古文字與古代史》第 1
輯,臺灣史語所 2007 年

———　《説仰天湖 1 號簡中的“薦疋”一詞》,《簡帛》第 2 輯,上海古籍出版
社 2007 年

———　《仰天湖楚簡剩義》,《簡帛》第 2 輯,上海古籍出版社 2007 年

———　《忸距末銘文研究》,《古文字與古代史》第 2 輯,臺灣史語所 2009 年

———　《楚簡所記楚人祖先“妭(鬻)熊”與“穴熊”爲一人説——兼説上古
音幽部與微、文二部音轉》,《文史》2010 年第 3 輯(總第 92 輯),中華書局

———　《談戰國官印中的“𰁡”》,《紀念徐中舒先生誕辰 110 周年國際學術

研討會論文集》,巴蜀書社 2010 年

——— 《關於郭店竹書〈六德〉"仁類蕆而速"一段文字的釋讀》,《出土文獻研究》第 10 輯,中華書局 2011 年

李家浩、楊澤生 《談上博竹書〈鬼神之明〉中的"送歪公"》,《簡帛》第 4 輯,上海古籍出版社 2009 年

李解民 《睡虎地秦簡所載魏律研究》,《中華文史論叢》1987 年第 1 輯(總第 41 輯),上海古籍出版社

李　瑾 《關於〈競鐘〉年代的鑒定》,《江漢考古》1980 年第 2 期

李錦山 《棗莊市揀選一件戰國銘文銅戈》,《文物》1987 第 11 期

李立芳 《楚文字中所見楚史資料輯考》,《楚文化研究論集》第 4 輯,河南人民出版社 1994 年

——— 《安徽舒城秦家橋楚墓銅器銘文考》,《古文字研究》第 22 輯,中華書局 2000 年

李　零 《戰國鳥書箴銘帶鉤考釋》,《古文字研究》第 8 輯,中華書局 1983 年

——— 《宋代出土的楚王龠章鐘》,《江漢考古》1984 年第 1 期

——— 《長沙子彈庫戰國楚帛書研究》,中華書局 1985 年

——— 《楚國銅器銘文編年匯釋》,《古文字研究》第 13 輯,中華書局 1986 年

——— 《楚國銅器類說》,《江漢考古》1987 年第 4 期

——— 《楚燕客銅量銘文補正》,《江漢考古》1988 年第 4 期

——— 《古文字雜識》(六篇),《古文字研究》第 17 輯,中華書局 1989 年

——— 《釋"利津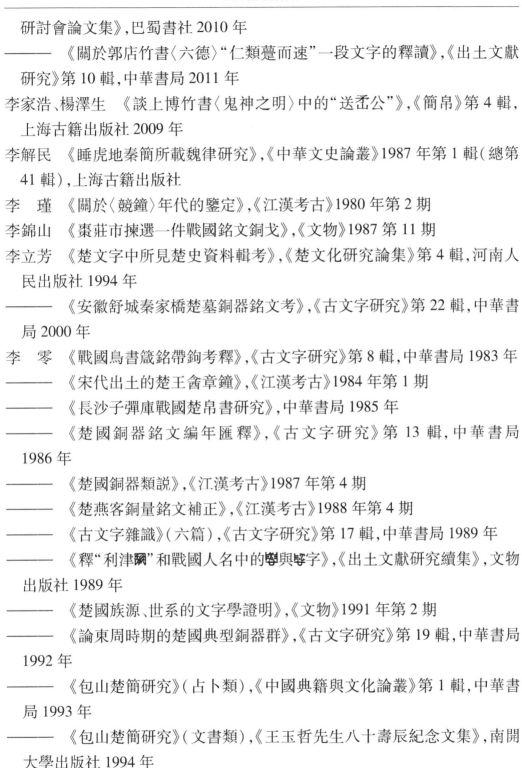"和戰國人名中的與字》,《出土文獻研究續集》,文物出版社 1989 年

——— 《楚國族源、世系的文字學證明》,《文物》1991 年第 2 期

——— 《論東周時期的楚國典型銅器群》,《古文字研究》第 19 輯,中華書局 1992 年

——— 《包山楚簡研究》(占卜類),《中國典籍與文化論叢》第 1 輯,中華書局 1993 年

——— 《包山楚簡研究》(文書類),《王玉哲先生八十壽辰紀念文集》,南開大學出版社 1994 年

——— 《考古發現與神話傳說》,《學人》第 5 輯,江蘇文藝出版社 1994 年

——— 《古文字雜識》(五則),《國學研究》第 3 卷,北京大學出版社 1995 年

———　《楚景平王與古多字謚——重讀"秦王卑命"鐘銘文》,《傳統文化與現代化》1996 年第 6 期

———　《古文字雜識》(兩篇),《于省吾教授百年誕辰紀念文集》,吉林大學出版社 1996 年

———　《古文字雜識》(二則),《第三屆國際中國古文字學研討會論文集》,香港中文大學中國文化研究所、中國語言及文學系 1997 年

———　《老李子和老萊子》,《中國哲學史》1997 年第 2 期

———　《新編全本季木藏陶》"分類考釋",中華書局 1998 年

———　《齊、燕、邾、滕陶文的分類與題銘格式——〈新編全本季木藏陶〉介紹》,周進集藏,周紹良整理《新編全本季木藏陶》,中華書局 1998 年

———　《李零自選集》,廣西師範大學出版社 1998 年

———　《秦駰禱病玉版的研究》,《國學研究》第 6 卷,北京大學出版社 1999 年

———　《讀〈楚系簡帛文字編〉》,《出土文獻研究》第 5 集,科學出版社 1999 年

———　《讀郭店楚簡〈太一生水〉》,《道家文化研究》第 17 輯,三聯書店 1999 年

———　《讀九店楚簡》,《考古學報》1999 年第 2 期

———　《郭店楚簡校讀記》,《道家文化研究》第 17 輯,三聯書店 1999 年

———　《〈長沙子彈庫戰國楚帛書研究〉補正》,《古文字研究》第 20 輯,中華書局 2000 年

———　《中國方術考》(修訂本),東方出版社 2001 年

———　《〈容成氏〉釋文考釋》,《上海博物館藏戰國楚竹書》(二),上海古籍出版社 2002 年

———　《長臺關楚簡〈申徒狄〉研究》,《揖芬集——張政烺先生九十華誕紀念文集》,社會科學文獻出版社 2002 年

———　《郭店楚簡校讀記》(增訂本),北京大學出版社 2002 年

———　《上博楚簡三篇校讀記》,萬卷樓圖書股份有限公司 2002 年

———　《上博楚簡校讀記(之二):〈緇衣〉》,《上博館藏戰國楚竹書研究》,上海書店出版社 2002 年

———　《上博楚簡校讀記——〈子羔〉篇"孔子詩論"部分》,《中華文史論叢》2001 年第 4 輯(總 68 輯),上海古籍出版社

——— 《〈亙先〉釋文考釋》,《上海博物館藏戰國楚竹書》(三),上海古籍出版社 2003 年

——— 《〈彭祖〉釋文考釋》,《上海博物館藏戰國楚竹書》(三),上海古籍出版社 2003 年

——— 《〈曹沫之陣〉釋文考釋》,《上海博物館藏戰國楚竹書》(四),上海古籍出版社 2004 年

——— 《簡帛古書與學術源流》,三聯書店 2004 年

——— 《〈三德〉釋文考釋》,《上海博物館藏戰國楚竹書》(五),上海古籍出版社 2005 年

——— 《讀上博楚簡〈周易〉》,《中國歷史文物》2006 年第 4 期

——— 《上博楚簡三篇校讀記》,中國人民大學出版社 2007 年

李零、劉雨 《楚鄗陵君三器》,《文物》1980 年第 8 期

李平心 《致郭沫若書信》,郭沫若《關於鄂君啟節的研究·附錄》,《文物參考資料》1958 年第 4 期

李如森 《戰國秦漢漆器銘文淺論》,《天津社會科學》1987 年第 5 期

李 銳 《讀上博楚簡札記》,《上博館藏戰國楚竹書研究》,上海書店出版社 2002 年

——— 《郭店楚墓竹簡補釋》,《華學》第 6 輯,紫禁城出版社 2003 年

——— 《上博楚簡續札》,《上博館藏戰國楚竹書研究續編》,上海書店出版社 2004 年

——— 《郭店簡〈性自命出〉"實性"説》,《楚地簡帛思想研究》(三),湖北教育出版社 2007 年

——— 《上博(五)札記二則》,《古籍整理研究學刊》2007 年第 3 期

——— 《讀楚簡札記》,《古文字研究》第 28 輯,中華書局 2010 年

——— 《新出簡帛的學術探索》,北京師範大學出版社 2010 年

李若暉 《郭店〈老子〉偶札》,《郭店楚簡國際學術研討會論文集》,湖北人民出版社 2000 年

——— 《郭店楚簡"行"字略考》,《中國哲學史》2000 年第 1 期

——— 《釋〈容成氏〉"婁者坆譻"》,《上博館藏戰國楚竹書研究續編》,上海書店出版社 2004 年

李紹曾 《試論楚幣:蟻鼻錢》,《楚文化研究論文集》,中州書畫社 1983 年

李守奎 《江陵九店 56 號墓竹簡考釋四則》,《江漢考古》1997 年第 4 期

———　《楚文字考釋》(三組),《簡帛研究》第 3 輯,廣西教育出版社 1998 年

———　《古文字辨析三組》,《吉林大學古籍整理研究所建所十五周年紀念文集》,吉林大學出版社 1998 年

———　《出土簡策中的"軒"和"圓軒"考》,《古文字研究》第 22 輯,中華書局 2000 年

———　《釋楚簡中的"惡"—兼釋楚璽中的"弼"》,《簡帛研究二〇〇一》,廣西教育出版社 2001 年

———　《先秦文獻中的"李"字與李氏》,《煙臺師範學院學報》2001 年第 2 期

———　《〈戰國楚竹書·孔子詩論·邦風〉釋文訂補》,《古籍整理研究學刊》2002 年第 3 期

———　《楚簡〈孔子詩論〉中的〈詩經〉篇名文字考》,《上博館藏戰國楚竹書研究》,上海書店出版社 2002 年

———　《楚簡文字四考》:《中國文字研究》第 3 輯,廣西教育出版社 2002 年

———　《曾侯乙墓竹簡"水"部字補釋》,《第四屆國際中國古文字學研討會論文集》,香港中文大學中國語言及文學系 2003 年

———　《楚文字編》,華東師范大學出版社 2003 年

———　《〈九店楚簡〉相宅篇殘簡補釋》,《新出土文獻與古代文明研究》,上海大學出版社 2004 年

———　《楚璽文字六考》,《古文字研究》第 25 輯,中華書局 2004 年

———　《讀〈上海博物館藏戰國楚竹書〉(二)雜識》,《上博館藏戰國楚竹書研究續編》,上海書店出版社 2004 年

———　《〈鮑叔牙與隰朋之諫〉補釋》,《楚地簡帛思想研究》(三),湖北教育出版社 2007 年

———　《楚文字考釋獻疑》,《古文字學論稿》,安徽大學出版社 2008 年

李守奎、曲冰、孫偉龍　《上海博物館藏戰國楚竹書(一—五)文字編》,作家出版社 2007 年

李松儒　《〈鄭子家喪〉甲乙本字迹研究》,《中國文字》新 36 期,藝文印書館 2011 年

李天虹　《〈包山楚簡〉釋文補正》,《江漢考古》1993 年第 3 期

———　《〈説文〉古文新證》,《江漢考古》1995 年第 2 期

———　《郭店楚簡文字雜釋》,《郭店楚簡國際學術研討會論文集》,湖北人

民出版社 2000 年

———　《郭店楚簡與傳世文獻互徵七則》,《江漢考古》2000 年第 3 期

———　《釋楚簡文字"廈"》,《華學》第 4 輯,紫禁城出版社 2000 年

———　《釋郭店楚簡〈成之聞之〉篇中的"肘"》,《古文字研究》第 22 輯,中

華書局 2000 年

———　《上海簡書文字三題》,《上博館藏戰國楚竹書研究》,上海書店出版

社 2002 年

———　《釋"龣"、"鵺"》,《古文字研究》第 24 輯,中華書局 2002 年

———　《郭店竹簡〈性自命出〉研究》,湖北教育出版社 2003 年

———　《〈葛覃〉考》,《新出簡帛研究》,文物出版社 2004 年

———　《戰國文字"甬"、"剺"續議》,《出土文獻研究》第 7 輯,上海古籍出

版社 2005 年

———　《〈性自命出〉"娿"、"瞏"二字補釋》,《簡帛》第 1 輯,上海古籍出版

社 2006 年

———　《釋曾侯乙墓竹簡中的"𢆶"》,《古文字研究》第 26 輯,中華書局

2006 年

———　《〈鮑叔牙與隰朋之諫〉5—6 號簡再讀》,《簡帛》第 2 輯,上海古籍出

版社 2007 年

李先登　《天津師院圖書館藏陶文選釋》,《天津師院學報》1978 年第 2 期

———　《河南登封陽城遺址出土陶文簡釋》,《古文字研究》第 7 輯,中華書

局 1982 年

———　《滎陽、邢丘出土陶文考釋》,《古文字研究》第 19 輯,中華書局

1992 年

李曉宇　《郭店楚簡〈太一生水〉補缺一則》,《四川大學學報》2003 年第 5 期

李綉玲　《彭祖譯釋》,《〈上海博物館藏戰國楚竹書〉(三)讀本》,萬卷樓圖書

股份有限公司 2005 年

李學勤　《談近年新發現的幾種戰國文字資料》,《文物參考資料》1956 年第

1 期

———　《郿縣李家村銅器考》,《文物參考資料》1957 年第 7 期

———　《戰國時代的秦國銅器》,《文物參考資料》1957 年第 8 期

———　《戰國題銘概述》(上),《文物》1959 年第 7 期

———　《戰國題銘概述》(中),《文物》1959 年第 8 期

———《戰國題銘概述》(下),《文物》1959 年第 9 期

———《補論戰國題銘的一些問題》,《文物》1960 年第 7 期

———《平山墓葬群與中山國的文化》,《文物》1979 年第 1 期

———《從新出青銅器看長江下游文化的發展》,《文物》1980 年第 8 期

———《秦國文物的新認識》,《文物》1980 年第 9 期

———《論新發現的魏信安君鼎》,《中原文物》1981 年第 4 期

———《小屯南地甲骨與甲骨分期》,《文物》1981 年第 5 期

———《〈中日歐美澳紐所見所拓所摹金文匯編〉選釋》,《古文字研究論文集》(《四川大學學報叢刊》第 10 輯),四川人民出版社 1982 年

———《北京揀選青銅器的幾件珍品》,《文物》1982 年第 9 期

———《楚國夫人璽與戰國的江陵》,《江漢論壇》1982 年第 7 期

———《論楚帛書中的天象》,《湖南考古集刊》第 1 輯,嶽麓書社 1982 年

———《論新都出土的蜀國青銅器》,《文物》1982 年第 1 期

———《青川郝家坪木牘研究》,《文物》1982 年第 10 期

———《考古發現與東周王都》,《歐華學報》第 1 期,1983 年

———《論梁十九年鼎及有關青銅器》,《古文字論集(一)》(《考古與文物叢刊》第二號),《考古與文物》編輯部 1983 年

———《試論山東新出土青銅器的意義》,《文物》1983 年第 12 期

———《楚帛書中的古史與宇宙觀》,《楚史論叢》初集,湖北人民出版社 1984 年

———《談文水出土的錯銀銘銅壺》,《文物》1984 年第 6 期

———《宋國青銅器》,《商丘師專學報》1985 年第 1 期

———《睡虎地秦簡〈日書〉與楚、秦社會》,《江漢考古》1985 年第 4 期

———《湖南戰國兵器銘文選釋》,《古文字研究》第 12 輯,中華書局 1985 年

———《海外訪古記》(一),《文博》1986 年第 5 期

———《長沙楚帛書通論》,《楚文化研究論集》第 1 集,荊楚書社 1987 年

———《海外訪古記》(四),《文博》1987 年第 3 期

———《再論帛書十二神》,《湖南考古集刊》第 4 輯,嶽麓書社 1987 年

———《釋桃源三元村鼎銘》,《江漢考古》1988 年第 2 期

———《論包山簡中一楚先祖名》,《文物》1988 年第 8 期

———《論擂鼓墩尊盤的性質》,《江漢考古》1989 年第 4 期

———《戰國秦四年瓦書考釋》,《聯合書院 30 周年紀念論文集》,香港中文大學 1989 年

———《竹簡卜辭與商周甲骨》,《鄭州大學學報》1989 年第 2 期

———《楚王酓審盞及有關問題》,《中國文物報》1990 年 5 月 31 日

———《新出青銅器研究》,文物出版社 1990 年

———《睡虎地秦簡中的〈艮山圖〉》,《文物天地》1991 年第 4 期

———《包山楚簡中的土地買賣》,《中國文物報》1992 年 3 月 22 日

———《秦孝公、惠文王時期銘文研究》,《中國社會科學院研究生院學報》1992 年第 5 期

———《古越閣所藏青銅兵器選粹》,《文物》1993 年第 4 期

———《海外訪古續記》(五),《文物天地》1993 年第 3 期

———《海外訪古續記》(七),《文物天地》1993 年第 5 期

———《邵氏左戈小考》,《孫臏兵法暨馬陵之戰研究》,國防大學出版社 1993 年

———《海外訪古續記》(三),《文物天地》1993 年第 1 期

———《楚帛書與道家思想》,《道家文化研究》第 5 輯,上海古籍出版社 1994 年

———《新出現的十二字越王州句複合劍》,《中國文物世界》1994 年 112 期

———《馬王堆帛書〈刑德〉中的軍吏》,《簡帛研究》第 2 輯,法律出版社 1996 年

———《釋戰國玉璜箴銘》,《于省吾教授百年誕辰紀念文集》,吉林大學出版社 1996 年

———《春秋南方青銅器銘文的一個特點》,《吳越地區青銅器研究論文集》,兩木出版社 1997 年

———《走出疑古時代》,遼寧大學出版社 1997 年

———《釋郭店簡祭公之顧命》,《文物》1998 年第 7 期

———《説郭店簡"道"字》,《簡帛研究》第 3 輯,廣西教育出版社 1998 年

———《四海尋珍》,清華大學出版社 1998 年

———《重論博山刀》,《中國錢幣論文集》第 3 輯,中國金融出版社 1998 年

———《綴古集》,上海古籍出版社 1998 年

———《論"能原鎛"》,《故宮博物院院刊》1999 年第 4 期

———　《戎生編鐘論釋》，《保利藏金——保利藝術博物館精品選》，嶺南美術出版社 1999 年

———　《太一生水的數術解釋》，《道家文化研究》第 17 輯，三聯書店 1999 年

———　《奏讞書與秦漢銘文中的職官省稱》，《中國古代法律文獻研究》第 1 輯，巴蜀書社 1999 年

———　《秦玉牘索隱》，《故宫博物院院刊》2000 年第 2 期

———　《"桓"字與真山楚官璽》，《國學研究》第 8 卷，北京大學出版社 2001 年

———　《簡帛佚籍與學術史》，江西教育出版社 2001 年

———　《秦封泥與齊陶文中的"巷"字》，《陝西歷史博物館館刊》第 8 輯，三秦出版社 2001 年

———　《試解郭店簡讀"文"之字》，《孔子‧儒學研究文叢》（1），齊魯書社 2001 年

———　《〈詩論〉簡的編聯與復原》，《中國哲學史》2002 年第 1 期

———　《楚簡所見黄金貨幣及其計量》，《中國錢幣論文集》第 4 輯，中國金融出版社 2002 年

———　《釋"改"》，《石璋如院士百歲祝壽論文集》，臺灣南天書局 2002 年

———　《談〈詩論〉"詩亡隱志"章》，《文藝研究》2002 年第 2 期

———　《"秦子"新釋》，《文博》2003 年第 5 期

———　《釋〈詩論〉簡"兔"及從"兔"之字》，《北方論叢》2003 年第 1 期

———　《滎陽上官皿與安邑下官鐘》，《文物》2003 年第 10 期

———　《楚簡〈子羔〉研究》，《上博館藏戰國楚竹書研究續編》，上海書店出版社 2004 年

———　《由楚簡〈周易〉看馬王堆帛書〈周易〉經文》，《湖南省博物館館刊》第 1 期，船山學刊 2004 年

———　《越涌君贏將其衆以歸楚之歲考》，《古文字研究》第 25 輯，中華書局 2004 年

———　《李學勤文集》，上海辭書出版社 2005 年

———　《三年垣上官鼎校量的計算》，《文物》2005 年第 10 期

———　《中國古代文明研究》，華東師範大學出版社 2005 年

———　《試釋楚簡〈鮑叔牙與隰朋之諫〉》，《文物》2006 年第 9 期

———　《楚簡〈弟子問〉與鄰字》,《出土文獻研究》第 8 輯,科學出版社 2007 年

———　《東周與秦代文明》,上海人民出版社 2007 年

———　《李學勤早期文集》,河北教育出版社 2008 年

———　《文物中的古文明》,商務印書館 2008 年

李學勤、李零　《平山三器與中山國史的若干問題》,《考古學報》1979 年第 2 期

李學勤、鄭紹宗　《論河北近年出土的戰國有銘青銅器》,《古文字研究》第 7 輯,中華書局 1982 年

李學勤、祝敏申　《盱眙壺銘與齊破燕年代》,《文物春秋》1989 年創刊号

李　棪　《評巴納〈楚帛書文字的韻和律〉》,《中國文化研究所學報》第 4 卷第 2 期,香港中文大學 1971 年

李義海　《曾姬無卹壺銘文補釋》,《考古與文物》2009 年第 2 期

李裕民　《侯馬盟書疑難字考》,《古文字研究》第 5 輯,中華書局 1981 年

———　《古文字考釋四種》,《古文字研究》第 7 輯,中華書局 1982 年

———　《古字新考》,《古文字研究》第 10 輯,中華書局 1983 年

———　《戰國文字研究》(一),《文物季刊》1997 年第 2 期

———　《戰國文字研究》(二),《文物季刊》1997 年第 3 期

李運富　《楚國簡帛文字叢考》(一),《古漢語研究》1996 年第 3 期

———　《楚國簡帛文字叢考》(二),《古漢語研究》1997 年第 1 期

———　《楚國簡帛文字構形系統研究》,嶽麓書社 1997 年

李昭和　《青川出土木牘文字簡考》,《文物》1982 年第 1 期

李仲操　《八年呂不韋戈考》,《文物》1979 年第 12 期

———　《中山王嚳行年考》,《中國考古學研究論集——紀念夏鼐先生考古五十周年》,三秦出版社 1987 年

———　《二十六年秦戈考》,《文博》1989 年第 1 期

栗　勁　《〈睡虎地秦墓竹簡〉譯注斠補》,《吉林大學社會科學學報》1984 年第 5 期

連邵名　《望山楚簡中的"習卜"》,《江漢論壇》1986 年第 11 期

———　《長沙楚帛書與卦氣說》,《考古》1990 年第 9 期

———　《長沙楚帛書與中國古代的宇宙論》,《文物》1991 年第 2 期

———　《〈曾姬壺〉銘文所見楚地觀念中的地下世界》,《南方文物》1996 年

第 1 期

———　《東周金文所見道巫方術》,《學術集林》第 12 卷,上海遠東出版社 1997 年

———　《能原鎛銘文新證》,《故宮博物院院刊》1999 年第 3 期

———　《秦惠文王禱祠華山玉簡文研究》,《中國歷史博物館館刊》2000 年第 1 期

———　《包山簡所見楚地巫禱活動中的神靈》,《考古》2001 年第 6 期

———　《長沙楚帛書與古代思想》,《江漢考古》2001 年第 2 期

———　《郭店楚簡〈語叢〉叢釋》,《孔子研究》2003 年第 2 期

———　《楚竹書〈恆先〉新證》,《中原文物》2009 年第 2 期

梁曉景　《中國錢幣大辭典・先秦編》貨幣詞條,中華書局 1995 年

廖名春　《楚文字考釋三則》,《吉林大學古籍整理研究所建所十五周年紀念文集》,吉林大學出版社 1998 年

———　《郭店楚簡〈性自命出〉篇校釋》,《清華簡帛研究》第 1 輯,清華大學思想文化研究所 2000 年

———　《郭店楚簡引〈書〉論〈書〉考》,《郭店楚簡國際學术研討會論文集》,湖北人民出版社 2000 年

———　《郭店楚簡〈五行〉篇校釋札記》,《中國哲學史》2001 年第 3 期

———　《郭店簡〈成之聞之〉篇校釋札記》,《古籍整理研究學刊》2001 年第 5 期

———　《新出楚簡試論》,臺灣古籍出版有限公司 2001 年

———　《上海博物館藏詩論簡校釋》,《中國哲學史》2002 年第 1 期

———　《上海博物館藏詩論簡校釋札記》,《上博館藏戰國楚竹書研究》,上海書店出版社 2002 年

———　《“慎”字本義及其文獻釋讀》,《文史》2003 年第 3 輯(總第 64 輯),中華書局

———　《郭店楚簡老子校釋》,清華大學出版社 2003 年

———　《郭店簡从“朱”之字考釋》,《華學》第 6 輯,紫禁城出版社 2003 年

———　《〈子羔〉篇感生簡文考釋》,《上博館藏戰國楚竹書研究續編》,上海書店出版社 2004 年

———　《楚簡〈周易〉校釋記》(一),《周易研究》2004 年第 3 期

———　《上博楚竹書〈恆先〉新釋》,《中國哲學史》2004 年第 3 期

———　《楚簡〈逸詩・交交鳴鳥〉補釋》，《中國文化研究》2005 年第 1 期

———　《讀〈上海博物館藏戰國楚竹書（四）〉札記》，《華學》第 8 輯，紫禁城出版社 2006 年

———　《楚竹書〈詩論〉一號簡“隱”字新釋》，《古文字研究》第 27 輯，中華書局 2008 年

廖序東　《金文中的同義並列複合詞》，《中國語言學報》第 4 期，商務印書館 1991 年

林　泊　《秦東陵出土的部分陶文》，《考古》1991 年第 5 期

林　河　《從楚簡考證侗族與楚、苗之閒的關係》，《貴州民族研究》1982 年第 1 期

林劍鳴　《秦史稿》，上海人民出版社 1981 年

林清源　《戰國“冶”異體的衍生與制約及其區域特徵》，香港中文大學中國語言及文學系 1995 年

———　《〈殷周金文集成〉11383 號戈銘文讀序檢討》，《第三屆國際中國古文字學研討會論文集》，香港中文大學中國文化研究所、中國語言及文學系 1997 年

———　《欒書缶的時代、國別與器主》，《史語所集刊》第 73 本第 1 分，2002 年

林素清　《〈古璽文編〉補正》，《金祥恆教授逝世周年紀念論文集》，臺北金祥恆教授逝世周年紀念論文集編輯小組 1990 年

———　《郭店竹簡〈語叢四〉箋釋》，《郭店楚簡國際學術研討會論文集》，湖北人民出版社 2000 年

———　《釋䜒——兼論楚簡的用字特徵》，《史語所集刊》第 74 本第 2 分，2003 年

———　《重編郭店楚簡〈六德〉》，《古墓新知——紀念郭店楚簡出土十周年論文專輯》，國際炎黃文化出版社 2003 年

———　《〈上博簡〉（二）〈民之父母〉幾個疑難字的釋讀》，《上博館藏戰國楚竹書研究續編》，上海書店出版社 2004 年

———　《說愁》，《古文字與古代史》第 1 輯，臺灣史語所 2007 年

———　《〈上博七・鄭子家喪〉文本問題檢討》，《古文字與古代史》第 3 輯，臺灣史語所 2012 年

林仙庭、高大美　《山東棲霞出土戰國時期青銅器》，《文物》1995 年第 7 期

林義光　《文源》,北平中國大學石印本 1920 年

林　澐　《越王者旨於賜考》,《考古》1963 年第 8 期

———　《釋咎》,《中國語文研究》第 8 期,香港中文大學中國文化研究所、吳多泰中國語文研究中心 1986 年

———　《说戚、我》,《古文字研究》第 17 輯,中華書局 1989 年

———　《讀包山楚簡札記七則》,《江漢考古》1992 年第 4 期

———　《釋古璽中从"束"的兩個字》,《古文字研究》第 19 輯,中華書局 1992 年

———　《林澐學術文集》,中國大百科全書出版社 1998 年

林志鵬　《戰國楚竹書〈子羔〉篇復原芻議》,《上博館藏戰國楚竹書研究續編》,上海書店出版社 2004 年

林志強　《戰國玉石文字研究述評》,《中山大學研究生學刊》1990 年第 4 期

———　《说"㚒"》,《古文字研究》第 24 輯,中華書局 2002 年

臨城縣文化局　《河北臨城縣中羊泉東周墓》,《考古》1990 年第 8 期

流　火　《銅龍節》,《文物》1960 年 8、9 期合刊

劉　鶚　《鐵云藏貨》,中華書局 1986 年

———　《鐵云藏陶》,江蘇廣陵古籍刻印社 1998 年

劉彬徽　《楚國有銘銅器編年概述》,《古文字研究》第 9 輯,中華書局 1984 年

———　《湖北出土兩周金文國別年代考述》,《古文字研究》第 13 輯,中華書局 1986 年

———　《楚國紀年法簡論》,《江漢考古》1988 年第 2 期

———　《論東周青銅缶》,《考古》1994 年第 10 期

———　《楚系青銅器研究》,湖北教育出版社 1995 年

———　《楚文字資料的新發現與研究》,《湖南省博物館四十周年紀念論文集》,湖南教育出版社 1996 年

———　《新見楚系金文考述》,《第三屆國際中國古文字學研討會論文集》,香港中文大學中國文化研究所、中國語言及文學系 1997 年

———　《早期文明與楚文化研究》,嶽麓書社 2001 年

劉彬徽、何浩　《論包山楚簡中的幾處楚郢地名》,《包山楚墓》,文物出版社 1991 年

劉彬徽、劉長武　《楚系金文彙編》,湖北教育出版社 2009 年

劉彬徽、彭浩、胡雅麗、劉祖信　《包山二號楚墓簡牘釋文與考釋》,《包山楚

簡》,文物出版社 1991 年

劉秉忠　《釋"幼沖"》,《江漢考古》1992 年第 1 期

劉廣和　《徐國湯鼎銘文試釋》,《考古與文物》1985 年第 1 期

劉國勝　《曾侯乙墓 E61 號漆箱書文字研究——附"瑟"考》,《第三屆國際中國古文字學研討會論文集》,香港中文大學中國文化研究所、中國語言及文學系 1997 年

———　《郭店竹簡釋字八則》,《武漢大學學報》1999 年第 5 期

———　《楚簡文字雜識》,《奮發荊楚　探索文明——湖北省文物考古研究論文集》,湖北科學技術出版社 2000 年

———　《郭店〈老子〉札記》,《郭店楚簡國際學術研討會論文集》,湖北人民出版社 2000 年

———　《信陽長臺關楚簡〈遣策〉編聯二題》,《江漢考古》2001 年第 3 期

———　《九店楚簡〈日書·相宅篇〉研究》,《武漢大學學報》2002 年第 4 期

———　《楚喪葬簡牘文字釋叢》,《古文字研究》第 25 輯,中華書局 2004 年

———　《包山楚墓籤牌文字補釋》,《古文字研究》第 26 輯,中華書局 2006 年

———　《楚簡文字中的"繡"和"緅"》,《江漢考古》2007 年第 4 期

———　《楚喪葬簡牘集釋》,科學出版社 2011 年

劉國勝、黃鳳春　《記荊門左冢楚墓漆桐》,《第四屆國際中國古文字學研討會論文集》,香港中文大學中國語言及文學系 2003 年

劉和惠　《鄂君啟節新探》,《考古與文物》1982 年第 5 期

———　《郢爰與戰國黃金通貨》,《楚文化研究論集》第 1 集,荊楚書社 1987 年

———　《鄂君啟節新見》,《中國文物報》1992 年 12 月 6 日

劉洪濤　《讀上博竹書札記兩則》,《古籍研究》2007 年卷上,安徽大學出版社

———　《上博竹書〈昭王毀室〉1 號簡考釋》,《簡帛》第 4 輯,上海古籍出版社 2009 年

———　《郭店竹簡〈唐虞之道〉"瞽瞍"補釋》,《江漢考古》2010 年第 4 期

劉洪濤、劉建民　《上博竹書〈慎子曰恭儉〉校讀》,《簡帛》第 3 輯,上海古籍出版社 2008 年

劉　桓　《金文五則》,《文博》1992 年第 3 期

———　《秦簡偶札》,《簡帛研究》第 3 輯,廣西教育出版社 1998 年

——— 《讀〈郭店楚墓竹簡〉札記》,《簡帛研究二○○一》,廣西師範大學出版社 2001 年

——— 《郭店楚簡札記》,《簡帛研究二○○二—二○○三》,廣西師範大學出版社 2005 年

劉　節　《驫氏編鐘考》,《國立北平圖書館館刊》第 5 卷第 6 號,1931 年

——— 《旬君孠子壺跋》,《國立北平圖書館館刊》第 7 卷第 2 號,1933 年

——— 《楚器圖釋》,國立北平圖書館 1935 年

——— 《古史考存》,人民出版社 1958 年

劉敬揚　《春秋代布考》,《中國錢幣》1984 年第 3 期

劉樂賢　《秦漢文字釋叢》,《考古與文物》1991 年第 6 期

——— 《釋〈説文〉古文慎字》,《考古與文物》1993 年第 4 期

——— 《睡虎地秦簡日書研究》,文津出版社 1994 年

——— 《睡虎地秦簡日書注釋商榷》,《文物》1994 年第 10 期

——— 《九店楚簡日書研究》,《華學》第 2 輯,中山大學出版社 1996 年

——— 《楚文字雜識》(七則),《第三屆國際中國古文字學研討會論文集》,香港中文大學中國文化研究所、中國語言及文學系 1997 年

——— 《九店楚簡日書補釋》,《簡帛研究》第 3 輯,廣西教育出版社 1998 年

——— 《讀郭店楚簡札記三則》,《中國哲學》第 20 輯,遼寧教育出版社 1999 年

——— 《郭店楚簡雜考》(五則),《古文字研究》第 22 輯,中華書局 2000 年

——— 《〈説文〉“法”字古文補釋》,《古文字研究》第 24 輯,中華書局 2002 年

——— 《讀郭店簡儒家文獻札記》,《古籍整理研究學刊》2002 年第 5 期

——— 《讀上博簡札記》,《上博館藏戰國楚竹書研究》,上海書店出版社 2002 年

——— 《古璽人名考釋六則》,《追尋中華古代文明的踪迹——李學勤先生學術活動五十年紀念文集》,復旦大學出版社 2002 年,

——— 《讀包山楚簡札記》,《第四屆國際中國古文字學研討會論文集》,香港中文大學中國語言及文學系 2003 年

——— 《簡帛數術文獻探論》,湖北教育出版社 2003 年

——— 《睡虎地秦簡〈日書〉釋讀札記》,《華學》第 6 輯,紫禁城出版社 2003 年

———　《讀郭店簡儒家文獻札記》,《新出土文獻與古代文明研究》,上海大學出版社 2004 年

———　《談簡帛本〈老子〉的"銛錟"》,《長沙三國吳簡暨百年來簡帛發現與研究國際學術研討會論文集》,中華書局 2005 年

———　《讀楚簡札記》(三則),《中國古代文明研究與學術史——李學勤教授伉儷七十壽慶紀念文集》,河北大學出版社 2006 年

劉慶柱、李毓芳　《秦都咸陽遺址陶文叢考》,《古文字論集(一)》(《考古與文物叢刊》第二號),《考古與文物》編輯部 1983 年

劉慶柱、段志洪、馮時主編　《金文文獻集成》,線裝書局 2005 年

劉　森　《先秦貨幣二題》,《中原文物》1995 年第 3 期

劉體智　《善齋吉金録》,石印本 1934 年

劉先枚　《釋𧰼》,《江漢考古》1985 年第 3 期

劉　翔　《王孫遺者鐘新釋》,《江漢論壇》1983 年第 8 期

劉翔、陳抗、陳初生、董琨　《商周古文字讀本》,語文出版社 1989 年

劉翔、劉蜀永　《𢔉羌鐘銘——我國目前最早和唯一記載長城歷史的金文》,《考古與文物》1982 年第 2 期

劉心健、劉自强　《蒼山縣柞城故址發現銅印等文物》,《文物》1984 年第 8 期

劉心源　《奇觚室吉金文述》,1902 年石印本

劉昕嵐　《郭店楚簡〈性自命出〉篇箋釋》,《郭店楚簡國際學術研討會論文集》,湖北人民出版社 2000 年

劉信芳　《釋"莪郢"》,《江漢考古》1987 年第 1 期

———　《秦簡〈日書〉與〈楚辭〉類徵》,《江漢考古》1990 年第 1 期

———　《雲夢秦簡〈日書・馬〉篇試釋》,《文博》1991 年第 4 期

———　《包山楚簡遣策考釋拾零》,《江漢考古》1992 年第 3 期

———　《中國最早的物候曆月名——楚帛書月名及神祇研究》,《中華文史論叢》第 53 輯,上海古籍出版社 1994 年

———　《〈包山楚簡〉中的幾支楚公族試析》,《江漢論壇》1995 年第 1 期

———　《包山楚簡近似之字辨析》,《考古與文物》1996 年第 2 期

———　《包山楚簡司法術語考釋》,《簡帛研究》第 2 輯,法律出版社 1996 年

———　《楚帛書解詁》,《中國文字》新 21 期,藝文印書館 1996 年

———　《楚帛書論綱》,《華學》第 2 輯,中山大學出版社 1996 年

———　《楚簡文字考釋五則》,《于省吾教授百年誕辰紀念文集》,吉林大學

出版社 1996 年

—— 《楚簡器物釋名》（上篇），《中國文字》新 22 期，藝文印書館 1997 年

—— 《楚簡器物釋名》（下篇），《中國文字》新 23 期，藝文印書館 1997 年

—— 《九店楚簡日書與秦簡日書比較研究》，《第三屆國際中國古文字學研討會論文集》，香港中文大學中國文化研究所、中國語言及文學系 1997 年

—— 《从戈之字匯釋》，《容庚先生百年誕辰紀念文集》，廣東人民出版社 1998 年

—— 《蒿宮、蒿閒與蒿里》，《中國文字》新 24 期，藝文印書館 1998 年

—— 《望山楚簡校讀記》，《簡帛研究》第 3 輯，廣西教育出版社 1998 年

—— 《郭店簡文字考釋二則》，《古文字與古文獻》試刊號，臺灣楚文化研究會籌備處 1999 年

—— 《荊門郭店楚簡〈老子〉文字考釋》，《中國古文字研究》第 1 輯，吉林大學出版社 1999 年

—— 《荊門郭店竹簡老子解詁》，藝文印書館 1999 年

—— 《古璽試解十則》，《中國文字》新 26 期，藝文印書館 2000 年

—— 《郭店楚簡〈六德〉解詁一則》，《古文字研究》第 22 輯，中華書局 2000 年

—— 《郭店簡〈緇衣〉解詁》，《郭店楚簡國際學術研討會論文集》，湖北人民出版社 2000 年

—— 《郭店簡文字例解三則》，《史語所集刊》第 71 本第 4 分，2000 年

—— 《郭店竹簡文字考釋拾遺》，《江漢考古》2000 年第 1 期

—— 《簡帛五行解詁》，藝文印書館 2000 年

—— 《楚帛書"德匿"以及相關文字的釋讀》，《華學》第 5 輯，中山大學出版社 2001 年

—— 《郭店簡〈語叢〉文字試解》（七則），《簡帛研究二○○一》，廣西師範大學出版社 2001 年

—— 《楚簡釋字四則》，《古文字研究》第 24 輯，中華書局 2002 年

—— 《孔子詩論述學》，安徽大學出版社 2002 年

—— 《子彈庫楚墓出土文獻研究》，藝文印書館 2002 年

—— 《包山楚簡解詁》，藝文印書館 2003 年

—— 《上博藏竹書試讀》，《學術界》2003 年第 1 期

———　《楚簡〈容成氏〉官廢疾者文字叢考》,《古文字研究》第 25 輯,中華
書局 2004 年

———　《曾侯乙簡文字補釋六則》,《簡帛》第 1 輯,上海古籍出版社 2006 年

———　《信陽楚簡 2-04 號所記車馬器研究》,《古文字研究》第 26 輯,中華
書局 2006 年

———　《楚系簡帛釋例》,安徽大學出版社 2011 年

劉信芳、梁柱　《雲夢龍崗秦簡》,科學出版社 1997 年

劉余力、褚衛紅　《戰國信安君鼎考略》,《文物》2009 年第 11 期

劉　雨　《信陽楚簡釋文與考釋》,《信陽楚墓》,文物出版社 1986 年

劉雨、盧岩　《近出殷周金文集録》,中華書局 2002 年

劉占成　《秦兵馬俑陶文淺析》,《中國考古學研究論集——紀念夏鼐考古五
十周年》,三秦出版社 1987 年

———　《秦青銅兵器研究》,《周秦文化研究》,陝西人民出版社 1998 年

劉　釗　《璽印文字釋叢》(一),《考古與文物》1990 年第 2 期

———　《楚璽考釋》(六篇),《江漢考古》1991 年第 1 期

———　《説"离""呈"二字來源並談楚帛書"萬""兒"二字的讀法》,《江漢考
古》1992 年第 1 期

———　《釋戰國"右騎將"璽》,《史學集刊》1994 年第 3 期

———　《説秦簡中"女筆"之"筆"》,《中國文物報》1994 年 11 月 20 日

———　《〈金文編〉附録存疑字考釋》(十篇),《人物雜志》1995 年第 2 期

———　《談睡虎地秦簡中的"瀆"字》,《古漢語研究》1995 年第 3 期

———　《讀秦簡字詞札記》,《簡帛研究》第 2 輯,法律出版社 1996 年

———　《〈香港中文大學文物館藏印續集一〉讀後記》,《中國篆刻》1997 年
第 4 期

———　《金文考釋零拾》,《第三屆國際中國古文字學研討會論文集》,香港
中文大學中國文化研究所、中國語言及文學系 1997 年

———　《〈香港中文大學文物館藏印集〉釋文訂補》,《中國文字》新 24 期,
藝文印書館 1998 年

———　《包山楚簡文字考釋》,《東方文化》1998 年第 1、2 期合訂

———　《讀書叢札十三則》,《吉林大學古籍研究所建所十五周年紀念文
集》,吉林大學出版社 1998 年

———　《釋愠》,《容庚先生百年誕辰紀念文集》,廣東人民出版社 1998 年

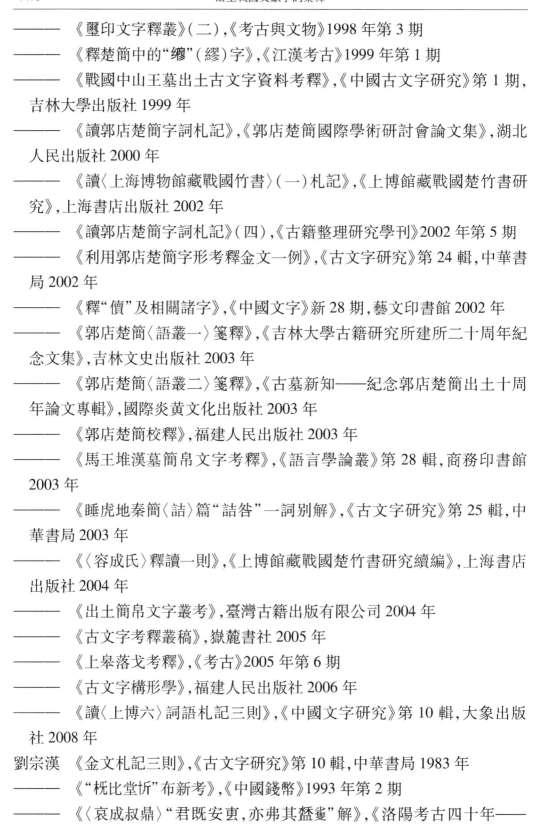———　《璽印文字釋叢》(二),《考古與文物》1998 年第 3 期

———　《釋楚簡中的"繆"(繆)字》,《江漢考古》1999 年第 1 期

———　《戰國中山王墓出土古文字資料考釋》,《中國古文字研究》第 1 期,
吉林大學出版社 1999 年

———　《讀郭店楚簡字詞札記》,《郭店楚簡國際學術研討會論文集》,湖北
人民出版社 2000 年

———　《讀〈上海博物館藏戰國竹書〉(一)札記》,《上博館藏戰國楚竹書研
究》,上海書店出版社 2002 年

———　《讀郭店楚簡字詞札記》(四),《古籍整理研究學刊》2002 年第 5 期

———　《利用郭店楚簡字形考釋金文一例》,《古文字研究》第 24 輯,中華書
局 2002 年

———　《釋"價"及相關諸字》,《中國文字》新 28 期,藝文印書館 2002 年

———　《郭店楚簡〈語叢一〉箋釋》,《吉林大學古籍研究所建所二十周年紀
念文集》,吉林文史出版社 2003 年

———　《郭店楚簡〈語叢二〉箋釋》,《古墓新知——紀念郭店楚簡出土十周
年論文專輯》,國際炎黄文化出版社 2003 年

———　《郭店楚簡校釋》,福建人民出版社 2003 年

———　《馬王堆漢墓簡帛文字考釋》,《語言學論叢》第 28 輯,商務印書館
2003 年

———　《睡虎地秦簡〈詰〉篇"詰咎"一詞別解》,《古文字研究》第 25 輯,中
華書局 2003 年

———　《〈容成氏〉釋讀一則》,《上博館藏戰國楚竹書研究續編》,上海書店
出版社 2004 年

———　《出土簡帛文字叢考》,臺灣古籍出版有限公司 2004 年

———　《古文字考釋叢稿》,嶽麓書社 2005 年

———　《上皋落戈考釋》,《考古》2005 年第 6 期

———　《古文字構形學》,福建人民出版社 2006 年

———　《讀〈上博六〉詞語札記三則》,《中國文字研究》第 10 輯,大象出版
社 2008 年

劉宗漢　《金文札記三則》,《古文字研究》第 10 輯,中華書局 1983 年

———　《"枕比堂忻"布新考》,《中國錢幣》1993 年第 2 期

———　《〈哀成叔鼎〉"君既安更,亦弗其盝夐"解》,《洛陽考古四十年——

1992 年洛陽考古學術研討會論文集》,科學出版社 1996 年

陸錫興 《“勢悍衺暴”解》,《文史》第 33 輯,中華書局 1990 年

羅伯昭 《釋𩵋》,《泉幣》第 20 期,泉幣學社 1943 年

羅福頤 《古璽文字徵》,石印本 1930 年

————— 《談長沙發現的戰國竹簡》,《文物參考資料》1954 年第 9 期

————— 《璽印文字徵》,藝文印書館 1963 年

————— 《中山王墓鼎壺銘文小考》,《故宮博物院院刊》1979 年第 2 期

————— 《近百年來對古璽文字之認識和發展》,《古文字研究》第 5 輯,中華
書局 1981 年

————— 《史印新證舉隅》,《故宮博物院院刊》1982 年第 1 期

————— 《龍字私議》,《古文字研究》第 10 輯,中華書局 1983 年

羅福頤主編 《古璽彙編》,文物出版社 1981 年

————— 《古璽文編》,文物出版社 1981 年

————— 《故宮博物院藏古璽印選》,文物出版社 1982 年

————— 《秦漢南北朝官印徵存》,文物出版社 1987 年

羅 昊 《武功縣出土平安君鼎》,《考古與文物》1981 年第 2 期

羅君惕 《秦刻十碣考釋》,齊魯書社 1983 年

羅婷婷 《讀〈郭店楚簡〉札記一則》,《古漢語研究》2004 年第 2 期

羅新慧 《從卜博簡〈子羔〉和〈容成氏〉看古史傳説中的后稷》,《史學月刊》
2005 年第 2 期

————— 《説新蔡楚簡“嬰之以兆玉”及其相關問題》,《文物》2005 年第 3 期

羅運環 《論楚國金文“月”“肉”“舟”及“止”“ ”“出”的演變規律》,《江漢
考古》1989 年第 2 期

————— 《古文字資料所見楚國官制研究》,《楚文化研究論集》第 2 集,湖北
人民出版社 1991 年

————— 《楚錢三考》,《江漢考古》1995 年第 3 期

————— 《宫字考辨》,《古文字研究》第 24 輯,中華書局 2002 年

————— 《釋包山楚簡𧧼敔宫三字及相關制度》,《簡帛研究二〇〇二—二〇
〇三》,廣西師範大學出版社 2005 年

羅振玉 《增訂殷虚書契考釋》,東方學會 1927 年

————— 《羅振玉學術論著集》,上海古籍出版社 2010 年

吕 浩 《〈郭店楚墓竹簡〉釋文訂補》,《中國文字研究》第 2 輯,廣西教育出

版社 2001 年

呂　　靜　《關於秦〈詛楚文〉的再探討》,《出土文獻研究》第 5 集,科學出版社
　　1999 年

呂榮芳　《望山一號墓與越王劍的關係》,《廈門大學學報》1977 年第 4 期

呂文鬱　《讀〈戰國楚竹書·詩論〉札記》,《新出土文獻與古代文明研究》,上
　　海大學出版社 2004 年

馬承源　《陳喜壺》,《文物》1961 年第 2 期

———　《越王劍、永康元年群神禽獸鏡》,《文物》1962 年第 12 期

———　《關於"大武戚"的銘文及圖像》,《考古》1963 年第 10 期

———　《記上海博物館新收集的青銅器》,《文物》1964 年第 7 期

———　《商鞅方升和戰國量制》,《文物》1972 年第 6 期

———　《〈孔子詩論〉釋文考釋》,《上海博物館藏戰國楚竹書》(一),上海古
　　籍出版社 2001 年

———　《〈魯邦大旱〉釋文考釋》,《上海博物館藏戰國楚竹書》(二),上海古
　　籍出版社 2002 年

———　《〈子羔〉釋文考釋》,《上海博物館藏戰國楚竹書》(二),上海古籍出
　　版社 2002 年

———　《〈采風曲目〉釋文考釋》,《上海博物館藏戰國楚竹書》(四),上海古
　　籍出版社 2004 年

———　《〈逸詩〉釋文考釋》,《上海博物館藏戰國楚竹書》(四),上海古籍出
　　版社 2004 年

———　《中國青銅器研究》,上海古籍出版社 2008 年

馬承源主編　《商周青銅器銘文選》(四),文物出版社 1990 年

馬非百　《關於秦國杜虎符之鑄造年代》,《文物》1982 年第 11 期

馬國權　《樂書缶考釋》,《藝林叢録》第 4 編,商務印書館香港分館 1964 年

馬良民、言家信　《山東鄒平縣苑城村出土陶文考釋》,《文物》1994 年第 4 期

馬琴莉　《三原縣博物館收藏的商周銅器和陶器》,《文博》1996 年第 4 期

馬世之　《也談王子嬰次爐》,《江漢考古》1984 年第 1 期

馬世之、蔡萬進、李德保　《"枎戔當忻"布幣的國別與年代問題》,《江漢考
　　古》1994 年第 2 期

馬璽倫　《山東沂水縣發現戰國銅器》,《考古》1983 年第 9 期

馬敍倫　《石鼓文疏記》,商務印書館 1935 年

———　《説文解字六書疏證》,上海書店 1985 年

馬月華　《〈汝陰令戈小考〉讀後記》,《北京大學中國古文獻研究中心集刊》第 2 輯,北京燕山出版社 2001 年

孟蓬生　《郭店楚簡字詞考釋》(續),《簡帛語言文字研究》第 1 輯,巴蜀書社 2002 年

———　《郭店楚簡字詞考釋》,《古文字研究》第 24 輯,中華書局 2002 年

———　《上博簡(緇衣)三解》,《上博館藏戰國楚竹書研究》,上海書店出版社 2002 年

———　《上博竹書(二)字詞札記》,《上博館藏戰國楚竹書研究續編》,上海書店出版社 2004 年

———　《上博竹書(四)閒詁》,《簡帛研究二○○四》,廣西師範大學出版社 2006 年

———　《〈三德〉零詁》(二則),《簡帛》第 2 輯,上海古籍出版社 2007 年

———　《〈三德〉零詁》(續),《簡帛》第 4 輯,上海古籍出版社 2009 年

———　《簡帛文獻語義研究》,《簡帛文獻語言研究》,社會科學文獻出版社 2009 年

南京市博物館　《南京市博物館藏印選》,上海書店出版社 2005 年

聶中慶　《郭店楚簡〈老子〉研究》,中華書局 2004 年

牛濟普　《古璽初探》,《河南文博通訊》1979 年第 4 期

———　《"格氏"即"葛鄉城"考》,《中原文物》1984 年第 1 期

———　《滎陽印陶考》,《中原文物》1984 年第 2 期

———　《五方印陶新釋》,《中原文物》1987 年第 1 期

———　《秦印瑣記》,《中原文物》1988 年第 4 期

———　《河南陶文概述》,《中原文物》1989 年第 4 期

———　《新鄭館藏東周陶文試析》,《中原文物》1989 年第 2 期

———　《楚系官璽例舉》,《中原文物》1992 年第 3 期

———　《格國、佣國考》,《中原文物》2003 年第 4 期

潘祖蔭　《攀古樓彝器款識》,滂喜齋木刻本 1872 年

龐　樸　《初讀郭店楚簡》,《歷史研究》1998 年第 4 期

———　《古墓新知——漫讀郭店楚簡》,《中國哲學》第 20 輯,遼寧教育出版社 1999 年

———　《一種有機的宇宙生成圖式——介紹楚簡〈太一生水〉》,《道家文化

研究》第 17 輯,三聯書店 1999 年

——— 《郢燕書説——郭店楚簡中山三器心旁文字試説》,《郭店楚簡國際學術研討會論文集》,湖北人民出版社 2000 年

——— 《竹帛〈五行〉篇校注及研究》,萬卷樓圖書股份有限公司 2000 年

——— 《上博藏簡零箋》,《上博館藏戰國楚竹書研究》,上海書店出版社 2002 年

裴大泉　《釋包山楚簡中的"𦔻"字》,《簡帛研究》第 3 輯,廣西教育出版社 1998 年

彭　浩　《信陽長臺關楚簡補釋》,《江漢考古》1984 年第 2 期

——— 《楚人的紡織與服飾》,湖北教育出版社 1996 年

——— 《郭店楚簡〈緇衣〉的分章及相關問題》,《簡帛研究》第 3 輯,廣西教育出版社 1998 年

——— 《一種新的宇宙生成理論——讀〈太一生水〉》,《郭店楚簡國際學術研討會論文集》,湖北人民出版社 2000 年

——— 《郭店楚簡〈老子〉校讀》,湖北人民出版社 2001 年

——— 《秦簡〈效律〉"飲水"釋義》,《文物》2001 年第 12 期

——— 《〈鮑叔牙與隰朋之諫〉考釋二則》,《楚地簡帛思想研究》(三),湖北教育出版社 2007 年

彭靜中　《古文字考釋二則》,《四川大學學報》1979 年第 2 期

彭　林　《〈郭店楚簡·性自命出〉補釋》,《中國哲學》第 20 輯,遼寧教育出版社 1999 年

——— 《再論郭店簡〈六德〉"爲父絕君"及相關問題》,《新出簡帛研究》,文物出版社 2004 年

彭適凡　《遂川出土秦戈銘文考釋》,《江西歷史文物》1980 年第 3 期

彭信威　《中國貨幣史》,上海人民出版社 1965 年

彭裕商　《嘉鼎銘文考釋》,《古文字論集(一)》(《考古與文物叢刊》第二號),《考古與文物》編輯部 1983 年

——— 《讀〈郭店楚墓竹簡〉札記》,《古文字研究》第 24 輯,中華書局 2002 年

——— 《讀楚簡隨記》,《考古與文物》2003 年第 6 期

彭澤元　《魏"十四年(鄴)兵庫"戈考釋》,《江漢考古》1989 年第 3 期

駢宇騫　《始皇廿六年詔書"則"字解》,《文史》第 5 輯,中華書局 1978 年

平　心　《〈《者汈鐘銘》考釋〉讀後記》,《中華文史論叢》第 3 輯,中華書局 1963 年

濮茅左　《〈性情論〉釋文考釋》,《上海博物館藏戰國楚竹書》(一),上海古籍 出版社 2001 年

———　《〈民之父母〉釋文考釋》,《上海博物館藏戰國楚竹書》(二),上海古 籍出版社 2002 年

———　《關於上海戰國竹簡中"孔子"的認定——論〈孔子詩論〉中合文是 "孔子"而非"卜子"、"子上"》,《中華文史論叢》2001 年第 3 輯(總第 67 輯),上海古籍出版社

———　《〈周易〉釋文考釋》,《上海博物館藏戰國楚竹書》(三),上海古籍出 版社 2003 年

———　《〈柬大王泊旱〉釋文考釋》,《上海博物館藏戰國楚竹書》(四),上海 古籍出版社 2004 年

———　《〈季庚子問於孔子〉釋文考釋》,《上海博物館藏戰國楚竹書》(五), 上海古籍出版社 2005 年

———　《〈競公瘧〉釋文考釋》,《上海博物館藏戰國楚竹書》(六),上海古籍 出版社 2007 年

———　《〈孔子見季趄子〉釋文考釋》,《上海博物館藏戰國楚竹書》(六),上 海古籍出版社 2007 年

———　《〈君人者何必安哉(甲本、乙本)〉釋文考釋》,《上海博物館藏戰國 楚竹書》(七),上海古籍出版社 2008 年

戚桂宴　《"麻塞非是"解》,《考古》1979 年第 3 期

齊文濤　《概述近年來山東出土的商周青銅器》,《文物》1972 年第 5 期

錢伯泉　《關於曾侯乙墓楚鎛銘文考釋的商榷——兼談曾侯乙墓的絕對年 代》,《江漢考古》1984 年第 4 期

強運開　《石鼓釋文》,商務印書館 1935 年

———　《石鼓釋文》,中國書店 1980 年影印 1935 年本

———　《説文古籀三補》,中華書局 1986 年影印 1935 年本

秦永龍　《釋"麗"》,《北京師範大學學報》1984 年第 6 期

丘光明　《試論戰國容量制度》,《文物》1981 年第 10 期

邱德修　《〈上博簡〉(一)"詩亡隱志"考》,《上博館藏戰國楚竹書研究》,上海 書店出版社 2002 年

裘錫圭 《關於郢太府銅量》,《文物》1978 年第 12 期

——— 《史牆盤銘解釋》,《文物》1978 年第 3 期

——— 《戰國貨幣考》(十二篇),《北京大學學報》1978 年第 2 期

——— 《談談隨縣曾侯乙墓的文字資料》,《文物》1979 年第 7 期

——— 《"畀"字補釋》,《語言學論叢》第 6 輯,商務印書館 1980 年

——— 《釋祕》,《古文字研究》第 3 輯,中華書局 1980 年

——— 《戰國文字中的"市"》,《考古學報》1980 年第 3 期

——— 《嗇夫初探》,《雲夢秦簡研究》,中華書局 1981 年

——— 《〈睡虎地秦墓竹簡〉注釋商榷》,《文史》第 13 輯,中華書局 1982 年

——— 《〈武功縣出土平安君鼎〉讀後記》,《考古與文物》1982 年第 2 期

——— 《戰國璽印文字考釋三篇》,《古文字研究》第 10 輯,中華書局
    1983 年

——— 《鋞與桱桯》,《文物》1987 年第 9 期

——— 《"廩人"別解》,《人文雜志》1988 年第 1 期

——— 《說字小記》,《北京師院學報》1988 年第 2 期

——— 《文字學概要》,商務印書館 1988 年

——— 《釋"建"》,《古文字研究》第 17 輯,中華書局 1989 年

——— 《說玭、槢、椑槢》,《中國歷史博物館館刊》第 13、14 期,1989 年

——— 《"諸侯之旅"等印考釋》,《文物研究》第 6 輯,黃山書社 1990 年

——— 《古文字釋讀三則》,《徐中舒先生九十壽辰紀念文集》,巴蜀書社
    1990 年

——— 《古代文史研究新探》,江蘇古籍出版社 1992 年

——— 《古文字論集》,中華書局 1992 年

——— 《古璽印考釋四篇》,《文博研究論集》,上海古籍出版社 1992 年

——— 《珍秦齋古印展》"釋文",澳門市政廳 1993 年

——— 《裘錫圭自選集》,河南教育出版社 1994 年

——— 《戰國文字釋讀二則》,《于省吾教授百年誕辰紀念文集》,吉林大學
    出版社 1996 年

——— 《〈吳越文字彙編〉序》,《文教資料》1998 年第 3 期

——— 《郭店楚墓竹簡》"裘按",文物出版社 1998 年

——— 《詛楚文"亞駝"考》,《文物》1998 年第 4 期

——— 《郭店〈老子〉簡初探》,《道家文化研究》第 17 輯,三聯書店 1999 年

───　《戎生編鐘銘文考釋》,《保利藏金───保利藝術博物館精品選》,嶺南美術出版社 1999 年

───　《〈太一生水〉"名字"章解釋───兼論〈太一生水〉的分章問題》,《古文字研究》第 22 輯,中華書局 2000 年

───　《糾正我在郭店〈老子〉簡釋讀中的一個錯誤───關於"絕僞棄詐"》,《郭店楚簡國際學術研討會論文集》,湖北人民出版社 2000 年

───　《以郭店〈老子〉簡爲例談談古文字的考釋》,《中國哲學》第 21 輯,遼寧教育出版社 2000 年

───　《中國古典學重建中應該注意的問題》,《北京大學中國古文獻研究中心集刊》第 2 輯,北京燕山出版社 2001 年

───　《讀〈郭店楚墓竹簡〉札記三則》,《上海博物館集刊》第 9 輯,上海書畫出版社 2002 年

───　《關於〈孔子詩論〉》,《中國哲學》第 24 輯,遼寧教育出版社 2002 年

───　《以郭店〈老子〉簡爲例談談古文字的考釋》,《郭店〈老子〉:東西方學者的對話》,學苑出版社 2002 年

───　《釋郭店〈緇衣〉"出言有丨,黎民所訂"───兼説"丨"爲"針"之初文》,《古墓新知───紀念郭店楚簡出土十周年論文專輯》,國際炎黃文化出版社 2003 年

───　《談談上博簡和郭店簡中的錯別字》,《華學》第 6 輯,紫禁城出版社 2003 年

───　《由郭店簡〈性自命出〉的"室性者故也"説到〈孟子〉的"天下之言性也"章》,《第四屆國際中國古文字學研討會論文集》,香港中文大學中國語言及文學系 2003 年

───　《讀上博簡〈容成氏〉札記二則》,《古文字研究》第 25 輯,中華書局 2004 年

───　《古匋文香録・重印序言》,顧廷龍《古匋文香録》,上海古籍出版社 2004 年

───　《談談上博簡〈子羔〉篇的簡序》,《上博館藏戰國楚竹書研究續編》,上海書店出版社 2004 年

───　《中國出土古文獻十講》,復旦大學出版社 2004 年

───　《釋戰國楚簡中的"旮"字》,《古文字研究》第 26 輯,中華書局 2006 年

———　《説"亦紀先王之由道"》,《中國古代文明研究與學術史——李學勤教授伉儷七十壽慶紀念文集》,河北大學出版社 2006 年

———　《釋〈子羔〉篇"鉋"字並論商得金德之説》,《簡帛》第 2 輯,上海古籍出版社 2007 年

———　《釋古文字中的有些'㤅'字和從"㤅"、從"兇"之字》,《出土文獻與古文字研究》第 2 輯,復旦大學出版社 2008 年

———　《是"恆先"還是"極先"?》,《2007 年中國簡帛學國際論壇論文集》,臺灣大學中國文學系 2011 年

———　《裘錫圭學術文集》,復旦大學出版社 2012 年

裘錫圭、李家浩　《曾侯乙墓鐘磬銘文釋文説明》,《音樂研究》1981 年第 1 期

———　《戰國平陽刀幣考》,《中國錢幣》1988 年第 2 期

———　《曾侯乙墓竹簡釋文與考釋》,《曾侯乙墓》,文物出版社 1989 年

曲　毅　《鄂東南出土錢牌考》,《中國錢幣》1993 年第 2 期

饒宗頤　《戰國楚簡箋證》,《金匱論古綜合刊》第 1 期,香港亞洲石印局 1957 年

———　《者沪編鐘銘釋》,《金匱論古綜合刊》第 1 期,香港亞洲石印局 1957 年

———　《長沙出土戰國繒書新釋》,香港義友昌記印務公司 1958 年

———　《楚繒書十二月名覈論》,《大陸雜志》第 30 卷第 1 期,1965 年

———　《楚繒書疏證》,《史語所集刊》第 40 本上,1968 年

———　《説"競重"、"重夜君"與"重皇"》,《文物》1981 年第 5 期

———　《曾侯乙墓匫器漆書文字初探》,《古文字研究》第 10 輯,中華書局 1983 年

———　《從秦戈皋月談〈爾雅〉月名問題》,《文物》1983 年第 1 期

———　《秦簡日書中"夕"(栾)字含義的商榷》,《中國語言學報》第 1 期,商務印書館 1983 年

———　《帛書丙篇與秦簡〈日書〉合證》,《中國文化》1990 年第 3 期,三聯書店

———　《長沙子彈庫殘帛文字小記》,《文物》1992 年第 11 期

———　《劍珌行氣銘與漢簡〈引書〉》,《中華文史論叢》第 51 輯,上海古籍出版社 1993 年

———　《關於重字與平夜君問題》,《文物》1995 年第 4 期

——— 《中文大學文物館藏建初四年"序寧病簡"與"包山簡"——論戰國、秦、漢解疾禱祠之諸神與古史人物》,《華夏文明與傳世藏書——中國國際漢學研討會論文集》,中國社會科學出版社 1996 年
——— 《在開拓中的訓詁學》,《第一届國際訓詁學研討會論文集》,高雄中山大學中國文學系 1997 年
——— 《説九店楚簡之武𡍮(君)與復山》,《文物》1997 年第 6 期
——— 《詩言志再辨——以郭店楚簡資料爲中心》,《郭店楚簡國際學術研討會論文集》,湖北人民出版社 2000 年
——— 《談鐘律及楚簡"濬"、"灂"爲"折"字説》,《道苑繽紛録》,香港商務印書館有限公司 2002 年
——— 《由刑、德二柄談"䟧"字——經典異文探討一例》,《上海博物館集刊》第 9 輯,上海書畫出版社 2002 年
——— 《竹書〈詩序〉小箋》,《上博館藏戰國楚竹書研究》,上海書店出版社 2002 年
——— 《饒宗頤二十世紀學術文集》,新文豐出版股份有限公司 2003 年
——— 《饒宗頤新出土文獻論證》,上海古籍出版社 2005 年
——— 《饒宗頤二十世紀學術文集》,中國人民大學出版社 2009 年
饒宗頤、徐在國 《上博藏戰國楚竹書字匯》,安徽大學出版社 2012 年
饒宗頤、曾憲通 《雲夢秦簡日書研究》,中文大學出版社 1982 年
——— 《楚帛書》,香港中華書局 1985 年
——— 《隨縣曾侯乙墓鐘磬銘辭研究》,中文大學出版社 1985 年
——— 《楚地出土文獻三種研究》,中華書局 1993 年
任　熹 《漢瓦硯齋古印叢》,民國鈐本
容　庚 《古石刻零拾》,燕京大學考古學社 1934 年
——— 《鳥書考》,《燕京學報》第 16 期,1934 年
——— 《鳥書考補正》,《燕京學報》第 17 期,1935 年
——— 《善齋彝器圖録》,燕京大學哈佛燕京學社影印本 1936 年
——— 《鳥書三考》,《燕京學報》第 23 期,1938 年
——— 《商周彝器通考》,哈佛燕京學社 1941 年
——— 《鳥書考》,《中山大學學報》1964 年第 1 期
——— 《容庚文集》(曾憲通編),中山大學出版社 2004 年
——— 《容庚學術著作全集》,中華書局 2011 年

容庚編著,張振林、馬國權摹補　《金文編》,中華書局 1985 年

阮　　元　《積古齋鐘鼎彝器款識》,自刻本 1804 年

沙孟海　《配兒鉤鑼考釋》,《考古》1983 年第 4 期

山東省博物館　《山東金文集成》,齊魯書社 2007 年

山東諸城縣博物館　《山東諸城臧家莊與葛布口村戰國墓》,《文物》1987 年
　　第 12 期

山西省貨幣學會　《中國山西歷代貨幣》,山西人民出版社 1989 年

山西省文物工作委員會　《侯馬盟書》,文物出版社 1976 年

單育辰　《上博竹書研究三題》,《簡帛研究二〇〇五》,廣西師範大學出版社
　　2008 年

————　《談戰國文字中的"鼀"》,《簡帛》第 3 輯,上海古籍出版社 2008 年

————　《談晉系用爲"舍"之字》,《簡帛》第 4 輯,上海古籍出版社 2009 年

商承祚　《説文中之古文考》,《金陵學報》第 4 卷第 2 期,1934 年

————　《十二家吉金圖録》,哈佛燕京學社影印本 1935 年

————　《"王子狱戈"考及其他》,《學術研究》1962 年第 3 期

————　《〈新弨戈〉釋文》,《文物》1962 年第 11 期

————　《鄂君啟節考》,《文物精華》第 2 集,文物出版社 1963 年

————　《姑發閂反即吳王諸樊別議》,《中山大學學報》1963 年第 3 期

————　《〈姑發閂反劍〉補説》,《中山大學學報》1964 年第 1 期

————　《戰國楚帛書述略》,《文物》1964 年第 9 期

————　《談鄂君啟節銘文中幾個文字和幾個地名等問題》,《中華文史論叢》
　　第 6 輯,中華書局 1965 年

————　《〈石刻篆文編〉字説》(二十七則),《中山大學學報》1980 年第 1 期

————　《秦權使用及辨僞》,《古文字研究》第 3 輯,中華書局 1980 年

————　《〈石刻篆文編〉字説》(二十七則),《古文字研究》第 5 輯,中華書局
　　1981 年

————　《中山王譽鼎、壺銘文芻議》,《古文字研究》第 7 輯,中華書局
　　1982 年

————　《説文中之古文考》,上海古籍出版社 1983 年

————　《〈楚黍器集〉考釋》,《文物》1991 年第 11 期

————　《戰國楚竹簡匯編》,齊魯書社 1995 年

————　《石刻篆文編》,中華書局 1996 年

———　《商承祚文集》,中山大學出版社 2004 年

商承祚、王貴忱、譚棣華　《先秦貨幣文編》,書目文獻出版社 1983 年

商水縣文物管理委員會　《河南商水縣戰國城址調查記》,《考古》1983 年第 9 期

商志䏡　《説商亳及其它》,《古文字研究》第 7 輯,中華書局 1982 年

———　《次□缶銘文考釋及相關問題》,《文物》1989 年第 12 期

上海書畫出版社　《上海博物館藏印選》,上海書畫出版社 1979 年

尚志儒　《秦封邑瓦書的幾個問題》,《文博》1986 年第 6 期

沈兼士　《石鼓文研究三事質疑》,《輔仁學志》第 13 卷 1、2 合期,1944 年

———　《沈兼士學術論文集》,中華書局 1986 年

沈建華　《楚簡〈容成氏〉州名與卜辭金文地名》,《古文字研究》第 25 輯,中華書局 2004 年

沈　培　《卜辭“雉眾”補釋》,《語言學論叢》第 26 輯,商務印書館 2002 年

———　《郭店楚簡札記四則》,《簡帛語言文字研究》第 1 輯,巴蜀書社 2002 年

———　《試説郭店楚簡〈性自命出〉關於賚、武、韶、夏之樂一段文字中的幾個字詞》,《第四屆國際中國古文字學研討會論文集》,香港中文大學中國語言及文學系 2003 年

———　《周原甲骨文里的“囟”和楚墓竹簡里的“囟”或“思”》,《漢字研究》第 1 輯,學苑出版社 2005 年

———　《郭店簡〈六德〉“多”字舊説訂誤》,《21 世紀的中國語言學》(二),商務印書館 2006 年

———　《小議上博簡〈鮑叔牙與隰朋之諫〉中的虛詞“凡”》,《出土文獻與古文字研究》第 1 輯,復旦大學出版社 2006 年

———　《從戰國簡看古人占卜的“蔽志”——兼論“移祟”説》,《古文字與古代史》第 1 輯,臺灣史語所 2007 年

———　《説古文字裏的“祝”及相關之字》,《簡帛》第 2 輯,上海古籍出版社 2007 年

———　《〈上博(六)〉字詞淺釋》(七則),《中國文字學報》第 2 輯,商務印書館 2008 年

沈　融　《燕兵器銘文格式、内容及其相關問題》,《考古與文物》1994 年第 3 期

沈肇年　《石鼓文詮補》,湖北文史館 1961 年

沈之瑜　《大梁司寇鼎考釋》,《文匯報》1962 年 10 月 14 日

———　《𩵋並𣂤戈跋》,《文物》1963 年第 9 期

———　《沈之瑜文博論集》,上海古籍出版社 2003 年

施謝捷　《"十一年皋落戈"銘文補釋》,《文教資料》1994 年第 4 期

———　《釋"盇"》,《南京師範大學學報》1994 年第 4 期

———　《釋"十九年邦司寇鈹"銘的"奚易"合文》,《文教資料》1996 年第
　　2 期

———　《古璽印文字考釋五篇》,《南京師範大學學報》1996 年第 4 期

———　《河北出土古陶文字零釋》,《文物春秋》1996 年第 2 期

———　《古陶文考釋三篇》,《古漢語研究》1997 年第 3 期

———　《戰國文字研究》(三種),《語言研究集刊》第 5 輯,江蘇教育出版社
　　1997 年

———　《〈古璽彙編〉釋文校訂》,《容庚先生百年誕辰紀念文集》,廣東人民
　　出版社 1998 年

———　《簡帛文字考釋札記》,《簡帛研究》第 3 輯,廣西教育出版社 1998 年

———　《陝西出土秦陶文字叢釋》,《考古與文物》1998 年第 2 期

———　《吳越文字彙編》,江蘇教育出版社 1998 年

———　《陝西出土秦陶文字叢釋》,《考古與文物》1998 年第 2 期

———　《古璽雙名雜考》,《中國古文字研究》第 1 輯,吉林大學出版社
　　1999 年

———　《古璽印文字考釋》(十篇),《語言研究集刊》第 6 輯,江蘇教育出版
　　社 1999 年

———　《古文字零釋四則》,《古文字研究》第 22 輯,中華書局 2000 年

———　《古璽複姓雜考》(六則),《中國古璽印學國際研討會論文集》,香港
　　中文大學文物館 2000 年

———　《楚簡文字中的"纍"字》,《語文研究》2002 年第 4 期

———　《楚簡文字中的"悚"字》,《古文字研究》第 24 輯,中華書局 2002 年

———　《東周兵器銘文考釋》(三則),《南京師範大學學報》2002 年第 3 期

———　《古陶文字釋叢》,《古文字研究》第 23 輯,中華書局、安徽大學出版
　　社 2002 年

石　泉　《楚國歷史文化辭典》,武漢大學出版社 1996 年

石　曉　《吳王光劍銘補正》,《文物》1989 年第 7 期

石永士　《燕王銅戈研究》,《河北學刊》1984 年第 6 期

———　《郾王銅兵器研究》,《中國考古學會第四次年會論文集》,文物出版社 1985 年

———　《中國錢幣大辭典・先秦編》貨幣詞條,中華書局 1995 年

石永士、陳應祺　《中國錢幣大辭典・先秦編》貨幣詞條,中華書局 1995 年

石永士、高英明　《中國錢幣大辭典・先秦編》貨幣詞條,中華書局 1995 年

石志廉　《對"銅龍節"一文的商榷》,《文物》1961 年第 1 期

———　《商戈鬲》,《文物》1961 年第 1 期

———　《"楚王孫孌(魚)"銅戈》,《文物》1963 年第 3 期

———　《館藏戰國七璽考》,《中國歷史博物館館刊》1979 年第 1 期

———　《戰國古璽考釋十種》,《中國歷史博物館館刊》1980 年第 2 期

時　兵　《"剄"字小議》,《考古與文物》2005 年第 2 期

史傑鵬　《關於包山楚簡中的四個地名》,《陝西歷史博物館館刊》第 5 輯,西北大學出版社 1998 年

———　《讀包山司法文書簡札記三則》,《簡帛研究二○○一》,廣西師範大學出版社 2001 年

———　《包山楚簡研究四則》,《湖北民族學院學報》2005 年第 3 期

———　《由楚簡帛書異文談談幾個上古屋部聯綿詞的意思》,《咸寧學院學報》2005 年第 5 期

———　《上博簡〈容成氏〉字詞考釋二則》,《江漢考古》2007 年第 1 期

———　《釋上博簡〈鮑叔牙與隰朋之諫〉中的"迥侚"》,《古文字研究》第 28 輯,中華書局 2010 年

史樹青　《長沙仰天湖出土楚簡研究》,群聯出版社 1955 年

———　《對"五省出土文物展覽"中幾件銅器的看法》,《文物參考資料》1956 年第 8 期

———　《信陽長臺關出土竹書考》,《北京師範大學學報》1963 年第 4 期

史樹青、許青松　《秦始皇二十六年詔書及其大字詔版》,《文物》1973 年第 12 期

舒之梅　《包山簡遣册車馬器考釋五則》,《容庚先生百年誕辰紀念文集》,廣東人民出版社 1998 年

舒之梅、何浩　《仰天湖楚簡"鄦陽公"的身份及相關問題——與林河同志商

榷》,《江漢論壇》1982 年第 10 期
舒之梅、羅運環 《楚同各諸侯國關係的古文字資料簡述》,《求索》1983 年第 6 期
——— 《古文字資料中所見楚國同各諸侯國的關係》,《湖北省考古學會論文選集》第 1 輯,《武漢大學學報》編輯部 1987 年
睡虎地秦墓竹簡整理小組 《睡虎地秦墓竹簡》,文物出版社 1990 年
四川省博物館、青川縣文化館 《青川縣出土秦更修田律木牘——四川青川縣戰國墓發掘簡報》,《文物》1982 年第 1 期
宋國定、賈連敏 《河南"平夜君成"墓與出土竹簡》,《新出簡帛研究》,文物出版社 2004 年
宋華强 《新蔡楚簡所記量器"鬴(釜)"小考》,《平頂山學院學報》2006 年第 4 期
——— 《新蔡簡中與"速"義近之字及楚簡中相關諸字新考》,《中國文字》新 32 期,藝文印書館 2006 年
——— 《釋新蔡簡中一個卜骨名》,《中國歷史文物》2008 年第 5 期
——— 《新蔡葛陵楚簡初探》,武漢大學出版社 2010 年
蘇 輝 《趙兵器銘"馬重"解》,《中國史研究》2011 年第 2 期
蘇建洲 《〈郭店〉、〈上博(二)〉考釋五則》,《中國文字》新 29 期,藝文印書館 2003 年
——— 《〈容成氏〉譯釋》,《〈上海博物館藏戰國楚竹書〉(二)讀本》,萬卷樓圖書股份有限公司 2003 年
——— 《上博楚簡考釋三則》,《古文字論集(三)》(《考古與文物》增刊),《考古與文物》編輯部 2005 年
——— 《〈上博楚簡(四)〉考釋三則》,《出土文獻語言研究》第 1 輯,廣東高等教育出版社 2006 年
——— 《上海博物館藏戰國楚竹書(二)校釋》,花木蘭文化出版社 2006 年
——— 《〈上博楚竹書〉文字及其相關問題研究》,萬卷樓圖書股份有限公司 2008 年
——— 《楚簡"刖"字及相關諸字考釋》,《中國文字》新 34 期,藝文印書館 2009 年
——— 《上博竹書字詞考釋三題》,《簡帛研究二〇〇七》,廣西師範大學出版社 2010 年

孫常敍　《騰公劍銘文復原和"膴"、"騰"字説》,《考古》1962 年第 5 期

——— 《孫常敍古文字學論集》,東北師範大學出版社 1998 年

孫德潤、毛富玉　《秦都咸陽出土陶文釋讀小議》,《考古與文物》1981 年第 1 期

孫　剛　《齊文字編》,福建人民出版社 2010 年

孫貫文　《金文札記三則》,《考古》1963 年第 10 期

——— 《内蒙古敖漢旗四道灣子燕國"狗澤都"遺址調查》,《考古》1989 年第 4 期

孫貫文、趙超　《由出土印章看兩處墓葬的墓主等問題》,《考古》1981 年第 4 期

孫劍鳴　《鄂君啟節續探》,《安徽省考古學會會刊》第 6 輯,1982 年

孫敬明　《齊陶新探》(附:益都藏陶),《古文字研究》第 14 輯,中華書局 1986 年

——— 《"車大夫長畫"戈考》,《文物》1987 年第 1 期

——— 《先秦時期濰淄流域的兵器》,《中國文物報》1989 年 6 月 23 日

——— 《齊城左戈及相關問題》,《文物》2000 年第 10 期

孫敬明、李劍、張龍海　《臨淄齊故城内外新發現的陶文》,《文物》1988 年第 2 期

孫敬明、王桂香、韓金城　《山東濰坊新出銅戈銘文考釋及有關問題》,《江漢考古》1986 年第 3 期

——— 《濰坊新出齊幣與研究》,《中國錢幣》1987 年第 3 期

孫啟康　《楚器〈王孫遺者鍾〉考辨》,《江漢考古》1983 年第 4 期

孫啟明　《〈行氣銘〉古文字研究》,《醫古文知識》2001 年第 4 期

孫偉龍　《楚文字"男"、"耕"、"靜"、"爭"諸字考辨》,《中國文字研究》第 2 輯,大象出版社 2008 年

孫慰祖　《孫慰祖論印文稿》,上海書店出版社 1999 年

孫文楷　《稽庵古印箋》,1912 年鈐印本

孫曉春、陳維禮　《〈睡虎地秦墓竹簡〉譯注商兑》,《史學集刊》1985 年第 2 期

孫新生　《山東青州發現二方先秦古璽》,《考古與文物》1999 年第 5 期

孫稚雛　《中山王譽鼎、壺的年代史實及其意義》,《古文字研究》第 1 輯,中華書局 1979 年

——— 《郊並果戈銘釋》,《古文字研究》第 7 輯,中華書局 1982 年

譚其驤 《鄂君啟節銘文釋地》,《中華文史論叢》第 2 輯,中華書局 1962 年

——— 《再論鄂君啟節地理答黃盛璋同志》,《中華文史論叢》第 5 輯,中華書局 1964 年

譚維四 《曾侯乙墓》,文物出版社 2001 年

湯餘惠 《楚器銘文八考》,《古文字論集(一)》(《考古與文物叢刊》第二號),《考古與文物》編輯部 1983 年

——— 《戰國文字考釋》(五則),《古文字研究》第 10 輯,中華書局 1983 年

——— 《楚璽兩考》,《江漢考古》1984 年第 2 期

——— 《略論戰國文字形體研究中的幾個問題》,《古文字研究》第 15 輯,中華書局 1986 年

——— 《戰國時代魏繁陽的鑄幣》,《史學集刊》1986 年第 4 期

——— 《關於全字的再探討》,《古文字研究》第 17 輯,中華書局 1989 年

——— 《"於王既正"烙印文考——兼論望山二號楚墓年代》,《文物研究》第 7 輯,黃山書社 1991 年

——— 《戰國文字中的繁陽和繁氏》,《古文字研究》第 19 輯,中華書局 1992 年

——— 《"卑將匠朅信璽"跋》,《考古與文物》1993 年第 5 期

——— 《包山楚簡讀後記》,《考古與文物》1993 年第 2 期

——— 《古璽文字七釋》,《第二屆國際中國古文字學研討會論文集》,香港中文大學中國語言及文學系 1993 年

——— 《戰國銘文選》,吉林大學出版社 1993 年

——— 《淳于大夫釜甗銘文管見》,《文物》1995 年第 8 期

——— 《釋𥸸》,《于省吾教授百年誕辰紀念文集》,吉林大學出版社 1996 年

——— 《讀金文瑣記》(八篇),《出土文獻研究》第 3 輯,中華書局 1998 年

——— 《釋"旂"》,《吉林大學古籍整理研究所建所十五周年紀念文集》,吉林大學出版社 1998 年

——— 《金文中的"敢"和"毋敢"》,《中國古文字研究》第 1 輯,吉林大學出版社 1999 年

湯餘惠主編 《戰國文字編》,福建人民出版社 2001 年

湯餘惠、吳良寶 《郭店楚簡文字拾零》(四篇),《簡帛研究二〇〇一》,廣西師範大學出版社 2001 年

湯志彪 《上博簡(三)〈彭祖〉篇校讀瑣記》,《江漢考古》2005 年第 3 期

唐健垣　《楚繒書文字拾遺》,《中國文字》第 30 冊,1968 年

唐　蘭　《鳳羌鐘考釋》,《國立北平圖書館館刊》第 6 卷第 1 號,1932 年

————　《古樂器小記》,《燕京學報》第 14 期,1933 年

————　《壽縣所出銅器考略》,《國學季刊》4 卷第 1 期,1934 年

————　《商鞅量與商鞅量尺》,《國學季刊》5 卷第 4 期,1936 年

————　《趙孟㿖壺跋》,《考古社刊》第 6 期,1937 年

————　《智君子鑑考》,《輔仁學志》7 卷第 1、2 期,1938 年

————　《王命傳考》,《國學季刊》6 卷第 4 期,1941 年

————　《中國文字學》,開明書店 1949 年

————　《〈五省出土重要文物展覽圖録〉序言》,《五省出土重要文物展覽圖
録》,文物出版社 1958 年

————　《中國青銅器的起源與發展》,《故宫博物院院刊》1979 年第 1 期

————　《古文字學導論》(增訂本),齊魯書社 1981 年

————　《唐蘭先生金文論集》,紫禁城出版社 1995 年

————　《中國文字學》,上海古籍出版社 2001 年

唐友波　《"大市"量淺議》,《古文字研究》第 22 輯,中華書局 2000 年

————　《春成侯盉與長子盉綜合研究》,《上海博物館集刊》第 8 期,上海書
畫出版社 2000 年

————　《山西稷山新出空首布與"金涅"新探》,《中國錢幣》2000 年第 2 期

————　《新見湏朕鼎小識》,《上海博物館集刊》第 9 期,上海書畫出版社
2002 年

————　《釋"賵"》,《江漢考古》2003 年第 3 期

唐鈺明　《重論"麻夷非是"》,《廣州師院學報》1989 年第 2 期

————　《異文在釋讀銅器銘文中的作用》,《中山大學學報》1996 年第 3 期

————　《戰國文字資料釋讀三題》,《容庚先生百年誕辰紀念文集》,廣東人
民出版社 1998 年

陶正剛　《山西屯留出土一件"平周"戈》,《文物》1987 年第 8 期

————　《山西臨縣窯頭古城出土銅戈銘文考釋》,《文物》1994 年第 4 期

————　《趙氏戈銘考釋》,《文物》1995 年第 2 期

————　《山西省近年出土銘文兵器的國別和編年》,《古文字研究》第 21 輯,
中華書局 2001 年

陶正剛、王克林　《侯馬東周盟誓遺址》,《文物》1972 年第 4 期

陶正剛、趙滿芳、范宏、郭紅、張玲　《山西黎城縣出土的戰國貨幣》,《文物世界》2004 年第 1 期

滕　黄　《鄂王城戈銘應爲陳往》,《江漢考古》1986 年第 1 期

滕壬生　《釋慁》,《古文字研究》第 10 輯,中華書局 1983 年

———　《楚系簡帛文字編》,湖北教育出版社 1995 年

———　《楚系簡帛文字編》(增訂本),湖北教育出版社 2008 年

田鳳嶺、陳雍　《新發現的"十七年丞相啟狀"戈》,《文物》1986 年第 3 期

田海峰　《有關曾侯乙編鐘的幾個問題》,《文博》1990 年第 3 期

田　河　《楚簡遣册文字釋讀五則》,《古文字研究》第 27 輯,中華書局 2008 年

———　《談談楚簡中兩個从"只"的字》,《古文字研究》第 28 輯,中華書局 2010 年

田靜、史黨社　《新發現秦封泥中的"上寖"及"南宫""北宫"問題》,《人文雜志》1997 年第 6 期

田　煒　《〈戰國文字編〉讀後記》,《湖南省博物館館刊》第 3 期,嶽麓書社 2006 年

———　《古璽字詞叢考》(十篇),《古文字研究》第 26 輯,中華書局 2006 年

———　《戰國文字考釋兩篇》,《康樂集——曾憲通教授七十壽慶論文集》,中山大學出版社 2006 年

———　《古璽印字詞零釋》(八篇),《中國文字》新 33 期,藝文印書館 2007 年

———　《讀〈上海博物館藏戰國楚竹書〉零札》,《江漢考古》2008 年第 2 期

———　《古璽探研》,華東師範大學出版社 2010 年

田宜超　《釋鉈》,《江漢考古》1984 年第 3 期

童恩正、龔延萬　《從四川兩件銅戈上的銘文看秦滅巴蜀後統一文字的進步措施》,《文物》1976 年第 7 期

童書業　《春秋楚郢都辨疑》,《中國古代地理考證論文集》,中華書局 1962 年

涂白奎　《〈石鼓文·汧沔篇〉釋讀三則》,《古文字研究》第 22 輯,中華書局 2000 年

涂宗流　《〈唐虞之道〉中"弗利"淺説——郭店楚簡校釋札記》,《荆門職業技術學院學報》2000 年第 5 期

涂宗流、劉祖信　《郭店楚簡〈緇衣〉通釋》,《郭店楚簡國際學術研討會論文

集》,湖北人民出版社 2000 年

——— 《郭店楚簡先秦儒家佚書校釋》,萬卷樓圖書股份有限公司 2001 年

汪慶正主編 《中國歷代貨幣大系·先秦貨幣》,上海人民出版社 1988 年

王長豐、喬保同 《河南南陽徐家嶺 M11 新出阤夫人孅鼎》,《中原文物》2009
　　年第 3 期

王恩田 《跋楚國兵器王子反戈》,《江漢考古》1989 年第 4 期

——— 《齊國地名陶文考》,《考古與文物》1996 年第 4 期

——— 《莒公孫潮子鐘考釋與臧家莊墓年代——兼説齊官印“陽都邑”巨璽
　　及其辨僞》,《遠望集——陝西省考古研究所華誕四十周年紀念文集》,陝西
　　人民美術出版社 1998 年

——— 《陶文圖録》,齊魯書社 2006 年

——— 《陶文字典》,齊魯書社 2007 年

王冠英 《欒書缶應稱名爲欒盈缶》,《文物》1990 年第 12 期

王貴元 《秦簡字詞考釋四則》,《中國語文》2001 年第 4 期

王國維 《觀堂集林》,密韻樓本 1923 年

——— 《觀堂集林》,中華書局 1959 年

王翰章 《燕王職劍考釋》,《考古與文物》1983 年第 2 期

王焕林 《里耶秦簡叢考》,《吉首大學學報》2005 年第 4 期

王　輝 《古璽釋文二則》,《人文雜志》1986 年第 2 期

——— 《關於秦子戈、矛的幾個問題》,《考古與文物》1986 年第 6 期

——— 《二年寺工壺、雍工改壺銘文新釋》,《人文雜志》1987 年第 3 期

——— 《戰國“府”之考察》,《中國考古學研究論集——紀念夏鼐先生考古
　　五十周年》,三秦出版社 1987 年

——— 《秦器銘文叢考》,《文博》1988 年第 2 期

——— 《跋朔縣揀選的四年卩相樂寏鈹》,《考古與文物》1989 年第 3 期

——— 《秦器銘文叢考》(續),《考古與文物》1989 年第 5 期

——— 《秦銅器銘文編年集釋》,三秦出版社 1990 年

——— 《秦印探述》,《文博》1990 年第 5 期

——— 《周秦器銘考釋》(五篇),《考古與文物》1991 年第 6 期

——— 《關於“吳王肽發劍”釋文的幾個問題》,《文物》1992 年第 10 期

——— 《古文字通假釋例》,藝文印書館 1993 年

——— 《“富春大夫”甌跋》,《考古與文物》1994 年第 4 期

——— 《徐銅器銘文零釋》,《東南文化》1995 年第 1 期
——— 《十九年大良造鞅殳鐏考》,《考古與文物》1996 年第 5 期
——— 《秦兵三戈考》,《陝西歷史博物館館刊》第 4 輯,西北大學出版社 1997 年
——— 《咸陽塔兒坡新出陶文補讀》,《陝西歷史博物館館刊》第 5 輯,西北大學出版社 1998 年
——— 《郭店楚簡零釋三則》,《中國文字》新 26 期,藝文印書館 2000 年
——— 《釋侖、[貝侖]》,《古文字研究》第 22 輯,中華書局 2000 年
——— 《西安中國書法藝術博物館藏秦封泥選釋續》,《陝西歷史博物館館刊》第 8 輯,三秦出版社 2001 年
——— 《郭店楚簡釋讀五則》,《簡帛研究二〇〇一》,廣西師範大學出版社 2001 年
——— 《秦曾孫駰告華大山明神文考釋》,《考古學報》2001 年第 2 期
——— 《秦印封泥考釋》(五十則),《四川大學考古專業創建四十周年暨馮漢驥教授百年誕辰紀念文集》,四川大學出版社 2001 年
——— 《古璽印文雜識》(十八則),《陝西歷史博物館館刊》第 9 輯,三秦出版社 2002 年
——— 《釋秦封泥中的三個地名》,《秦文化論叢》第 10 輯,三秦出版社 2003 年
——— 《讀上博楚竹書〈容成氏〉札記》(十則),《古文字研究》第 25 輯,中華書局 2004 年
——— 《〈上博楚竹書(五)〉讀記》,《中國文字》新 32 期,藝文印書館 2006 年
——— 《也説崇源新獲楚青銅器群的時代》,《中國文字》新 33 期,藝文印書館 2007 年
——— 《古文字通假字典》,中華書局 2008 年
王輝、程學華　《秦文字集證》,藝文印書館 1999 年
王輝、焦南鋒、馬振智　《秦公大墓石磬殘銘考釋》,《史語所集刊》第 67 本第 2 分,1996 年
王輝、王沛　《二年平陶令戈跋》,《考古與文物》2007 年第 6 期
王克林　《釋"厙"》,《古文字研究》第 10 輯,中華書局 1983 年
王　蘭　《楚簡文字釋讀三題》,《古文字研究》第 26 輯,中華書局 2006 年

王　琳　《有關〈三年大將吏弩機考〉的灊丘問題》,《中原文物》2007 年第
　　5 期

王　寧　《者旨於賜鐘銘釋讀》,《文物研究》第 12 輯,黄山書社 2000 年

王丕忠　《戰國秦"王氏"陶罐和魏"安邑"銅鐘——介紹咸陽出土的兩件珍
　　貴文物》,《光明日報》1974 年 7 月 6 日

王慶衛　《試析戰國楚系文字中的"吁"》,《考古與文物》2004 年第 3 期

王人聰　《關於壽縣楚器銘文中"但"字的解釋》,《考古》1972 年第 6 期

———　《香港中文大學文物館藏印集》,香港中文大學 1980 年

———　《古璽考釋》,《古文字學論集》(初編),香港中文大學中國文化研究
　　所、吴多泰中國語文研究中心 1983 年

———　《江陵出土吴王夫差矛銘新解》,《文物》1991 年第 12 期

———　《戰國記容銅器刻銘"膚"字試釋》,《江漢考古》1991 年第 1 期

———　《南越王墓出土虎節考釋》,《盡心集——張政烺先生八十慶壽論文
　　集》,中國社會科學出版社 1996 年

———　《釋元用與元弄》,《考古與文物》1996 年第 3 期

———　《香港中文大學文物館藏印續集一》,香港中文大學文物館 1996 年

———　《徐器銘文雜釋》,《南方文物》1996 年第 1 期

———　《戰國璽印考釋》(七篇),《于省吾教授百年誕辰紀念文集》,吉林大
　　學出版社 1996 年

———　《六年襄城令戈考釋》,《第三屆國際中國古文字學研討會論文集》,
　　香港中文大學中國文化研究所、中國語言及文學系 1997 年

———　《戰國吉語、箴言璽考釋》,《故宫博物院院刊》1997 年第 4 期

———　《釋鳥篆蔡公子頌戈》,《容庚先生百年誕辰紀念文集》,廣東人民出
　　版社 1998 年

———　《真山墓地出土"上相邦璽"辨析》,《故宫博物院院刊》1998 年第
　　2 期

———　《能原鎛銘試釋》,《故宫博物院院刊》1999 年第 3 期

———　《古璽印與古文字論集》,香港中文大學文物館 2000 年

———　《新獲吴王夫差劍與越王州句劍》,《黄盛璋先生八秩華誕紀念文
　　集》,中國教育文化出版社 2005 年

王人聰、葉其峰　《秦漢魏晉南北朝官印研究》,香港中文大學文物館 1990 年

王樹偉　《爰釿兩考》,《社會科學戰線》1979 年第 3 期

王素芳　《中國錢幣大辭典‧先秦編》貨幣詞條,中華書局 1995 年

王望生　《西安臨潼新豐南杜秦遺址陶文》,《考古與文物》2000 年第 1 期

王文耀　《曾侯乙鐘銘文之管見》,《古文字研究》第 9 輯,中華書局 1984 年

王獻唐　《王獻唐遺書‧那羅延室稽古文字》,齊魯書社 1985 年

王　襄　《古陶今釋》,《王襄著作選集》,天津古籍出版社 2005 年影印 1947
　　年本

王學理　《秦俑兵器芻論》,《考古與文物》1983 年第 4 期

―――　《亭里陶文的解讀與秦都咸陽的行政區劃》,《古文字研究》第 14 輯,
　　中華書局 1986 年

王一新　《右明新貨小布之再現》,《中國錢幣》1984 年第 3 期

王　穎　《包山楚簡詞彙研究》,廈門大學出版社 2008 年

王　勇　《平山三器若干問題研究》,《寧夏大學學報》1991 年第 1 期

王毓銓　《中國古代貨幣的起源和發展》,中國社會科學出版社 1990 年

王蘊智　《说"郭""墉"》,《鄭州大學學報》1994 年第 4 期

王澤强　《戰國楚墓出土竹簡所見神祇"大水"考釋》,《湖北教育學院學報》
　　2005 年第 6 期

王占奎　《公、容、頌考辨》,《考古與文物》1993 年第 3 期

王珍仁　《啟封戈》,《社會科學輯刊》1979 年第 5 期

王志平　《簡帛叢札二則》,《簡帛研究》第 3 輯,廣西教育出版社 1998 年

―――　《楚帛書"姑月"試探》,《江漢考古》1999 年第 3 期

―――　《〈詩論〉箋疏》,《上博館藏戰國楚竹書研究》,上海書店出版社
　　2002 年

―――　《郭店簡〈窮達以時〉校釋》,《簡牘學研究》第 3 輯,甘肅人民出版社
　　2002 年

―――　《楚帛書月名新探》,《華學》第 3 輯,紫禁城出版社 2003 年

―――　《〈容成氏〉中製樂諸簡的新闡釋》,《上博館藏戰國楚竹書研究續
　　編》,上海書店出版社 2004 年

―――　《上博簡(二)札記》,《上博館藏戰國楚竹書研究續編》,上海書店出
　　版社 2004 年

―――　《"罷"字的讀音及相關問題》,《古文字研究》第 27 輯,中華書局
　　2008 年

―――　《也談"銛繨"的"繨"》,《古文字研究》第 28 輯,中華書局 2010 年

王子超　《河南出土商周金銘研究》,《河南大學學報》1990 年第 4 期

———　《"繁陽之金"補釋》,《古文字研究》第 24 輯,中華書局 2002 年

王子今　《秦人屈肢葬仿像"窑臥"說》,《考古》1987 年第 12 期

———　《睡虎地〈日書〉甲種〈稷辰〉疏證》,《簡帛研究二〇〇一》,廣西師範大學出版社 2001 年

———　《睡虎地秦簡〈日書〉甲種疏證》,湖北教育出版社 2003 年

魏成敏、朱玉德　《山東臨淄新發現的戰國齊量》,《考古》1996 年第 4 期

魏德勝　《以秦墓竹簡印證〈説文〉説解》,《中國語文》2001 年第 4 期

魏　國　《山東新泰出土一件戰國"柴内右"銅戈》,《文物》1994 年第 3 期

魏啟鵬　《楚簡〈老子〉柬釋》,《道家文化研究》第 17 輯,三聯書店 1999 年

———　《釋〈六德〉"爲父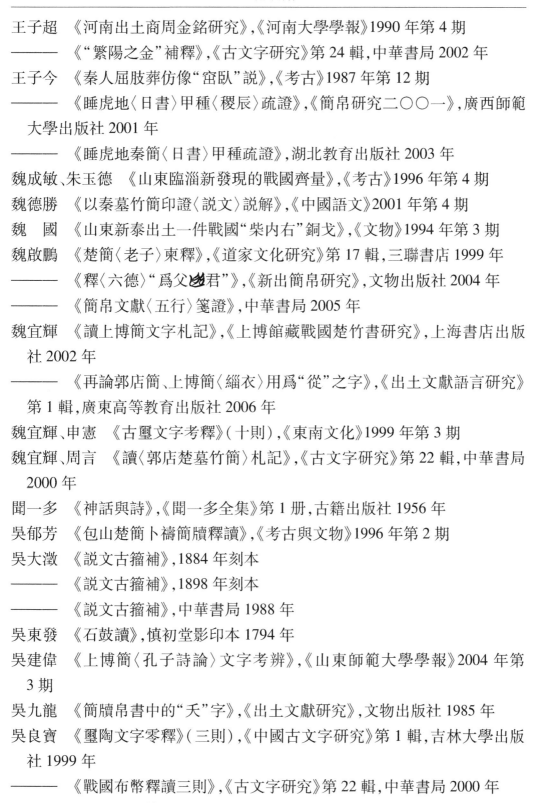君"》,《新出簡帛研究》,文物出版社 2004 年

———　《簡帛文獻〈五行〉箋證》,中華書局 2005 年

魏宜輝　《讀上博簡文字札記》,《上博館藏戰國楚竹書研究》,上海書店出版社 2002 年

———　《再論郭店簡、上博簡〈緇衣〉用爲"從"之字》,《出土文獻語言研究》第 1 輯,廣東高等教育出版社 2006 年

魏宜輝、申憲　《古璽文字考釋》(十則),《東南文化》1999 年第 3 期

魏宜輝、周言　《讀〈郭店楚墓竹簡〉札記》,《古文字研究》第 22 輯,中華書局 2000 年

聞一多　《神話與詩》,《聞一多全集》第 1 册,古籍出版社 1956 年

吳郁芳　《包山楚簡卜禱簡牘釋讀》,《考古與文物》1996 年第 2 期

吳大澂　《説文古籀補》,1884 年刻本

———　《説文古籀補》,1898 年刻本

———　《説文古籀補》,中華書局 1988 年

吳東發　《石鼓讀》,慎初堂影印本 1794 年

吳建偉　《上博簡〈孔子詩論〉文字考辨》,《山東師範大學學報》2004 年第 3 期

吳九龍　《簡牘帛書中的"夭"字》,《出土文獻研究》,文物出版社 1985 年

吳良寶　《璽陶文字零釋》(三則),《中國古文字研究》第 1 輯,吉林大學出版社 1999 年

———　《戰國布幣釋讀三則》,《古文字研究》第 22 輯,中華書局 2000 年

———　《讀郭店楚簡札記》(三則),《古籍整理研究學刊》2001 年第 5 期

———　《讀幣札記五則》,《金景芳教授百年誕辰紀念文集》,吉林大學出版社 2002 年

———　《東周兵器銘文四考》,《第四屆國際中國古文字學研討會論文集》,香港中文大學中國語言及文學系 2003 年

———　《包山楚簡"夷陽"、"鄅陽"考》,《古籍研究》2004 年卷下,安徽大學出版社

———　《包山楚簡釋地三篇》,《漢字研究》第 1 輯,學苑出版社 2005 年

———　《中國東周時期金屬貨幣研究》,社會科學文獻出版社 2005 年

———　《説包山楚簡中的"安陵"及相關問題》,《簡帛》第 1 輯,上海古籍出版社 2006 年

———　《先秦貨幣文字編》,福建人民出版社 2006 年

———　《戰國兵器兩考》,《陝西歷史博物館館刊》2006 年第 13 期

———　《平肩空首布"卬"字考》,《中國錢幣》2006 年第 2 期

———　《戰國楚簡地名輯證》,武漢大學出版社 2010 年

吳　蒙　《盱眙南窰銅壺小議》,《文物》1982 年第 11 期

吳其昌　《鳳羌鐘補考》,《國立北平圖書館館刊》第 5 卷第 6 號,1931 年

吳清卿　《光緒三年致簠齋書》,陳介祺《簠齋論陶》,文物出版社 2004 年

吳榮曾　《戰國布幣地名考釋三則》,《中國錢幣》1992 年第 2 期

吳式芬　《攈古録金文》,家刻本 1895 年

吳同玲、胡援　《新發現的"大莫囂"古璽考略》,《文物研究》第 3 期,黃山書社 1988 年

吳小强　《秦簡日書集釋》,嶽麓書社 2000 年

吳辛丑　《簡帛典籍異文與古文字資料的釋讀》,《古文字研究》第 24 輯,中華書局 2002 年

吳興漢　《楚金幣研究》,《楚文化研究論集》第 1 集,荆楚書社 1987 年

吳　洋　《上博簡(四)〈采風曲目〉"分類聲名"淺析》,《出土文獻研究》第 9 輯,中華書局 2010 年

———　《上博(四)〈逸詩·交交鳴鴬〉内容辨正及簡册制度略考》,《出土文獻研究》第 10 輯,中華書局 2011 年

吳聿明　《禺邗王壺銘再辨》,《東南文化》1992 年第 1 期

吳郁芳　《〈詛楚文〉三神考》,《文博》1987 年第 4 期

———　《〈包山楚簡〉卜禱簡牘釋讀》,《考古與文物》1996 年第 2 期

吳振武　《古文字中形聲字類別的研究——論"注音形聲字"》,《吉林大學研究生論文集刊》1982 年第 1 期

———　《釋平山戰國中山王墓器物銘文中的"鈲"和"私庫"》,《史學集刊》1982 年第 3 期

———　《〈古璽彙編〉釋文訂補及分類修訂》,《古文字學論集》(初編),香港中文大學中國文化研究所、吳多泰中國語文研究中心 1983 年

———　《戰國貨幣銘文中的"刀"》,《古文字研究》第 10 輯,中華書局 1983 年

———　《讀侯馬盟書文字札記》,《中國語文研究》第 6 期,香港中文大學中國文化研究所、吳多泰中國語文研究中心 1984 年

———　《談徐王爐銘文中的"閒"字》,《文物》1984 年第 11 期

———　《戰國"亯(廩)"字考察》,《考古與文物》1984 年第 4 期

———　《釋"受"並論盱眙南窯銅壺和重金方壺的國別》,《古文字研究》第 14 輯,中華書局 1986 年

———　《古璽合文考》(十八篇),《古文字研究》第 17 輯,中華書局 1989 年

———　《釋蒍》,《文物研究》第 6 輯,黃山書社 1990 年

———　《試說齊國陶文中的"鍾"和"溢"》,《考古與文物》1991 年第 1 期

———　《釋戰國"可以正民"成語璽》,《湖南博物館文集》,嶽麓書社 1991 年

———　《說梁重鈊布》,《中國錢幣》1991 年第 2 期

———　《戰國璽印中的"虞"和"衡鹿"》,《江漢考古》1991 年第 3 期

———　《釋戰國文字中的從"虙"和從"朕"之字》,《古文字研究》第 19 輯,中華書局 1992 年

———　《戰國璽印中的"申屠"氏》,《文史》第 35 輯,中華書局 1992 年

———　《鄂君啟節"舿"字解》,《第二屆國際中國古文字學研討會論文集》,香港中文大學中國語言及文學系 1993 年

———　《十六年喜令戈考》,《長春文史資料》1993 年第 1 輯

———　《談戰國貨幣銘文中的"曲"字》,《中國錢幣》1993 年第 2 期

———　《楚帛書"夅步"解》,《簡帛研究》第 2 輯,法律出版社 1996 年

———　《齊官"王冢"考》,《盡心集——張政烺先生八十慶壽論文集》,中國社會科學出版社 1996 年

———　《釋雙劍誃舊藏燕"外司聖鍴"璽》,《于省吾教授百年誕辰紀念文

集》,吉林大學出版社 1996 年

———《燕國銘刻中的"泉"字》,《華學》第 2 輯,中山大學出版社 1996 年

———《戰國官璽釋解兩篇》,《金景芳九五誕辰紀念文集》,吉林文史出版社 1996 年

———《趙鈹銘文"伐器"解》,《訓詁論叢》第 3 輯,高雄中山大學中國文學系、中國訓詁學會 1997 年

———《趙十六年守相信平君鈹考》,《第三屆國際中國古文字學研討會論文集》,香港中文大學中國文化研究所、中國語言及文學系 1997 年

———《陳曼瑚"逐"字新證》,《吉林大學古籍整理研究所建所十五周年紀念文集》,吉林大學出版社 1998 年

———《東周兵器銘文考釋五篇》,《容庚先生百年誕辰紀念文集》,廣東人民出版社 1998 年

———《古璽姓氏考》(複姓十五篇),《出土文獻研究》第 3 輯,中華書局 1998 年

———《燕國璽印中的"身"字》,《胡厚宣先生紀念文集》,科學出版社 1998 年

———《趙二十九年相邦趙豹戈補考》,《徐中舒先生百年誕辰紀念文集》,巴蜀書社 1998 年

———《古文字中的借筆字》,《古文字研究》第 20 輯,中華書局 2000 年

———《趙武襄君鈹考》,《文物》2000 年第 1 期

———《珍秦齋藏印·戰國篇》"釋文",澳門基金會 2001 年

———《蔡家崗越王者旨於賜戈新釋》(提要),《古文字研究》第 23 輯,中華書局、安徽大學出版社 2002 年

———《談濟南市博物館藏元年相邦建信君鈹》,《揖芬集——張政烺先生九十華誕紀念文集》,社會科學文獻出版社 2002 年

———《新見古兵地名考釋兩則》,《九州》第 3 輯,商務印書館 2003 年

———《朱家集楚器銘文辨析三則》,《黃盛璋先生八秩華誕紀念文集》,中國教育文化出版社 2005 年

———《關於新見垣上官鼎銘文的釋讀》,《吉林大學社會科學學報》2005 年第 6 期

———《說仰天湖 1 號簡中的"蘆疋"一詞》,《簡帛》第 2 輯,上海古籍出版社 2007 年

——— 《新見十八年冢子韓矰戈研究——兼論戰國"冢子"一官的職掌》，《古文字與古代史》第 1 輯，臺灣史語所 2007 年

——— 《談珍秦齋藏越國長銘青銅戈》，《古文字研究》第 27 輯，中華書局 2008 年

——— 《〈古璽文編〉校訂》，人民美術出版社 2011 年

吳振武、蔡運章　《湖北隨縣劉家崖、尚店東周青銅器銘文補釋》（兩篇），《考古》1982 年第 6 期

吳振武、于閩儀、劉爽　《吉林大學文物室藏古陶文》，《史學集刊》2004 年第 4 期

吳鎮烽　《高陵君鼎考》，《第二屆國際中國古文字學研討會論文集》，香港中文大學中國語言及文學系 1993 年

——— 《工師文罍考》，《于省吾教授百年誕辰紀念文集》，吉林大學出版社 1996 年

——— 《秦兵新發現》，《容庚先生百年誕辰紀念文集》，廣東人民出版社 1998 年

——— 《金文人名彙編》（修訂本），中華書局 2006 年

——— 《六年相室趙翠鼎考》，《考古與文物》2008 年第 5 期

吳鎮烽、師小群　《三年大將吏弩機考》，《文物》2006 年第 4 期

無　戈　《"寺工"小考》，《人文雜志》1981 年第 3 期

伍仕謙　《王子午鼎、王孫亯鐘銘文考釋》，《古文字研究》第 9 輯，中華書局 1984 年

武漢市文物商店　《武漢市收集的幾件重要的東周青銅器》，《江漢考古》1983 年第 2 期

武　健　《山東濟寧揀選出一批古代青銅兵器》，《文物》1992 年第 11 期

夏　淥　《戰國中山二王名考》，《西南師範學院學報》1981 年第 3 期

——— 《古文字奴隸名稱補遺》，《武漢大學學報》1983 年第 3 期

——— 《"眉壽"釋義商榷》，《中國語文》1984 年第 4 期

——— 《三楚古文字新釋》，《楚史論叢》初集，湖北人民出版社 1984 年

——— 《銘文所見楚王名字考》，《江漢考古》1985 年第 4 期

——— 《讀〈包山楚簡〉偶記——"受賄"、"國卹"、"茅門有敗"等字詞新義》，《江漢考古》1993 年第 2 期

——— 《一本有益的古文字工具書——評介〈汗簡注釋〉一書的學術價值》，

《辭書研究》1996 年第 1 期

夏世華　《上海博物館藏楚竹書〈容成氏〉集釋》,《楚地簡帛思想研究》第 4
　　輯,崇文書局 2010 年

咸陽市博物館　《陝西咸陽馬泉西漢墓》,《考古》1972 年第 2 期

向世陵　《郭店竹簡"性""情"説》,《孔子研究》1999 年第 1 期

蕭聖中　《曾侯乙墓竹簡殘泐字試補十九則》,《簡帛》第 1 輯,上海古籍出版
　　社 2006 年

———　《曾侯乙墓竹簡釋文補正暨車馬制度研究》,科學出版社 2011 年

蕭曉暉　《古璽名字解詁》,《漢字研究》第 1 輯,學苑出版社 2005 年

蕭　毅　《"麇亡"印釋》,《中國文字》新 26 期,藝文印書館 2000 年

———　《古璽所見楚系官府官名考略》,《江漢考古》2001 年第 2 期

———　《説"孔"》,《康樂集——曾憲通教授七十壽慶論文集》,中山大學出
　　版社 2006 年

———　《古璽所見"璽"字的地域特徵》,《簡帛》第 2 輯,上海古籍出版社
　　2007 年

———　《楚簡文字研究》,武漢大學出版社 2010 年

曉沐、晉源　《新見"襄陰"圜錢與"戔金"尖足空首布》,《中國錢幣》2005 年第
　　2 期

謝光輝　《楚帛書"籤邑"、"籤室"解》,《古文字研究》第 24 輯,中華書局
　　2002 年

謝堯亭　《談趙孟庎壺與黃池之會》,《文物季刊》1995 年第 2 期

謝元震　《鄂君啟節銘文補釋》,《中國歷史博物館館刊》1991 年第 15—16 期

熊傳新、何光岳　《〈鄂君啟節〉舟節中江湘地名新考》,《湖南師院學報》1982
　　年第 3 期

徐寶貴　《戰國古璽文考釋五則》,《松遼學刊》1988 年第 2 期

———　《石鼓文詩句"四介既簡"試解》,《中國文化研究所學報》第 21 卷,
　　香港中文大學中國文化研究所 1990 年

———　《石鼓作原鼓"徲徲㠭㠭"試解》,《中國文字》新 15 期,藝文印書館
　　1991 年

———　《戰國璽印文字考釋七篇》,《考古與文物》1994 年第 3 期

———　《金文考釋兩篇》,《考古與文物》2003 年第 5 期

———　《石鼓文〈田車〉篇第一章考釋》,《韶關學院學報》2004 年第 10 期

——— 《楚墓竹簡文字考釋》,《清華大學學報》2005 年第 3 期

——— 《戰國古璽文考釋十三則》(二),《考古與文物》2005 年第 1 期

——— 《石鼓文考釋四篇》,《社會科學戰線》2007 年第 6 期

——— 《以"它""也"爲偏旁文字的分化》,《文史》2007 年第 3 輯(總第 80 輯),中華書局 2007 年

——— 《石鼓文整理研究》,中華書局 2008 年

徐秉琨 《説"安陽"布》,《中國錢幣》1985 年第 1 期

徐 暢 《古璽考釋五題》,《古文字論集(二)》(《考古與文物叢刊》第四號),《考古與文物》編輯部 2001 年

徐谷甫、王延林 《古陶字彙》,上海書店出版社 1994 年

徐海斌 《"中山侯鉞"器名小考》,《南方文物》2008 年第 1 期

徐少華 《古復國復縣考》,《中國歷史地理論叢》1996 年第 1 期

——— 《包山楚簡釋地八則》,《中國歷史地理論叢》1996 年第 4 期

——— 《包山楚簡地名數則考釋》,《武漢大學學報》1997 年第 4 期

——— 《包山楚簡釋地四則》,《武漢大學學報》1998 年第 6 期

——— 《包山楚簡釋地五則》,《考古》1999 年第 11 期

——— 《包山楚簡釋地六則》,《簡帛研究二○○一》,廣西師範大學出版社 2001 年

徐同柏 《齊魯古陶文字》,中國社會科學院歷史所藏

徐無聞 《釋"錍"字》,《文物》1981 年第 11 期

徐在國 《包山楚簡文字考釋四則》,《于省吾教授百年誕辰紀念文集》,吉林大學出版社 1996 年

——— 《楚國文字拾零》,《江漢考古》1997 年第 2 期

——— 《"太守"戈跋》,《山東師範大學學報》1998 年第 1 期

——— 《"信士"璽跋》,《古漢語研究》1998 年第 4 期

——— 《楚簡文字新釋》,《江漢考古》1998 年第 2 期

——— 《讀〈楚系簡帛文字編〉札記》,《安徽大學學報》1998 年第 5 期

——— 《古璽文字八釋》,《吉林大學古籍整理研究所建所十五周年紀念文集》,吉林大學出版社 1998 年

——— 《釋"貨"》,《古典文獻與文化論叢》第 2 輯,杭州大學出版社 1999 年

——— 《釋"咎繇"》,《古籍整理研究學刊》1999 年第 3 期

——— 《戰國成語璽考釋四則》,《中國古文字研究》第 1 輯,吉林大學出版

社 1999 年

——— 《兵器銘文考釋》(七則),《古文字研究》第 22 輯,中華書局 2000 年

——— 《郭店楚簡文字三考》,《簡帛研究二〇〇一》,廣西師範大學出版社 2001 年

——— 《山東新出土古璽印考釋》(九則),《中國文字研究》第 2 輯,廣西教育出版社 2001 年

——— 《古陶文字釋叢》,《古文字研究》第 23 輯,中華書局、安徽大學出版社 2002 年

——— 《楚國璽印中的兩個地名》,《古文字研究》第 24 輯,中華書局 2002 年

——— 《古璽文釋讀九則》,《考古與文物》2002 年第 5 期

《隸定古文疏證》,安徽大學出版社 2002 年

《郭店簡考釋二則》,《中國文字研究》第 4 輯,廣西教育出版社 2003 年

——— 《上博竹書(二)文字雜考》,《學術界》2003 年第 1 期

——— 《釋齊官“祈望”》,《第四屆國際中國古文字學研討會論文集》,香港中文大學中國語言及文學系 2003 年

——— 《上博簡〈性情論〉補釋一則》,《新出土文獻與古代文明研究》,上海大學出版社 2004 年

——— 《上博竹書〈子羔〉瑣記》,《上博館藏戰國楚竹書研究續編》,上海書店出版社 2004 年

——— 《新蔡葛陵楚簡札記》,《中國文字研究》第 5 輯,廣西教育出版社 2004 年

——— 《楚漆桐札記》,《文物研究》第 14 輯,黃山書社 2005 年

——— 《東周兵器銘文中幾個詞語的訓釋》,《古漢語研究》2005 年第 1 期

——— 《新蔡簡中的兩個地名》,《漢字研究》第 1 輯,學苑出版社 2005 年

——— 《從新蔡葛陵楚簡中的“延”字談起》,《簡帛》第 1 輯,上海古籍出版社 2006 年

——— 《上博竹書(三)〈周易〉釋文補正》,《康樂集——曾憲通教授七十壽慶論文集》,中山大學出版社 2006 年

——— 《試說〈説文〉“籃”字古文》,《古文字研究》第 26 輯,中華書局 2006 年

———　《“佘成”封泥考》,《中國文字研究》第 1 輯,大象出版社 2007 年

———　《談新蔡葛陵楚簡中的幾支車馬簡》,《簡帛》第 2 輯,上海古籍出版社 2007 年

———　《上博五文字考釋拾遺》,《簡帛》第 3 輯,上海古籍出版社 2008 年

———　《〈陶文字典〉中的釋字問題》,《出土文獻》第 2 輯,中西書局 2011 年

徐在國、黃德寬　《〈上海博物館藏戰國楚竹書(一)緇衣·性情論〉釋文補正》,《古籍整理研究學刊》2002 年第 2 期

徐中舒　《鳳氏編鐘圖釋》,中央研究院歷史語言研究所 1932 年排印本

———　《陳侯四器考釋》,《史語所集刊》第 3 本第 4 分,1933 年

———　《金文嘏辭釋例》,《史語所集刊》第 6 本第 1 分,1936 年

———　《徐中舒歷史論文選輯》,中華書局 1998 年

徐中舒、伍仕謙　《中山三器釋文及宮堂圖説明》,《中國史研究》1979 年第 4 期

———　《青川木牘簡論》,《古文字研究》第 19 輯,中華書局 1992 年

許國經　《〈行氣玉銘〉銘文新探》,《湖北大學學報》1989 年第 1 期

許抗生　《初讀〈太一生水〉》,《道家文化研究》第 17 輯,三聯書店 1999 年

———　《初讀郭店竹簡〈老子〉》,《中國哲學》第 20 輯,遼寧教育出版社 1999 年

許明綱、于臨祥　《遼寧新金縣後元臺發現銅器》,《考古》1980 年第 5 期

許全勝　《〈孔子詩論〉零拾》,《新出楚簡與儒學思想國際學術研討會論文集》,清華大學中國思想文化研究所 2002 年

———　《〈孔子詩論〉零拾》,《上博館藏戰國楚竹書研究》,上海書店出版社 2002 年

———　《〈容成氏〉篇釋地》,《上博館藏戰國楚竹書研究續編》,上海書店出版社 2004 年

許文獻　《楚簡中幾個特殊關係異文字組釋讀》,《第四屆國際中國古文字學研討會論文集》,香港中文大學中國語言及文學系 2003 年

許學仁　《楚文字考釋》,《中國文字》新 7 期,藝文印書館 1983 年

———　《戰國楚簡文字研究的幾個問題——讀戰國楚簡〈語叢四〉所録〈莊子〉語暨漢墓出土〈莊子〉殘簡瑣記》,《古文字研究》第 23 輯,中華書局、安徽大學出版社 2002 年

許子濱　《〈左傳〉“棺有翰檜”解——兼説〈後漢書〉及長沙仰天湖竹簡之

“檜”》,《嶺南學報》新第 2 期,2000 年

禤健聰　《讀楚簡零識》,《中山大學研究生學刊》2005 年第 1 期

———　《楚簡文字與〈説文〉互證舉例》,《許慎文化研究——首屆許慎文化
　　國際研討會論文集》,中國文藝出版社 2006 年

———　《新出楚簡零札》,《康樂集——曾憲通教授七十壽慶論文集》,中山
　　大學出版社 2006 年

———　《釋戰國文字的“叕”》,《古籍研究》2007 年卷下,安徽大學出版社

———　《楚簡釋讀瑣記》(五則),《古文字研究》第 27 輯,中華書局 2008 年

———　《楚簡所見量制單位輯證》,《中原文物》2008 年第 2 期

———　《上博簡〈昭王毀室〉篇字詞補釋》,《簡帛研究二〇〇五》,廣西師範
　　大學出版社 2008 年

———　《楚簡“喪”字補釋》,《中國文字學報》第 3 輯,商務印書館 2010 年

薛惠引　《中山國王世系》,《故宫博物院院刊》1979 年第 2 期

薛尚功　《歷代鐘鼎彝器款識》,遼瀋書社 1985 年影印 1719 年版

顔世鉉　《包山楚簡釋地八則》,《中國文字》新 22 期,藝文印書館 1997 年

———　《楚簡文字補釋》,《中國文字》新 25 期,藝文印書館 1999 年

———　《郭店楚簡散論》(一),《郭店楚簡國際學術研討會論文集》,湖北人
　　民出版社 2000 年

———　《郭店楚簡散論》(二),《江漢考古》2000 年第 1 期

———　《郭店楚簡散論》(三),《大陸雜志》第 101 卷第 2 期,2000 年

———　《郭店楚簡〈六德〉箋釋》,《史語所集刊》第 72 本第 2 分,2001 年

———　《楚簡“流”、“讒”字補釋》,《新出土文獻與古代文明研究》,上海大
　　學出版社 2004 年

———　《上博楚竹書文字釋讀札記五則》,《簡帛》第 1 輯,上海古籍出版社
　　2006 年

———　《郭店楚簡淺釋》,《張以仁先生七秩壽慶論文集》,臺灣學生書局
　　1999 年

嚴一萍　《楚繒書新考》,《中國文字》第 26 册,1967 年

———　《甲骨古文字研究》第 3 輯,藝文印書館 1990 年

嚴志斌　《四版〈金文編〉校補》,吉林大學出版社 2001 年

晏昌貴　《〈日書〉札記十則》,《楚地出土簡帛文獻思想研究》(一),湖北教育
　　出版社 2002 年

———　《〈上海博物館藏戰國楚竹書（二）〉中〈容成氏〉九州柬釋》,《武漢大學學報》2004 年第 4 期

———　《天星觀“卜筮祭禱”簡釋文輯校》,《楚地簡帛思想研究》（二）,湖北教育出版社 2005 年

———　《楚卜筮簡所見神靈雜考》（五則）,《簡帛》第 1 輯,上海古籍出版社 2006 年

———　《楚卜筮簡所見地祇考》,《石泉先生九十誕辰紀念文集》,湖北人民出版社 2007 年

———　《略論睡虎地秦簡日書對楚簡〈日書〉的繼承和改造》,《楚地簡帛思想研究》（三）,湖北教育出版社 2007 年

———　《簡帛術數與歷史地理論集》,商務印書館 2010 年

晏昌貴、鍾煒　《九店楚簡〈日書·相宅篇〉研究》,《武漢大學學報》2002 年第 4 期

楊鳳翔　《前所未見的“陽”字蟻鼻錢》,《文物》2001 年第 9 期

楊禾丁　《論秦簡所載魏律“叚門逆旅”》,《四川大學學報》1993 年第 1 期

楊鴻勳　《戰國中山王陵及兆域圖研究》,《考古學報》1980 年第 1 期

楊　華　《楚簡中的諸“司”及其經學意義》,《中國文化研究》2006 年第 1 期

———　《新蔡簡祭禱禮制雜疏》（四則）,《簡帛》第 1 輯,上海古籍出版社 2006 年

———　《說“舉禱”——兼論楚人貞禱的時間頻率》,《傳統中國研究集刊》第 3 輯,上海人民出版社 2007 年

———　《新蔡祭禱簡中的兩個問題》,《簡帛》第 2 輯,上海古籍出版社 2007 年

———　《新出簡帛與禮制研究》,臺灣古籍出版有限公司 2007 年

———　《楚地水神研究》,《古禮新研》,商務印書館 2012 年

———　《古禮新研》,商務印書館 2012 年

———　《上博簡〈天子建州〉禮疏》,《古禮新研》,商務印書館 2012 年

楊　寬　《上郡守疾戈考釋》,《中央日報》副刊《文物周刊》第 33 期,1947 年

———　《楚帛書的四季神像及其創世神話》,《文學遺產》1997 年第 4 期

———　《楊寬古史論文選集》,上海人民出版社 2003 年

楊　琳　《中國古代雕刻作品析疑二則》,《社會科學戰線》1995 年第 5 期

楊明珠　《山西芮城出土戰國銅戈》,《考古》1989 年第 1 期

楊　　平　《洛陽出土的中胡二穿戈與戰國銅鋻》,《中原文物》1994 年第 3 期

楊啟乾　《常德市德山夕陽坡二號楚墓竹簡初探》,《楚史與楚文化研究》,求
　　索雜志社 1987 年

楊樹達　《積微居金文説》,中國科學院 1952 年

———　《積微居小學述林》,中國科學院 1954 年

———　《積微居金文説》(增訂本),科學出版社 1959 年

———　《積微居金文説》(增訂本),中華書局 1997 年

楊澤生　《〈古陶文字徵〉字頭、出處、文例、説明等方面存在的問題》,《江漢
　　考古》1996 年第 4 期

———　《燕國文字中的"無"字》,《中國文字》新 21 期,藝文印書館 1996 年

———　《古陶文字零釋》,《中國文字》新 22 期,藝文印書館 1997 年

———　《長臺關竹書的學派性質新探》,《文史》2001 年第 4 輯(总第 57
　　輯),中華書局

———　《楚系簡牘中從"肉"從"歹"之字考釋》,《古漢語研究》2001 年第
　　3 期

———　《郭店簡幾個字詞的考釋》,《中國文字》新 27 期,藝文印書館
　　2001 年

———　《信陽楚簡第 1 組 38 號和 3 號研究》,《簡帛研究二〇〇一》,廣西師
　　範大學出版社 2001 年

———　《上海博物館所藏楚簡文字雜説》,《江漢考古》2002 年第 3 期

———　《〈太一生水〉"成歲而止"和楚帛書"止以爲歲"》,《古墓新知——紀
　　念郭店楚簡出土十周年論文專輯》,國際炎黃文化出版社 2003 年

———　《上博竹書考釋》(三篇),《第四屆國際中國古文字學研討會論文
　　集》,香港中文大學中國語言及文學系 2003 年

———　《讀上博竹書札記》(六則),《古文字研究》第 25 輯,中華書局
　　2004 年

———　《説"既曰'天也',猶有怨言"評的是〈鄘風・柏舟〉》,《新出土文獻
　　與古代文明研究》,上海大學出版社 2004 年

———　《竹書〈周易〉中的兩個異文》,《經典與解釋》(5):《古典傳統與自由
　　教育》,華夏出版社 2005 年

———　《〈古陶文字徵〉補正例》,《論衡》第 4 輯,中山大學出版社 2006 年

———　《讀〈上博四〉札記》,《古文字研究》第 26 輯,中華書局 2006 年

——— 《楚竹書〈周易〉札記》,《康樂集——曾憲通教授七十壽慶論文集》,中山大學出版社 2006 年

——— 《上博藏簡〈天子建州〉中有關言語的禁忌禮俗》,《文化遺産》2009 年第 4 期

——— 《戰國竹書研究》,中山大學出版社 2009 年

姚漢源 《鄂君啟節釋文》,《古文字研究》第 10 輯,中華書局 1983 年

葉國良 《〈柬大王泊旱〉詮解》,《簡帛》第 2 輯,上海古籍出版社 2007 年

葉其峰 《試論幾方工官璽印》,《故宮博物院院刊》1979 年第 2 期

——— 《戰國官璽的國別及有關問題》,《故宮博物院院刊》1981 年第 3 期

——— 《戰國成語璽析義》,《故宮博物院院刊》1983 年第 1 期

伊世同、何琳儀 《平星考——楚帛書殘片與長周期變星》,《文物》1994 年第 6 期

易德生 《上博楚簡〈容成氏〉九州芻議》,《江漢論壇》2006 年第 5 期

殷滌非 《關於壽縣楚器》,《考古通訊》1955 年第 2 期

——— 《安徽壽縣新發現的銅牛》,《文物》1959 年第 4 期

——— 《〈鄂君啟節〉兩個地名簡説》,《中華文史論叢》第 6 輯,中華書局 1965 年

——— 《壽縣楚器中的"大𦅮鎬"》,《文物》1980 年第 8 期

——— 《"者旨於賜"考略》,《古文字研究》第 10 輯,中華書局 1983 年

——— 《舒城九里墩墓的青銅鼓座》,《古文字學論集》(初編),香港中文大學中國文化研究所、吳多泰中國語文研究中心 1983 年

——— 《壽縣蔡侯銅器的再研究》,《考古與文物》1984 年第 4 期

殷滌非、羅長銘 《壽縣出土的"鄂君啟金節"》,《文物參考資料》1958 年第 4 期

殷志强 《從盱眙南窯莊窖藏文物談楚漢金幣的兩個問題》,《文博通訊》1983 年第 2 期

——— 《南窯莊銅壺》,《東南文化》1985 年第 1 期

尹宏兵 《〈容成氏〉與"九州"》,《楚地簡帛思想研究》(三),湖北教育出版社 2007 年

尹顯德 《四川青川出土九年吕不韋戈》,《考古》1991 年第 1 期

雍際春 《"亞駝""呼池"與要册湫考辨》,《陝西師範大學學報》2008 年第 2 期

尤仁德　　《楚銅貝幣𡙧字釋》,《考古與文物》1981 年第 1 期

―――　　《古璽六得》,《天津社會科學》1983 年第 2 期

―――　　《館藏戰國六璽考釋》,《考古與文物》1990 年第 3 期

―――　　《楚伺睘戈考釋》,《考古與文物》1996 年第 4 期

尤仁德、田鳳嶺　《新發現的一方戰國玉璽》,《文物》1980 年第 8 期

游國慶　《〈珍秦齋古印展〉釋文補說》,《中國文字》新 19 期,藝文印書館
　1994 年

于成龍　《釋"㘉"――新蔡楚簡中的衃禮》,《故宮博物院院刊》2004 年第
　4 期

于　弗　《新蔡葛陵楚墓竹簡中的縣辭》,《文物》2005 年第 1 期

于豪亮　《爲什麽隨縣出土曾侯墓?》,《古文字研究》第 1 輯,中華書局
　1979 年

―――　《中山三器銘文考釋》,《考古學報》1979 年第 2 期

　　　　《秦律叢考》,《文物集刊》第 2 期,文物出版社 1980 年

―――　《古璽考釋》,《古文字研究》第 5 輯,中華書局 1981 年

―――　《釋青川秦墓木牘》,《文物》1982 年第 1 期

于嘉芳　《齊刀幣始於戰國考》,《管子學刊》1997 年第 1 期

于倩、梁曉景　《中國錢幣大辭典・先秦編》貨幣詞條,中華書局 1995 年

于省吾　《雙劍誃吉金文選》,大業印刷局 1932 年

―――　《雙劍誃吉金文選》,中華書局 2009 年影印 1932 年本

―――　《雙劍誃吉金圖錄》,北京琉璃廠來薰閣 1934 年

―――　《雙劍誃殷契駢枝三編》(附古文雜釋),大業印刷局 1943 年

―――　《"鄂君啟節"考釋》,《考古》1963 年第 8 期

―――　《壽縣蔡侯墓銅器銘文考釋》,《古文字研究》第 1 輯,中華書局
　1979 年

―――　《雙劍誃吉金文選》,中華書局 1998 年

―――　《商周金文録遺》,中華書局 2009 年

―――　《雙劍誃殷契駢枝 雙劍誃殷契駢枝續編 雙劍誃殷契駢枝三編》,中
　華書局 2009 年

于中航　《"元年閏"矛》,《文物》1987 年第 11 期

―――　《濟南市博物館藏商周青銅器選萃》,《海岱考古》第 1 輯,山東大學
　出版社 1989 年

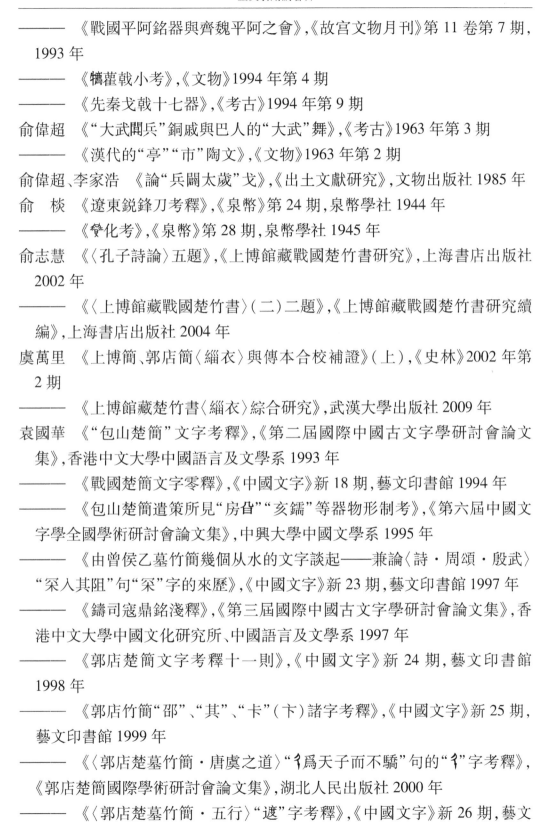

————　《戰國平阿銘器與齊魏平阿之會》,《故宮文物月刊》第 11 卷第 7 期,
1993 年

————　《牆藋戟小考》,《文物》1994 年第 4 期

————　《先秦戈戟十七器》,《考古》1994 年第 9 期

俞偉超　《"大武聞兵"銅戚與巴人的"大武"舞》,《考古》1963 年第 3 期

————　《漢代的"亭""市"陶文》,《文物》1963 年第 2 期

俞偉超、李家浩　《論"兵闞太歲"戈》,《出土文獻研究》,文物出版社 1985 年

俞　棪　《遼東銳鋒刀考釋》,《泉幣》第 24 期,泉幣學社 1944 年

————　《𧊑化考》,《泉幣》第 28 期,泉幣學社 1945 年

俞志慧　《〈孔子詩論〉五題》,《上博館藏戰國楚竹書研究》,上海書店出版社
2002 年

————　《〈上博館藏戰國楚竹書〉(二)二題》,《上博館藏戰國楚竹書研究續
編》,上海書店出版社 2004 年

虞萬里　《上博簡、郭店簡〈緇衣〉與傳本合校補證》(上),《史林》2002 年第
2 期

————　《上博館藏楚竹書〈緇衣〉綜合研究》,武漢大學出版社 2009 年

袁國華　《"包山楚簡"文字考釋》,《第二屆國際中國古文字學研討會論文
集》,香港中文大學中國語言及文學系 1993 年

————　《戰國楚簡文字零釋》,《中國文字》新 18 期,藝文印書館 1994 年

————　《包山楚簡遣策所見"房𦥑""亥鑐"等器物形制考》,《第六屆中國文
字學全國學術研討會論文集》,中興大學中國文學系 1995 年

————　《由曾侯乙墓竹簡幾個从水的文字談起——兼論〈詩·周頌·殷武〉
"罙入其阻"句"罙"字的來歷》,《中國文字》新 23 期,藝文印書館 1997 年

————　《鑄司寇鼎銘淺釋》,《第三屆國際中國古文字學研討會論文集》,香
港中文大學中國文化研究所、中國語言及文學系 1997 年

————　《郭店楚簡文字考釋十一則》,《中國文字》新 24 期,藝文印書館
1998 年

————　《郭店竹簡"邵"、"其"、"卡"(卞)諸字考釋》,《中國文字》新 25 期,
藝文印書館 1999 年

————　《〈郭店楚墓竹簡·唐虞之道〉"𢓮爲天子而不驕"句的"𢓮"字考釋》,
《郭店楚簡國際學術研討會論文集》,湖北人民出版社 2000 年

————　《〈郭店楚墓竹簡·五行〉"遬"字考釋》,《中國文字》新 26 期,藝文

印書館 2000 年

———　《山彪鎮一號大墓出土鳥蟲書錯金戈銘新釋》,《古今論衡》第 5 期, 臺灣史語所 2000 年

———　《〈望山楚簡〉考釋三則》,《古文字研究》第 24 輯,中華書局 2002 年

———　《〈新蔡葛陵楚墓竹簡〉文字考釋》,《康樂集——曾憲通教授七十壽 慶論文集》,中山大學出版社 2006 年

袁愈高　《"賹六化"方孔圜錢應爲戰國貨幣》,《中國錢幣》創刊號,1983 年

袁仲一　《秦代金文、陶文雜考三則》,《考古與文物》1982 年第 4 期

———　《論秦的廄苑制度——從秦陵馬廄坑出的刻辭談起》,《古文字論集 (一)》(《考古與文物叢刊》第二號),《考古與文物》編輯部 1983 年

———　《秦中央督造的兵器刻辭綜述》,《考古與文物》1984 年第 5 期

———　《秦代陶文》,三秦出版社 1987 年

———　《讀秦惠文王四年瓦書》,《秦文化論叢》第 1 輯,西北大學出版社 1993 年

袁仲一、劉鈺　《秦文字通假集釋》,陝西人民教育出版社 1999 年

———　《秦陶文新編》,文物出版社 2009 年

院文清　《楚帛書中的神話傳說與楚先祖譜系略證》,《文物考古文集》,武漢 大學出版社 1997 年

岳　起　《咸陽塔爾坡秦墓新出陶文》,《文博》1998 年第 1 期

雲夢秦墓竹簡整理小組　《雲夢秦簡釋文》(一),《文物》1976 年第 6 期

雲夢睡虎地秦墓編寫組　《雲夢睡虎地秦墓》,文物出版社 1981 年

臧克和　《楚簡𣄰與"割申"、"周田"聯繫及相關問題》,《古文字研究》第 26 輯,中華書局 2006 年

曾憲通　《楚月名初探——兼談昭固墓竹簡的年代問題》,《古文字研究》第 5 輯,中華書局 1981 年

———　《説繇》,《古文字研究》第 10 輯,中華書局 1983 年

———　《吳王鐘銘考釋——薛氏〈款識〉商鐘四新解》,《古文字學論集》(初 編),香港中文大學中國文化研究所、吳多泰中國語文研究中心 1983 年

———　《關於曾侯乙編鐘銘文的釋讀問題》,《古文字研究》第 14 輯,中華書 局 1986 年

———　《"作"字探源——兼談耒字的流變》,《古文字研究》第 19 輯,中華 書局 1992 年

—— 《説跧、餿及其它》,《江漢考古》1992 年第 2 期

—— 《從曾侯乙編鐘之鐘虡銅人説"虡"與"業"》,《曾侯乙編鐘研究》,湖北人民出版社 1992 年

—— 《包山卜筮簡考釋》(七篇),《第二届國際中國古文字學研討會論文集》,香港中文大學中國語言及文學系 1993 年

—— 《長沙楚帛書文字編》,中華書局 1993 年

—— 《楚文字釋叢》(五則),《中山大學學報》1996 年第 3 期

—— 《敦煌本〈古文尚書〉"三郊三逪"辨正——兼論遂、述二字之關係》,《于省吾教授百年誕辰紀念文集》,吉林大學出版社 1996 年

—— 《從"蚰"符之音讀再論古韻部東冬的分合》,《第三届國際中國古文字學研討會論文集》,香港中文大學中國文化研究所、中國語言及文學系 1997 年

—— 《論齊國"遱盅之璽"及其相關問題》,《容庚先生百年誕辰紀念文集》,廣東人民出版社 1998 年

—— 《〈周易·睽〉卦卦辭及六三爻辭新詮》,《中國語言學報》第 9 期,商務印書館 1999 年

—— 《楚帛書文字新訂》,《中國古文字研究》第 1 輯,吉林大學出版社 1999 年

—— 《曾憲通學術文集》,汕頭大學出版社 2002 年

—— 《〈周易·離〉卦卦辭及九四爻辭新詮》,《第四届國際中國古文字學研討會論文集》,香港中文大學中國語言及文學系 2003 年

—— 《再説"蚰"符》,《古文字研究》第 25 輯,中華書局 2004 年

—— 《古文字與出土文獻叢考》,中山大學出版社 2005 年

曾憲通、楊澤生、蕭毅　《秦駰玉版文字初探》,《考古與文物》2001 年第 1 期

曾　庸　《安陽布的鑄地》,《考古》1962 年第 9 期

—— 《若干戰國布錢地名之辨釋》,《考古》1980 年第 1 期

曾昭岷、李瑾　《曾國和曾國銅器綜考》,《江漢考古》1980 年第 1 期

詹鄞鑫　《"无"字淵源考》,《古漢語研究》1992 年第 3 期

—— 《〈魚鼎匕〉考釋》,《中國文字研究》第 2 輯,廣西教育出版社 2001 年

張崇寧　《談"吳叔戈"》,《文物季刊》1989 年第 1 期

—— 《對𢦏字以及趙孟稱謂之認識》,《華夏考古》1994 年第 1 期

張德光　《試談山西省博物館揀選的幾件珍貴銅器》,《考古》1988 年第 7 期

———— 《陳※戈小考》,《考古與文物》1989 年第 2 期

———— 《邔皮戈考》,《文物季刊》1992 年第 3 期

張富海 《讀楚簡札記五則》,《古文字研究》第 25 輯,中華書局 2004 年

———— 《上博簡〈子羔〉篇"后稷之母"節考釋》,《上博館藏戰國楚竹書研究續編》,上海書店出版社 2004 年

———— 《上博簡五〈鮑叔牙與隰朋之諫〉補釋》,《北方論叢》2006 年第 4 期

———— 《漢人所謂古文之研究》,線裝書局 2007 年

———— 《説"蠡"、"冤"》,《古文字研究》第 28 輯,中華書局 2010 年

張光裕 《先秦泉幣文字辨疑》,《中國文字》第 36 册,1970 年

———— 《從幾個錢文字形的變化説到有關它們的問題》(三)(四)(五),《中國文字》第 40 册,1971 年

———— 《玉刀珌銘補説》,《中國文字》第 52 册,1974 年

———— 《萍廬藏公朱右官鼎跋》,《中國文字》新 23 期,藝文印書館 1997 年

———— 《新見吳王夫差劍介紹及越王者旨戈、矛、劍淺説》,《吳越地區青銅器研究論文集》,兩木出版社 1997 年

———— 《〈東周鳥篆文字編〉簡説》,《容庚先生百年誕辰紀念文集》,廣東人民出版社 1998 年

———— 《〈從政(甲篇、乙篇)〉釋文考釋》,《上海博物館藏戰國楚竹書》(二),上海古籍出版社 2002 年

———— 《〈相邦之道〉釋文考釋》,《上海博物館藏戰國楚竹書》(四),上海古籍出版社 2004 年

———— 《雪齋學術論文二集》,藝文印書館 2004 年

———— 《〈弟子問〉釋文考釋》,《上海博物館藏戰國楚竹書》(五),上海古籍出版社 2005 年

———— 《〈君子爲禮〉釋文考釋》,《上海博物館藏戰國楚竹書》(五),上海古籍出版社 2005 年

———— 《〈用曰〉釋文考釋》,《上海博物館藏戰國楚竹書》(六),上海古籍出版社 2007 年

———— 《新見楚式青銅器器銘試釋》,《文物》2008 年第 1 期

張光裕主編 《郭店楚簡研究·第一卷·文字編》,藝文印書館 1999 年

張光裕、陳偉武 《戰國楚簡所見病名輯證》,《中國文字學報》第 1 輯,商務印書館 2006 年

張光裕、滕壬生、黃錫全　《曾侯乙墓竹簡文字編》,藝文印書館 1997 年

張光裕、吳振武　《武陵新見古兵三十六器集録》,《中國文化研究所學報》1997 年新第 6 期,香港中文大學中國文化研究所 1997 年

張光裕、袁國華　《包山楚簡文字編》,藝文印書館 1992 年

———　《讀包山楚簡札迻》,《中國文字》新 17 期,藝文印書館 1993 年

張光遠　《曾姬無卹壺》,《故宮文物月刊》第 9 卷第 4 期,1991 年

張桂光　《古文字考釋四則》,《華南師院學報》1982 年第 4 期

———　《古文字中的形體訛變》,《古文字研究》第 15 輯,中華書局 1986 年

———　《楚簡文字考釋二則》,《江漢考古》1994 年第 3 期

———　《古文字考釋六則》,《于省吾教授百年誕辰紀念文集》,吉林大學出版社 1996 年

———　《古文字考釋十四則》,《胡厚宣先生紀念文集》,科學出版社 1998 年

———　《〈郭店楚墓竹簡·老子〉釋注商榷》,《江漢考古》1999 年第 2 期

———　《〈郭店楚墓竹簡〉釋注續商榷》,《簡帛研究二○○一》,廣西師範大學出版社 2001 年

———　《〈金文編〉"校補""訂補"略議》,《古文字研究》第 24 輯,中華書局 2002 年

———　《〈戰國楚竹書·孔子詩論〉文字考釋》,《上博館藏戰國楚竹書研究》,上海書店出版社 2002 年

———　《〈上博簡(二)〉〈子羔〉篇釋讀札記》,《華南師範大學學報》2004 年第 4 期

———　《〈上博簡〉(二)〈子羔〉篇釋讀札記》,《上博館藏戰國楚竹書研究續編》,上海書店出版社 2004 年

———　《古文字論集》,中華書局 2004 年

———　《〈柬大王泊旱〉編聯與釋讀略説》,《古文字研究》第 26 輯,中華書局 2006 年

張漢之　《古文字瑣記》,《考古與文物》1984 年第 6 期

張　頷　《萬榮出土錯金鳥書戈銘文考釋》,《文物》1962 年第 4、5 期

———　《檢選古文物秦漢二器考釋》,《山西大學學報》1979 年第 1 期

———　《〈中山王𗴍器文字編〉序》,張守中《中山王𗴍器文字編》,中華書局 1981 年

———　《韓鍾𨡦鋚考釋》,《古文字研究》第 5 輯,中華書局 1981 年

———　《魏幣㭊布考釋》,《古文字學論集》(初編),香港中文大學中國文化研究所、吳多泰中國語文研究中心 1983 年

———　《魏幣㭊布考釋》,《中國錢幣》1985 年第 4 期

———　《古幣文編》,中華書局 1986 年

———　《"貝丘"文字辨正》,《古文字研究》第 19 輯,中華書局 1992 年

———　《古幣文三釋》,《中國錢幣論文集》第 2 輯,中國金融出版社 1992 年

———　《張頷學術文集》,中華書局 1995 年

張頷、陶正剛、張守中　《侯馬盟書》,山西古籍出版社 2006 年

張頷、張萬鍾　《庚兒鼎解》,《考古》1963 年第 5 期

張繼凌　《〈昭王毀室　昭王與龔之脽〉譯釋》,《〈上海博物館藏戰國楚竹書〉(四)讀本》,萬卷樓圖書股份有限公司 2007 年

張金光　《論青川秦牘中的"爲田"制度》,《文史哲》1985 年第 6 期

張　靜　《古璽考釋六則》,《古文字研究》第 23 輯,中華書局、安徽大學出版社 2002 年

———　《郭店楚簡文字釋遺三則》,《古文字研究》第 25 輯,中華書局 2004 年

張俊民　《龍山里耶秦簡二題》,《考古與文物》2004 年第 4 期

張克忠　《中山王墓青銅器銘文簡釋——附論墓主人問題》,《故宮博物院院刊》1979 年第 1 期

張連航　《楚王子王孫器銘考述》,《古文字研究》第 24 輯,中華書局 2002 年

張懋鎔、劉棟　《卜淦口高戈考論》,《考古與文物》1990 年第 3 期

張懋鎔、王勇　《"王太后右和室"銅鼎考略》,《考古與文物》1994 年第 3 期

張懋鎔、蕭琦　《秦昭王十五年高陵君鼎考論》,《考古》1993 年第 3 期

張明華　《秦始皇時的丞相應是隗狀》,《文史》第 11 輯,中華書局 1981 年

張銘新　《關於〈秦律〉中的"居"——〈睡虎地秦墓竹簡〉注釋質疑》,《考古》1981 年第 1 期

張日昇　"按語",周法高主編《金文詁林》第 2 册,香港中文大學 1974 年

張世超　《釋"銅"》,《古籍整理研究學刊》1989 年第 2 期

張世超、張玉春　《〈睡虎地秦墓竹簡〉校注簡記》,《古籍整理研究學刊》1985 年第 4 期

張守中　《中山王𧊧器文字編》,中華書局 1981 年

———　《睡虎地秦簡文字編》,文物出版社 1994 年

———　《包山楚簡文字編》,文物出版社 1996 年

張舜徽　《"吳王夫差矛"銘文考釋》,《長江日報》1984 年 1 月 25 日

張鐵慧　《〈曾侯乙墓竹簡釋文與考釋〉讀後》,《江漢考古》1996 年第 3 期

張通海　《上博簡〈容成氏〉補釋數則》,《中國文字研究》第 6 輯,廣西教育出版社 2005 年

張文質　《秦詔版訓讀異議》,《河北師範大學學報》1982 年第 3 期

張新俊　《釋殷墟甲骨文中的"驅"》,《古籍整理研究學刊》2005 年第 3 期

———　《新蔡葛陵楚墓竹簡文字補正》,《中原文物》2005 年第 4 期

———　《釋上博簡〈周易〉中的"旮"》,《平頂山學院學報》2007 年第 4 期

———　《釋上博楚簡〈三德〉中的"虞"》,《古文字研究》第 27 輯,中華書局 2008 年

張新俊、張勝波　《新蔡葛陵楚簡文字編》,巴蜀書社 2008 年

張亞初　《古文字分類考釋論稿》,《古文字研究》第 17 輯,中華書局 1989 年

———　《談古文字中的變形造字法》,《慶祝蘇秉琦考古五十五年論文集》,文物出版社 1989 年

———　《殷周青銅鼎器名、用途研究》,《古文字研究》第 18 輯,中華書局 1992 年

———　《金文新釋》,《第二屆國際中國古文字學研討會論文集》,香港中文大學中國語言及文學系 1993 年

———　《〈漢語古文字字形表〉訂補》,《中國古文字研究》第 1 輯,吉林大學出版社 1999 年

———　《殷周金文集成引得》,中華書局 2001 年

張　琦　《關於三晉兵器若干問題》,《古文字論集(一)》(《考古與文物叢刊》第二號),《考古與文物》編輯部 1983 年

張吟午　《兩種罕見的青銅兵器》,《文物天地》1989 年第 4 期

———　《楚式家具概述》,《楚文化研究論集》第 4 集,河南人民出版社 1994 年

———　《"走"器小考》,《江漢考古》1995 年第 3 期

張英、任萬舉、羅顯清　《吉林出土古代官印》,文物出版社 1992 年

張占民　《"秦石邑戈"補考》,《考古與文物》1986 年第 4 期

———　《秦兵器題銘考釋》,《古文字研究》第 14 輯,中華書局 1986 年

張振林　《"檜徒"與"一檜飤之"新詮》,《文物》1963 年第 3 期

——— 《關於兩件吳越寶劍銘文的釋讀問題》,《中國語文研究》第 7 期,香港中文大學中國文化研究所、吳多泰中國語文研究中心 1985 年
——— 《釋兮》,《中國文字學報》第 3 輯,商務印書館 2010 年
張震澤 《燕王職戈考釋》,《考古》1973 年第 4 期
張政烺 《獵碣考釋初稿》,《史學論叢》第 1 册,北京大學潛社 1934 年
——— 《"平陵墜导立事歲"陶考證》,《史學論叢》第 2 册,北京大學潛社 1935 年
——— 《邵王之諻鼎及𣪘銘考證》,《史語所集刊》第 8 本第 3 分,1939 年
——— 《秦漢刑徒的考古資料》,《北京大學學報》1958 年第 3 期
——— 《中山王𰯼壺及鼎銘考釋》,《古文字研究》第 1 輯,中華書局 1979 年
——— 《中山國胤嗣𡚱盗壺釋文》,《古文字研究》第 1 輯,中華書局 1979 年
——— 《哀成叔鼎釋文》,《古文字研究》第 5 輯,中華書局 1981 年
——— 《張政烺文史論集》,中華書局 2004 年
張中一 《〈鄂君啟金節〉路線新探》,《求索》1989 年第 3 期
趙 超 《試談幾方秦代的田字格印及有關問題》,《考古與文物》1982 年第 6 期
趙 誠 《〈中山壺〉〈中山鼎〉銘文試釋》,《古文字研究》第 1 輯,中華書局 1979 年
——— 《曾憲通〈長沙楚帛書文字編〉讀後》,《書品》1994 年第 2 期
——— 《䣄篙鐘新解》,《江漢考古》1998 年第 2 期
——— 《二十世紀金文研究述要》,書海出版社 2003 年
趙 峰 《"行氣玉銘"考釋》,《寧德師專學報》1998 年第 2 期
趙建偉 《郭店楚墓竹簡〈太一生水〉疏證》,《道家文化研究》第 17 輯,三聯書店 1999 年
——— 《郭店竹簡〈老子〉校釋》,《道家文化研究》第 17 輯,三聯書店 1999 年
——— 《郭店竹簡〈忠信之道〉、〈性自命出〉校釋》,《中國哲學史》1999 年第 2 期
——— 《楚簡校記》,《楚地簡帛思想研究》(三),湖北教育出版社 2007 年
趙立偉 《新材料與三體石經古文合證》,《漢字研究》第 1 輯,學苑出版社 2005 年
趙平安 《哀成叔鼎"𥂴蒦"解》,《中山大學學報》1992 年第 3 期

——— 《詛楚文辨疑》,《河北大學學報》1992 年第 2 期

——— 《釋參及相關諸字》,《語言研究》1995 年第 1 期

——— 《秦至漢初簡帛文字與假借改造字字源考證》,《簡帛研究》第 2 輯,法律出版社 1996 年

——— 《夬的形義和它在楚簡中的用法——兼釋其它古文字資料中的夬字》,《第三屆國際中國古文字學研討會論文集》,香港中文大學中國文化研究所、中國語言及文學系 1997 年

——— 《金文考釋五篇》,《容庚先生百年誕辰紀念文集》,廣東人民出版社 1998 年

——— 《釋包山楚簡中的“衛”和“遑”》,《考古》1998 年第 5 期

——— 《續釋甲骨文中的“乇”、“舌”、“衙”——兼釋舌(昏)的結構、流變以及其他古文字資料中从舌諸字》,《華學》第 4 輯,紫禁城出版社 2000 年

——— 《戰國文字的“遊”與甲骨文“奉”爲一字説》,《古文字研究》第 22 輯,中華書局 2000 年

——— 《“達”字兩系説——兼釋甲骨文所謂“途”和齊金文中所謂“造”字》,《中國文字》新 27 期,藝文印書館 2001 年

——— 《秦西漢宮印論要》,《考古與文物》2001 年第 3 期

——— 《釋古文字資料中的“賣”及相關諸字——從郭店楚簡談起》,《中國文字研究》第 2 輯,廣西教育出版社 2001 年

——— 《釋郭店簡〈成之聞之〉中的“逵”字》,《簡帛研究二○○一》,廣西師範大學出版社 2001 年

——— 《〈窮達以時〉第九號簡考論——兼及先秦兩漢文獻中比干故事的衍變》,《古籍整理研究學刊》2002 年第 2 期

——— 《上博藏〈緇衣〉簡字詁四篇》,《上博館藏戰國楚竹書研究》,上海書店出版社 2002 年

——— 《釋“畜”及相關諸字——論兩周時代的職官“醢”》,《古文字研究》第 24 輯,中華書局 2002 年

——— 《楚竹書〈容成氏〉的篇名及其性質》,《華學》第 6 輯,紫禁城出版社 2003 年

——— 《商周時期金屬稱量貨幣的自名名稱及其嬗變》,《中國文字研究》第 4 輯,廣西教育出版社 2003 年

——— 《戰國文字中的“宛”及其相關問題研究——以與縣有關的資料爲中

心》,《第四屆國際中國古文字學研討會論文集》,香港中文大學中國語言及文學系 2003 年

——— 《釋楚國金幣中的"彭"字》,《語言研究》2004 年第 4 期

——— 《試釋包山簡中的"笆"》,《簡帛研究二〇〇二—二〇〇三》,廣西師範大學出版社 2005 年

——— 《釋曾侯乙墓竹簡中的"繂"和"桿"——兼及昆、黽的形體來源》,《簡帛》第 1 輯,上海古籍出版社 2006 年

——— 《上博藏楚竹書〈競建内之〉第 9 至 10 號簡考辨》,《出土文獻研究》第 8 輯,上海古籍出版社 2007 年

——— 《對上古漢語語氣詞"只"的新認識》,《簡帛》第 3 輯,上海古籍出版社 2008 年

——— 《上博簡〈三德〉"毋暴貧"解讀》,《簡帛語言文字研究》第 3 輯,巴蜀書社 2008 年

——— 《新出簡帛與古文字古文獻研究》,商務印書館 2009 年

趙世綱　《淅川下寺春秋楚墓青銅器銘文考索》,《淅川下寺春秋楚墓》,文物出版社 1991 年

趙振華　《哀成叔鼎的銘文與年代》,《文物》1981 年第 7 期

鄭　超　《楚國官璽考述》,《文物研究》第 2 期,安徽省考古學會、安徽省文物考古研究所 1986 年

鄭　剛　《戰國文字中的"陵"和"李"》,1988 年古文字學會第七次年會論文

——— 《楚帛書中的星歲紀年和歲星占》,《簡帛研究》第 2 輯,法律出版社 1996 年

——— 《古文字資料所見疊詞研究》,《中山大學學報》1996 年第 3 期

——— 《論楚帛書乙篇的性質》,《容庚先生百年誕辰紀念文集》,廣東人民出版社 1998 年

——— 《楚簡道家文獻辨證》,汕頭大學出版社 2004 年

——— 《楚簡孔子論説辨證》,汕頭大學出版社 2004 年

——— 《〈尊德義〉中的禮與性》,《康樂集——曾憲通教授七十壽慶論文集》,中山大學出版社 2006 年

鄭家相　《上古貨幣推究》(續),《泉幣》第 8 期,泉幣學社 1941 年

——— 《上古貨幣推究》(續前),《泉幣》第 9 期,泉幣學社 1941 年

——— 《上古貨幣推究》(續前),《泉幣》第 10 期,泉幣學社 1942 年

———　《上古貨幣推究》(續前),《泉幣》第 11 期,泉幣學社 1942 年

———　《上古貨幣推究》(續前),《泉幣》第 12 期,泉幣學社 1942 年

———　《上古貨幣推究》(續前),《泉幣》第 17 期,泉幣學社 1943 年

———　《上古貨幣推究》(續前),《泉幣》第 20 期,泉幣學社 1943 年

———　《上古貨幣推究》(續前),《泉幣》第 21 期,泉幣學社 1943 年

———　《上古貨幣推究》(續前),《泉幣》第 22 期,泉幣學社 1944 年

———　《燕布之新發現》,《泉幣》第 23 期,泉幣學社 1944 年

———　《中國古代貨幣發展史》,三聯書店 1958 年

鄭傑祥　《釋亳》,《中原文物》1991 年第 1 期

鄭　實　《嗇夫考——讀雲夢秦簡札記》,《文物》1978 年第 2 期

鄭　威　《新蔡葛陵楚簡地名雜識三則》,《楚地簡帛思想研究》(三),湖北教
　育出版社 2007 年

鄭　偉　《古代楚方言"翟"字的來源》,《中國語文》2007 年第 4 期

鄭　珍　《鄭珍集·小學》(王鍈、袁本良點校),貴州人民出版社 2002 年

智　龕　《蔡公子果戈》,《文物》1964 年第 7 期

———　《"蒙陽"布》,《中國錢幣》1990 年第 3 期

中國科學院考古研究所　《長沙發掘報告》,科學出版社 1957 年

《中國錢幣大辭典》編纂委員會　《中國錢幣大辭典·先秦編》,中華書局
　1995 年

———　《中國錢幣大辭典·秦漢編》,中華書局 1998 年

中國社會科學院考古研究所　《殷周金文集成釋文》,香港中文大學中國文化
　研究所 2001 年

———　《殷周金文集成》(修訂增補本),中華書局 2007 年

中國文物研究所、湖北省文物考古研究所　《龍崗秦簡》,中華書局 2001 年

中山大學古文字學研究室楚簡整理小組　《戰國楚簡研究》油印本,1977 年

鍾柏生、陳昭容、黃銘崇、袁國華　《新收殷周青銅器銘文暨器影彙編》,藝文
　印書館 2006 年

周寶宏　《讀古文字雜記九則》,《于省吾教授百年誕辰紀念文集》,吉林大學
　出版社 1996 年

周　波　《〈九店楚簡〉釋文注釋校補》,《江漢考古》2006 年第 3 期

———　《讀〈容成氏〉、〈君子爲禮〉札記》(二則),《出土文獻與古文字研究》
　第 1 輯,復旦大學出版社 2006 年

周尊生　《“王五年上郡疾殘戟”考》,《人文雜志》1960 年第 3 期

———　《邘縣劉林遺址出土西㕭簠銘釋文》,《考古》1960 年第 6 期

周法高　《金文零釋》,《史語所專刊》三十四,1951 年

周法高主編　《金文詁林》,香港中文大學出版社 1974—1975 年

周鳳五　《包山楚簡文字初考》,《王叔岷先生八十壽慶論文集》,大安出版社 1993 年

———　《“奮罨命案文書”箋釋——包山楚簡司法文書研究之一》,《文史哲學報》第 41 期,1994 年

———　《包山楚簡〈集箸〉〈集箸言〉析論》,《中國文字》新 21 期,藝文印書館 1996 年

———　《子彈庫帛書“熱氣倉氣”説》,《中國文字》新 23 期,藝文印書館 1997 年

———　《郭店楚簡〈忠信之道〉考釋》,《中國文字》新 24 期,藝文印書館 1998 年

———　《讀郭店竹簡〈成之聞之〉札記》,《古文字與古文獻》試刊號,臺灣楚文化研究會籌備處 1999 年

———　《郭店楚簡識字札記》,《張以仁先生七秩壽慶論文集》,臺灣學生書局 1999 年

———　《郭店楚墓竹簡〈唐虞之道〉新釋》,《史語所集刊》第 70 本第 3 分,1999 年

———　《郭店楚簡〈忠信之道〉考釋》,《中國哲學》第 21 輯,遼寧教育出版社 2000 年

———　《〈秦惠文王禱祠華山玉版〉新探》,《史語所集刊》第 72 本第 1 分,2001 年

———　《九店楚簡〈告武夷〉重探》,《史語所集刊》第 72 本第 4 分,2001 年

———　《〈孔子詩論〉新釋文及注解》,《上博館藏戰國楚竹書研究》,上海書店出版社 2002 年

———　《楚簡文字零釋》,第一屆應用出土資料國際學術研討會論文,育達商業技術學院應用中文系 2003 年

———　《讀上博楚竹書〈從政〉甲篇札記》,《上博館藏戰國楚竹書研究續編》,上海書店出版社 2004 年

———　《郭店〈性自命出〉“怒欲盈而毋暴”説》,《新出土文獻與古代文明研

究》,上海大學出版社 2004 年

———— 《上博四〈柬大王泊旱〉重探》,《簡帛》第 1 輯,上海古籍出版社 2006 年

周海華、魏宜輝 《讀銅器銘文札記》(四則),《東南文化》2000 年第 5 期

周世榮 《湖南楚墓出土古文字叢考》,《湖南考古輯刊》第 1 輯,嶽麓書社 1982 年

———— 《湖南出土戰國以前青銅器銘文考》,《古文字研究》第 10 輯,中華書局 1983 年

———— 《楚邘客銅量銘文試釋》,《江漢考古》1987 年第 2 期

周書燦 《上博簡〈容成氏〉九州補論》,《史學集刊》2012 年第 3 期

周偉洲 《新發現的秦封泥與秦代郡縣制》,《西北大學學報》1997 年第 1 期

周　曉 《蒷陽鼎跋》,《文物》1995 年第 11 期

周曉陸 《"邾陵君鑑"補》,《江漢考古》1987 年第 1 期

———— 《盱眙所出重金絡鏄·陳璋圓壺讀考》,《考古》1988 年第 3 期

———— 《新蔡東周城址發現"秦式"封泥》,《秦文化論叢》第 10 輯,三秦出版社 2003 年

周曉陸、陳曉捷 《新見秦封泥中的中央職官印》,《秦文化論叢》第 9 輯,西北大學出版社 2002 年

周曉陸、紀達凱 《江蘇連雲港市出土襄城楚境尹戈讀考》,《考古》1995 年第 1 期

周曉陸、路東之 《秦封泥集》,三秦出版社 2000 年

周曉陸、路東之、龐睿 《秦代封泥的重大發現——夢齋藏秦封泥的初步研究》,《考古與文物》1997 年第 1 期

———— 《西安出土秦封泥補讀》,《考古與文物》1998 年第 2 期

周曉陸、張敏 《〈攻敔王光劍〉跋》,《東南文化》1987 年第 3 期

周　亞 《郾王職壺銘文初釋》,《上海博物館集刊》第 8 期,上海書畫出版社 2000 年

朱德熙 《翁(集)脰考》(楚器研究之一),《新生報》1947 年 4 月 28 日

———— 《壽縣出土楚器銘文研究》,《歷史研究》1954 年第 1 期

———— 《戰國記容銅器刻辭考釋四篇》,《語言學論叢》第 2 輯,上海教育出版社 1958 年

———— 《卲篙屈栾解》,《方言》1979 年第 4 期

———　《戰國匋文和璽印文字中的"者"字》,《古文字研究》第 1 輯,中華書局 1979 年

———　《古文字考釋四篇》,《古文字研究》第 8 輯,中華書局 1983 年

———　《戰國文字中所見有關廄的資料》,《古文字學論集》(初編),香港中文大學中國文化研究所、吳多泰中國語文研究中心 1983 年

———　《關於驫羌鐘銘文的斷句問題》,《中國語言學報》第 2 期,商務印書館 1985 年

———　《釋桁》,《古文字研究》第 12 輯,中華書局 1985 年

———　《戰國文字資料裏所見的廄》,《出土文獻研究》,文物出版社 1985 年

———　《中山王器的祀字》,《文物》1987 年第 11 期

———　《説"屯(純)、鎮、衡"》,《中國語文》1988 年第 3 期

———　《長沙帛書考釋》(四篇),《語言文字學術論文集——慶祝王力先生學術活動五十周年》,知識出版社 1989 年

———　《望山楚簡裏的"敓"和"篅"》,《古文字研究》第 17 輯,中華書局 1989 年

———　《長沙帛書考釋》(五篇),《古文字研究》第 19 輯,中華書局 1992 年

———　《朱德熙古文字論集》,中華書局 1995 年

———　《朱德熙文集》,商務印書館 1999 年

朱德熙、李家浩　《鄂君啟節考釋》(八篇),《紀念陳寅恪先生誕辰百年學術論文集》,北京大學出版社 1989 年

朱德熙、裘錫圭　《關於侯馬盟書的幾點補釋》,《文物》1972 年第 8 期

———　《戰國文字研究》(六種),《考古學報》1972 年第 1 期

———　《信陽楚簡考釋》(五篇),《考古學報》1973 年第 1 期

———　《戰國銅器銘文中的食官》,《文物》1973 年第 12 期

———　《平山中山王墓銅器銘文的初步研究》,《文物》1979 年第 1 期

———　《馬王堆一號漢墓遣策考釋補正》,《文史》第 10 輯,中華書局 1980 年

朱德熙、裘錫圭、李家浩　"釋文與考釋",《望山楚簡》,中華書局 1995 年

———　《望山一、二號墓竹簡釋文與考釋》,《江陵望山沙冢楚墓》,文物出版社 1996 年

朱鳳瀚　《古代中國青銅器》,南開大學出版社 1995 年

朱　華　《山西省朔縣出土"宋子"三孔布》,《中國錢幣》1984 年第 4 期

———　《山西稷山縣出土空首布》,《中國錢幣》1997 年第 2 期

———　《山西近見"西"字刀幣考》,《中國錢幣》2003 年第 2 期

朱　活　《談山東濟南出土的一批古代貨幣——兼論春秋戰國時期有關齊國
鑄幣的幾個問題》,《文物》1965 年第 1 期

———　《談山東海陽出土的齊國刀化——兼論齊刀的購買力》,《文物》1980
年第 2 期

———　《蟻鼻新解》,《中國考古學會第二次年會論文集》,文物出版社
1982 年

———　《楚金雜譚》,《江漢考古》1983 年第 3 期

———　《釋刄篇——兼談刄刀背文𠭯字》,《古文字研究》第 10 輯,中華書局
1983 年

———　《古錢新探》,齊魯書社 1984 年

———　《論齊圜錢範兼談六字刀》,《中國錢幣》1988 年第 1 期

———　《古錢新譚》,山東大學出版社 1992 年

朱捷元　《秦國杜虎符小議》,《西北大學學報》1983 年第 1 期

朱俊英、劉信芳　《攻盧王姑發邸之子曹𫚕劍銘文簡介》,《文物》1998 年第
6 期

朱淵清　《〈容成氏〉夾州、涂州、叙州考》,《上博館藏戰國楚竹書研究續編》,
上海書店出版社 2004 年

———　《禹畫九州論》,《古代文明》第 5 卷,文物出版社 2006 年

莊淑慧　《曾侯乙墓出土竹簡考》,《臺灣師範大學國文研究所集刊》第 40 號,
1996 年

鄒　安　《周金文存》,臺灣臺聯國風出版社 1978 年

鄒寶庫　《釋遼陽出土的一件秦戈銘文》,《考古》1992 年第 8 期

待問編引用論著目

安志敏、陳公柔(1963)　《長沙戰國繒書及其有關問題》,《文物》1963 年第 9 期

白於藍(1999A)　《古璽印文字考釋》(四篇),《考古與文物》1999 年第 3 期

白於藍(1999B)　《〈郭店楚墓竹簡〉讀後記》,《中國古文字研究》第 1 輯,吉林大學出版社 1999 年

白於藍(1999C)　《〈包山楚簡文字編〉校訂》,《中國文字》新 25 期,藝文印書館 1999 年

白於藍(1999D)　《釋褒——兼談秀、采一字分化》,《中國古文字研究》第 1 輯,吉林大學出版社 1999 年

白於藍(2003)　《曾侯乙墓竹簡中的"鹵"和"櫓"》,《中國文字》新 29 期,藝文印書館 2003 年

白於藍(2006)　《讀郭店簡瑣記》(三篇),《古文字研究》第 26 輯,中華書局 2006 年

白於藍(2012)　《釋厲羌鐘銘文中的"乂"字》,《古文字研究》第 29 輯,中華書局 2012 年

蔡季襄(1944)　《晚周繒書考證》,石印本 1944 年

曹錦炎(1993)　《舒城九里墩鼓座銘文補釋》,《中國文字》新 17 輯,藝文印書館 1993 年

曹錦炎(1996)　《古璽通論》,上海書畫出版社 1996 年

曹錦炎(2008)　《〈凡物流形〉釋文考釋》,《上海博物館藏戰國楚竹書》(七),上海古籍出版社 2008 年

陳邦懷(1961)　《對〈陳喜壺〉一文的補充》,《文物》1961 年第 10 期

陳邦懷(1981)　《戰國楚帛書文字考證》,《古文字研究》第 5 輯,中華書局 1981 年

陳邦懷(1989)　《〈古匋文香録〉跋》,《一得集》,齊魯書社 1989 年

陳秉新(1987)　《壽縣楚器銘文考釋拾零》,《楚文化研究論集》第 1 集,荊楚書社 1987 年

陳秉新(1991) 《徐器銘文考釋商兑》,《東南文化》1991 年第 2 期

陳秉新(1998) 《金文考釋四則》,《容庚先生百年誕辰紀念文集》,廣東人民出版社 1998 年

陳秉新(2003) 《楚系文字釋叢》,《楚文化研究論集》第 5 集,黄山書社 2003 年

陳秉新、李立芳(1998) 《包山楚簡新釋》,《江漢考古》,1998 年第 2 期

陳光田(2009) 《戰國璽印分域研究》,嶽麓書社 2009 年

陳漢平(1989) 《屠龍絶緒》,黑龍江教育出版社 1989 年

陳惠玲(2005) 《〈周易〉譯釋》,《上海博物館藏戰國楚竹書讀本》(三),萬卷樓圖書股份有限公司 2005 年

陳劍(2003) 《上博楚簡〈容成氏〉與古史傳説》,《"中國南方文明研討會"論文集》,臺灣史語所 2003 年;又見《戰國竹書論集》2013 年

陳劍(2004) 《上博簡〈容成氏〉的竹簡拼合與編連問題小議》,《上博館藏戰國楚竹書研究續編》,上海書店出版社 2004 年

陳劍(2005A) 《上博竹書〈曹沫之陣〉新編釋文》,簡帛網 2005 年 2 月 12 日;又見《戰國竹書論集》,上海古籍出版社 2013 年

陳劍(2005B) 《上博竹書〈昭王與龔之脽〉和〈柬大王泊旱〉讀後記》,簡帛網 2005 年 2 月 15 日;又見《戰國竹書論集》,上海古籍出版社 2013 年

陳劍(2008) 《〈上博(六)·孔子見季桓子〉重編新釋》,《出土文獻與古文字研究》第 2 輯,復旦大學出版社 2008 年

陳劍(2010) 《釋"屮"》,《出土文獻與古文字研究》第 3 輯,復旦大學出版社 2010 年

陳劍(2013) 《釋"疌"及相關諸字》,《出土文獻與古文字研究》第 5 輯,上海古籍出版社 2013 年

陳介祺(1920) 《簠齋藏古册目並題記》,廣倉學社 1920 年,見《金文文獻集成》第 18 册,香港明石文化國際出版有限公司 2004 年

陳久金(2001) 《子彈庫〈楚帛書〉注譯》,《帛書及古典天文史料注析與研究》,萬卷樓圖書股份有限公司 2001 年

陳茂仁(1996) 《楚帛書研究》,中正大學 1996 年碩士論文

陳美蘭(2003) 《〈容成氏〉譯釋》,《〈上海博物館藏戰國楚竹書〉(二)讀本》,萬卷樓圖書股份有限公司 2003 年

陳佩芬(2001) 《〈紂衣〉釋文考釋》,《上海博物館藏戰國楚竹書》(一),上海

古籍出版社 2001 年

陳佩芬(2004) 《〈昭王毀室 昭王與龔之脾〉釋文考釋》,《上海博物館藏戰國楚竹書》(四),上海古籍出版社 2004 年

陳佩芬(2005) 《〈鮑叔牙與隰朋之諫〉釋文考釋》,《上海博物館藏戰國楚竹書》(五),上海古籍出版社 2005 年

陳佩芬(2007) 《〈平王問鄭壽〉釋文考釋》,《上海博物館藏戰國楚竹書》(六),上海古籍出版社 2007 年

陳平(1987) 《試論戰國型秦兵的年代及有關問題》,《中國考古學研究論集——紀念夏鼐先生考古五十周年》,三秦出版社 1987 年

陳斯鵬(2002) 《郭店楚簡解讀四則》,《古文字研究》第 24 輯,中華書局 2002 年

陳斯鵬(2004) 《楚簡〈周易〉初讀記》,孔子 2000 網 2004 年 4 月 25 日

陳斯鵬(2005A) 《初讀上博竹書(四)文字小記》,簡帛研究網 2005 年 3 月 6 日

陳斯鵬(2005B) 《上海博物館藏楚簡〈曹沫之陣〉釋文校理稿》,孔子 2000 網 2005 年 2 月 20 日

陳斯鵬(2006) 《戰國楚帛書甲篇文字新釋》,《古文字研究》第 26 輯,中華書局 2006 年

陳斯鵬(2007) 《簡帛文獻與文學考論》,中山大學出版社 2007 年

陳斯鵬(2010) 《楚系簡帛中的"由"》,《中山大學學報》2010 年第 6 期

陳斯鵬(2014) 《"舌"字古讀考》,《文史》2014 年第 2 輯,中華書局

陳斯鵬(2015) 《楚簡中一個讀爲"曰"的奇字補説》,《古文字論壇》第 1 輯,中山大學出版社 2015 年

陳斯鵬、石小力、蘇清芳(2012) 《新見金文字編》,福建人民出版社 2012 年

陳偉(1996) 《包山楚簡初探》,武漢大學出版社 1996 年

陳偉(1998) 《郭店楚簡別釋》,《江漢考古》1998 年第 4 期

陳偉(1999) 《郭店楚簡〈六德〉諸篇零釋》,《武漢大學學報》1999 年第 5 期

陳偉(2000) 《關於郭店楚簡〈六德〉諸篇編連的調整》,《江漢考古》2000 年第 1 期

陳偉(2001) 《郭店簡書〈尊德義〉校釋》,《中國哲學史》2001 年第 3 期

陳偉(2002A) 《郭店簡書〈德義〉校釋》,《楚地出土簡帛文獻思想研究》(一),湖北教育出版社 2002 年

陳偉（2002B）　《郭店簡書〈大常〉校釋》,《楚地出土簡帛文獻思想研究》（一）,湖北教育出版社 2002 年

陳偉（2003）　《郭店竹書別釋》,湖北教育出版社 2003 年

陳偉（2004）　《楚竹書〈周易〉文字試釋》,簡帛研究網 2004 年 4 月 18 日

陳偉（2006）　《上博五〈弟子問〉零釋》,簡帛網 2006 年 2 月 21 日;又見《新出楚簡研讀》,武漢大學出版社 2010 年

陳偉（2007A）　《讀〈上博六〉條記》,簡帛網 2007 年 7 月 9 日

陳偉（2007B）　《讀〈上博六〉條記之二》,簡帛網 2007 年 7 月 10 日

陳偉等（2009）　《楚地出土戰國簡册》（十四種）,經濟科學出版社 2009 年

陳偉武（1995）　《〈古陶文字徵〉訂補》,《中山大學學報》1995 年第 1 期

陳偉武（1997）　《戰國楚簡考釋斟議》,《第三屆國際中國古文字學研討會論文集》,香港中文大學中國文化研究所、中國語言及文學系 1997 年

陳偉武（1999）　《雙聲符字綜論》,《中國古文字研究》第 1 輯,吉林大學出版社 1999 年

陳偉武（2003）　《戰國竹簡與傳世子書字詞合證》,《第四屆國際中國古文字學研討會論文集》,香港中文大學中國語言與文學系 2003 年

陳煒湛、唐鈺明（1988）　《古文字學綱要》,中山大學出版社 1988 年

陳昭容（1993）　《秦公簋的時代問題——兼論石鼓文的相對年代》,《史語所集刊》第 64 本第 4 分,1993 年

陳直（1957）　《楚簡解要》,《西北大學學報》1957 年第 4 期

程鵬萬（2009）　《安徽壽縣朱家集出土青銅器銘文集釋》,黑龍江人民出版社 2009 年

程燕（2003）　《望山楚簡考釋六則》,《江漢考古》2003 年第 3 期

程燕（2015）　《談曾侯乙墓竹簡中的"沙"》,《江漢考古》2015 第 2 期

程元敏（1999）　《〈郭店楚簡〉〈緇衣〉引書考》,《古文字與古文獻》試刊號,楚文化研究會籌備處 1999 年

崔仁義（1998）　《荊門郭店楚簡〈老子〉研究》,科學出版社 1998 年

大西克也（2006）　《試論新蔡楚簡的"述（遂）"字》,《古文字研究》第 26 輯,中華書局 2006 年

戴家祥（1995）　《金文大字典》,學林出版社 1995 年

丁佛言（1924）　《説文古籀補補》,中華書局 1988 年影印 1924 年本

丁福保（1938）　《古錢大辭典》,中華書局 1982 年影印 1938 年本

丁四新（2010）　《郭店楚竹書〈老子〉校注》,武漢大學出版社 2010 年

董蓮池（1995）　《金文編校補》,東北師範大學出版社 1995 年

董珊（2002）　《戰國題銘與工官制度》,北京大學 2002 年博士學位論文

董珊（2004）　《楚簡〈恆先〉初探》,簡帛研究網 2004 年 5 月 12 日;又見《簡帛文獻考釋論叢》,上海古籍出版社 2014 年

董珊（2005）　《讀〈上博藏戰國楚竹書〉(四)雜記》,簡帛研究網 2005 年 2 月 20 日;又見《簡帛文獻考釋論叢》,上海古籍出版社 2014 年

董珊（2010A）　《釋楚文字中的"汁邡"與"胸忍"》,《出土文獻》第 1 輯,中西書局 2010 年

董珊（2010B）　《楚簡簿記與楚國量制研究》,《考古學報》2010 年第 2 期

董珊（2012）　《五年春平相邦葛得鼎考》,《古文字與古代史》第 3 輯,臺灣史語所 2012 年

董珊、陳劍（2002）　《郾王職壺銘文研究》,《北京大學中國古文獻研究中心集刊》第 3 輯,北京大學出版社 2002 年

凡國棟（2007A）　《上博六〈用曰〉篇初讀》,簡帛網 2007 年 7 月 10 日

凡國棟（2007B）　《〈用曰〉篇簡 20 考釋一則》,簡帛網 2007 年 7 月 13 日

范常喜（2006A）　《試說〈上博五·三德〉簡 1 中的"暝"——兼談楚簡中的相關諸字》,簡帛網 2006 年 3 月 9 日

范常喜（2006B）　《〈郭店楚墓竹簡〉中的兩個省聲字小考》,簡帛網 2006 年 8 月 1 日

范常喜（2008）　《上博楚竹書文字補釋八則》,《古文字研究》第 27 輯,中華書局 2008 年

方濬益（1935）　《綴遺齋彝器考釋》,商務印書館 1935 年;收入《金文文獻集成》第 14 册,香港明石文化國際出版有限公司 2004 年

房振三（2005）　《上博館藏楚竹書(四)釋字二則》,簡帛研究網 2005 年 4 月 3 日

馮勝君（1998）　《戰國燕王戈研究》,《華學》第 3 輯,紫禁城出版社 1998 年

馮勝君（1999）　《戰國燕青銅禮器銘文彙釋》,《中國古文字研究》第 1 輯,吉林大學出版社 1999 年

馮勝君（2007）　《郭店簡與上博簡對比研究》,線裝書局 2007 年

馮時（1996）　《楚帛書研究三題》,《于省吾教授百年誕辰紀念文集》,吉林大學出版社 1996 年

伏海翔（2005）　　《陝西新出土古代璽印》，上海書店出版社 2005 年

復旦讀書會（2008）　　《攻研雜志》（三），復旦大學出土文獻與古文字研究中心網 2008 年 5 月 23 日

高明（1985）　　《楚繒書研究》，《古文字研究》第 12 輯，中華書局 1985 年

高明（1990）　　《古陶文拓本目録索引》，《古陶文彙編》，中華書局 1990 年

高明（1992）　　《從臨淄陶文看鄗里製陶業》，《古文字研究》第 19 輯，中華書局 1992 年

高明、葛英會（1991）　　《古陶文字徵》，中華書局 1991 年

高佑仁（2007）　　《〈孔子見季桓子〉札記》（一），簡帛網 2007 年 9 月 8 日

葛英會（1991）　　《戰國齊“徙吔”璽與“爰土易居”》，《中國歷史博物館館刊》總第 15、16 期

葛英會（1992）　　《古陶文研習札記》，《考古學研究》（一），文物出版社 1992 年

古敬恆（2001）　　《望山楚簡文字考釋三則》，《中國文字研究》第 2 輯，廣西教育出版社 2001 年

顧史考（2012）　　《郭店楚簡先秦儒書宏微觀》，上海古籍出版社 2012 年

顧廷龍（1936）　　《古匋文香録》，北平研究院石印本 1936 年；上海古籍出版社 2004 年重印

廣瀬薰雄（2006）　　《新蔡楚簡所謂“賵書”簡試析——兼論楚國量制》，《簡帛》第 1 輯，上海古籍出版社 2006 年

廣瀬薰雄（2012）　　《釋卜鼎——〈釋卜缶〉補説》，《古文字研究》第 29 輯，中華書局 2012 年

郭沫若（1932）　　《鸝兮鐘銘考釋》，《金文叢考》1932 年；又見《郭沫若全集·考古編》第 5 卷，科學出版社 2002 年

郭沫若（1939）　　《石鼓文研究》，商務印書館 1939 年；又見《郭沫若全集·考古編》第 9 卷，科學出版社 1982 年

郭沫若（1957）　　《兩周金文辭大系圖録考釋》，科學出版社 1957 年

郭沫若（1958）　　《關於鄂君啟節的研究》，《文物參考資料》1958 年第 4 期

郭沫若（1982）　　《石鼓文研究 詛楚文考釋》，科學出版社 1982 年

郭若愚（1986）　　《長沙仰天湖戰國竹簡文字的摹寫和考釋》，《上海博物館集刊》第 3 期，1986 年

郭若愚（1994）　　《戰國楚簡文字編》，上海書畫出版社 1994 年

郭沂(1999)　《郭店楚簡〈成之聞之〉篇疏證》,《中國哲學》第 20 輯,遼寧教育出版社 1999 年

郭沂(2001)　《郭店竹簡與先秦學術思想》,上海教育出版社 2001 年

郭永秉(2008)　《由〈凡物流形〉"𪍿"字寫法推測郭店〈老子〉甲組與"腏"相當之字應爲"𪍿"字變體》,復旦大學出土文獻與古文字研究中心網 2008 年 12 月 31 日

郭永秉(2011)　《上博竹書〈孔子見季桓子〉考釋二則》,《文史》2011 年第 4 輯

海南省錢幣學會(1993)　《中國民閒泉幣藏珍》,海南出版社 1993 年

韓自强(1988)　《安徽阜陽博物館藏印選介》,《文物》1988 年第 6 期

郝本性(1983)　《壽縣楚器集脰諸銘考釋》,《古文字研究》第 10 輯,中華書局 1983 年

何景成(2008)　《説"列"》,《中國文字研究》第 2 輯,大象出版社 2008 年

何琳儀(1986A)　《長沙帛書通釋》,《江漢考古》1986 年第 1 期

何琳儀(1986B)　《戰國文字與傳抄古文》,《古文字研究》第 15 輯,中華書局 1986 年

何琳儀(1986C)　《長沙帛書通釋》,《江漢考古》1986 年第 2 期

何琳儀(1989)　《戰國文字通論》,中華書局 1989 年

何琳儀(1990A)　《古幣文編校釋》,《文物研究》第 6 輯,黄山書社 1990 年;收入《古幣叢考》(增訂本),安徽大學出版社 2002 年

何琳儀(1990B)　《余亡布幣考——兼述三孔布地名》,《中國錢幣》1990 年第 3 期

何琳儀(1992)　《古璽雜識續》,《古文字研究》第 19 輯,中華書局 1992 年

何琳儀(1993A)　《古璽雜識再續》,《中國文字》新 17 期,藝文印書館 1993 年

何琳儀(1993B)　《包山竹簡選釋》,《江漢考古》1993 年第 4 期

何琳儀(1993C)　《句吳王劍補釋——兼釋塚、主、开、亏》,《第二屆國際中國古文字學研討會論文集》,香港中文大學中國語言及文學系 1993 年

何琳儀(1995)　《戰國官璽雜識》,《印林》第 16 卷第 2 期;又見《安徽大學漢語言文字研究叢書·何琳儀卷》,安徽大學出版社 2013 年

何琳儀(1996A)　《戰國文字形體釋疑》,《于省吾教授百年誕辰紀念文集》,吉林大學出版社 1996 年

何琳儀（1996B）　《古兵地名雜識》,《考古與文物》1996 年第 6 期

何琳儀（1996C）　《銳角布幣考》,《中國錢幣》1996 年第 2 期

何琳儀（1998）　《戰國古文字典》,中華書局 1998 年

何琳儀（2000）　《莒縣出土東周銅器銘文彙釋》,《文史》2000 年第 1 期

何琳儀（2001）　《郭店竹簡選釋》,《簡帛研究二〇〇一》,廣西師範大學出版
　社 2001 年

何琳儀（2002A）　《楚官璽雜識》,《南京師範大學學報》2002 年第 1 期

何琳儀（2002B）　《郭店簡古文二考》,《古籍整理研究學刊》2002 年第 5 期

何琳儀（2002C）　《古幣叢考》,安徽大學出版社 2002 年

何琳儀（2003）　《滬簡二册選釋》,《第二批滬簡選釋》,《學術界》2003 年第
　1 期

何琳儀（2004A）　《隨縣竹簡選釋》,《華學》第 7 輯,中山大學出版社 2004 年

何琳儀（2004B）　《新蔡竹簡選釋》,《安徽大學學報》2004 年第 3 期

何琳儀、程燕（2004）　《滬簡〈周易〉選釋》,簡帛研究網 2004 年 5 月 16 日

何有祖（2005A）　《上博楚竹書（四）札記》,簡帛研究網 2005 年 4 月 15 日

何有祖（2005B）　《包山楚簡試釋九則》,簡帛網 2005 年 12 月 15 日

何有祖（2006A）　《〈季庚子問於孔子〉與〈姑成家父〉試讀》,簡帛網 2006 年
　2 月 19 日

何有祖（2006B）　《上博五〈三德〉試讀》（二）,簡帛網 2006 年 2 月 21 日

何有祖（2007A）　《新蔡楚簡釋讀札記》,簡帛網 2007 年 1 月 14 日

何有祖（2007B）　《釋〈東大王泊旱〉"臨"字》,簡帛網 2007 年 2 月 20 日

何有祖（2007C）　《讀〈上博六〉札記》,簡帛網 2007 年 7 月 9 日;又見《中國
　文字研究》第 16 輯,上海人民出版社 2012 年

何有祖（2007D）　《讀〈上博六〉札記（四）》,簡帛網 2007 年 7 月 14 日;又見
　《中國文字研究》第 16 輯,上海人民出版社 2012 年

何有祖（2011）　《清華大學藏簡〈金縢〉補釋一則》,簡帛網 2011 年 1 月 5 日

何直剛（1992）　《中山三銘與中山史考辨》,《文物春秋》1992 年第 2 期

河北省文物研究所（2005）　《戰國中山國靈壽城——1975—1993 年考古發掘
　報告》,文物出版社 2005 年

侯乃峰（2005）　《〈昭王與龔之脾〉第九簡補説》,簡帛研究網 2005 年 3 月
　20 日

侯乃峰（2006）　《讀簡帛散札》,簡帛網 2006 年 11 月 26 日

胡雅麗(1991)　　《包山二號楚墓遣策初步研究》,《包山楚墓》上,文物出版社
　　1991 年

湖北省文物考古研究所、荊門市博物館、襄荊高速公路考古隊(2006)　　《荊門
　　左冢楚墓》,文物出版社 2006 年

黄德寬(1998)　　《釋金文"徥"字》,《容庚先生百年誕辰紀念文集》,廣東人民
　　出版社 1998 年

黄德寬(2003)　　《〈戰國楚竹書(二)〉釋文補正》,《學術界》2003 年第 1 期

黄德寬(2005)　　《楚簡〈周易〉"卑"字説》,《中國文字研究》第 6 輯,廣西教育
　　出版社 2005 年

黄德寬、徐在國(1998)　　《郭店楚簡文字考釋》,《吉林大學古籍整理研究所建
　　所十五周年紀念論文集》,吉林大學出版社 1998 年

黄德寬、徐在國(2002)　　《〈上海博物館藏戰國楚竹書(一)緇衣・性情論〉釋
　　文補正》,《古籍整理研究學刊》2002 年第 2 期

黄靈庚(1997)　　《楚簡札記六則》,《文史》第 43 輯,中華書局 1997 年

黄盛璋(1961)　　《關於陳喜壺的幾個問題》,《文物》1961 年第 10 期

黄盛璋(1979)　　《關於戰國中山國墓葬遺物若干問題辨正》,《文物》1979 年
　　第 5 期

黄盛璋(1988A)　　《新出秦兵器銘刻新探》,《文博》1988 年第 6 期

黄盛璋(1988B)　　《魏享陵鼎銘考釋》,《文物》1988 年第 11 期

黄錫全(1989)　　《古文字考釋數則》,《古文字研究》第 17 輯,中華書局
　　1989 年

黄錫全(1992)　　《湖北出土商周文字輯證》,武漢大學出版社 1992 年

黄錫全(1995)　　《趙國方足布七考》,《華夏考古》1995 年第 2 期

黄錫全(1997)　　《鋭角布國別漫議》,《中國錢幣》1997 年第 2 期

黄錫全(1998)　　《楚簡續貂》,《簡帛研究》第 3 輯,廣西教育出版社 1998 年

黄錫全(2001)　　《〈中國歷代貨幣大系・先秦貨幣〉釋文校訂》,《先秦貨幣研
　　究》,中華書局 2001 年

黄錫全(2002)　　《燕破齊史料的重要發現——燕王職壺銘文的再研究》,《古
　　文字研究》第 24 輯,中華書局 2002 年

黄錫全(2003)　　《讀上博楚簡(二)札記》(壹),簡帛研究網 2003 年 2 月
　　25 日

黃錫全（2005） 《〈唐虞之道〉疑難字句新探》,《長沙三國吳簡暨百年來簡帛發現與研究國際學術研討會論文集》,中華書局 2005 年

黃錫全（2006） 《讀上博〈戰國楚竹書（三）〉札記》,《康樂集——曾憲通教授七十壽慶論文集》,中山大學出版社 2006 年

黃錫全（2008） 《介紹一件韓廿年冢子戈》,《古文字研究》第 27 輯,中華書局 2008 年

季旭昇（2005） 《〈上博四·柬大王泊旱〉三題》,簡帛研究網 2005 年 2 月 12 日

季旭昇（2006A） 《上博五芻議》（下）,簡帛網 2006 年 2 月 18 日

季旭昇（2006B） 《〈上博五·鮑叔牙與隰朋之諫〉"篤歡附忨"解——兼談"錢器"》,簡帛網 2006 年 3 月 6 日

季旭昇等（2007） 《〈上海博物館藏戰國楚竹書〉（四）讀本》,萬卷樓圖書股份有限公司 2007 年

冀小軍（2002） 《釋楚簡中的㣇字》,簡帛研究網 2002 年 7 月 21 日

賈海生（2007） 《祝嘏、銘文與頌歌——以文辭飾禮的綜合考察》,《文史》2007 年第 2 輯

賈連敏（2003） 《新蔡葛陵楚墓出土竹簡釋文》,《新蔡葛陵楚墓》,大象出版社 2003 年

金祥恆（1968） 《楚繒書"雹壹"解》,《中國文字》28 期,1968 年

荊門市博物館（1998） 《郭店楚墓竹簡》,文物出版社 1998 年

康殷、任兆鳳（1994） 《印典》,國際文化出版公司 1994 年

孔仲温（2000） 《郭店楚簡〈緇衣〉字詞補釋》,《古文字研究》第 22 輯,中華書局 2000 年

李朝遠（2003） 《〈中弓〉釋文考釋》,《上海博物館藏戰國楚竹書》（三）,上海古籍出版社 2003 年

李朝遠（2004） 《〈內豐〉釋文考釋》,《上海博物館藏戰國楚竹書》（四）,上海古籍出版社 2004 年

李朝遠（2007） 《〈慎子曰恭儉〉釋文考釋》,《上海博物館藏戰國楚竹書》（六）,上海古籍出版社 2007 年

李佳興（2005） 《〈昭王毀室〉中的䡇字》（簡 2）,簡帛研究網 2005 年 5 月 9 日

李家浩（1983） 《信陽楚簡"澮"字及从"关"之字》,《中國語言學報》第 1 期,商務印書館 1983 年

李家浩(1986) 《關於郝陵君銅器銘文的幾點意見》,《江漢考古》1986 年第 4 期

李家浩(1987) 《先秦文字中的"縣"》,《文史》第 28 輯,中華書局 1987 年

李家浩(1994) 《包山二六六號簡所記木器研究》,《國學研究》第 2 卷,北京大學出版社 1994 年

李家浩(1997) 《包山楚簡所見祖先名及其相關問題》,《文史》第 42 輯,中華書局 1997 年

李家浩(1998A) 《燕國"泃谷山金鼎瑞"補釋》,《中國文字》新 24 期,藝文印書館 1998 年

李家浩(1998B) 《信陽楚簡"樂人之器"研究》,《簡帛研究》第 3 輯,廣西教育出版社 1998 年

李家浩(1998C) 《傳遽鷹節銘文考釋》,《海上論叢》第 2 輯,復旦大學出版社 1998 年;又見《著名中年語言學家自選集·李家浩卷》,安徽教育出版社 2002 年

李家浩(1999) 《楚墓竹簡中的"昆"字及从"昆"之字》,《中國文字》新 25 期,藝文印書館 1999 年

李家浩(2003) 《包山遣册考釋》(四篇),《古籍整理研究學刊》2003 年第 5 期

李家浩(2004) 《戰國官印叢考》,《出土文獻研究》第 6 輯,上海古籍出版社 2004 年

李家浩(2006) 《談包山楚簡"歸鄧人之金"一案及相關問題》,《出土文獻與古文字研究》第 1 輯,復旦大學出版社 2006 年

李家浩(2012) 《葛陵村楚簡中的"句邻"》,《古文字研究》第 29 輯,中華書局 2012 年

李家浩(2014) 《戰國官印"車御令信"考釋》,《印學研究》第 3 輯,文物出版社 2014 年

李零(1985) 《長沙子彈庫楚帛書研究》,中華書局 1985 年

李零(1992) 《論東周時期的楚國典型銅器群》,《古文字研究》第 19 輯,中華書局 1992 年

李零(1994) 《考古發現與神話傳説》,《學人》第 5 輯,江蘇文藝出版社 1994 年;後有修改,收入《李零自選集》,廣西師範大學出版社 1998 年

李零(1998A) 《齊、燕、邾、滕陶文的分類與題銘格式——〈新編全本季木藏

陶〉介紹》,《新編全本季木藏陶》,中華書局 1998 年

李零(1998B)　《包山楚簡研究》(文書類),《李零自選集》,廣西師範大學出版社 1998 年

李零(1998C)　《李零自選集》,廣西師範大學出版社 1998 年

李零(1999A)　《郭店楚簡校讀記》,《道家文化研究》第 17 輯,三聯書店 1999 年

李零(1999B)　《讀〈楚系簡帛文字編〉》,《出土文獻研究》第 5 輯,科學出版社 1999 年

李零(2000)　《〈長沙子彈庫戰國楚帛書研究〉補正》,《古文字研究》第 20 輯,中華書局 2000 年

李零(2002A)　《郭店楚簡校讀記》(增訂本),北京大學出版社 2002 年

李零(2002B)　《〈容成氏〉釋文考釋》,《上海博物館藏戰國楚竹書》(二),上海古籍出版社 2002 年

李零(2002C)　《長臺關楚簡〈申徒狄〉研究》,《揖芬集——張政烺先生九十華誕紀念文集》,社會科學文獻出版社 2002 年

李零(2003A)　《〈亙先〉釋文考釋》,《上海博物館藏戰國楚竹書》(三),上海古籍出版社 2003 年

李零(2003B)　《〈彭祖〉釋文考釋》,《上海博物館藏戰國楚竹書》(三),上海古籍出版社 2003 年

李零(2004)　《〈曹沫之陣〉釋文考釋》,《上海博物館藏戰國楚竹書》(四),上海古籍出版社 2004 年

李零(2005)　《〈三德〉釋文考釋》,《上海博物館藏戰國楚竹書》(五),上海古籍出版社 2005 年

李零(2006)　《讀上博楚簡〈周易〉》,《中國歷史文物》2006 年第 4 期

李零(2007)　《上博楚簡三篇校讀記》,中國人民大學出版社 2007 年

李若暉(1999)　《郭店〈老子〉校注簡論》(上),《郭店楚簡國際學術研討會論文彙編》第 2 册,武漢大學 1999 年

李守奎(2003)　《楚文字編》,華東師范大學出版社 2003 年

李守奎(2010)　《包山楚簡 120—123 號簡補釋》,《出土文獻與傳世典籍的詮釋——紀念譚樸森先生逝世兩週年國際學術研討會論文集》,上海古籍出版社 2010 年

李守奎(2011)　《包山楚簡姓氏用字考釋》,《簡帛》第 6 輯,上海古籍出版社

2011 年

李守奎、賈連翔、馬楠（2012）　《包山楚墓文字全編》，上海古籍出版社 2012 年

李天虹（1995）　《説文古文新證》，《江漢考古》1995 年第 2 期

李天虹（2003）　《郭店竹簡〈性自命出〉研究》，湖北教育出版社 2003 年

李天虹（2006）　《釋曾侯乙墓竹簡中的"𦥑"》，《古文字研究》第 26 輯，中華書局 2006 年

李先登（1978）　《天津師院圖書館藏陶文選釋》，《天津師院學報》1978 年第 2 期

李學勤（1956）　《談近年新發現的幾種戰國文字資料》，《文物參考資料》1956 年第 1 期

李學勤（1980）　《從新出青銅器看長江下游文化的發展》，《文物》1980 年第 8 期

李學勤（1982）　《論楚帛書中的天象》，《湖南考古輯刊》第 1 集，嶽麓書社 1982 年

李學勤（1984）　《東周與秦代文明》，文物出版社 1984 年

李學勤（1985）　《湖南戰國兵器銘文選釋》，《古文字研究》第 12 輯，中華書局 1985 年

李學勤（1990）　《楚王酓審盞及有關問題》，《中國文物報》1990 年 5 月 31 日；又見《走出疑古時代》，遼寧大學出版社 1997 年

李學勤（1998）　《包山楚簡中的土地買賣》，《綴古集》，上海古籍出版社 1998 年；原載《中國文物報》1992 年 3 月 22 日

李學勤（1999）　《論上海博物館所藏的一支〈緇衣〉簡》，《齊魯學刊》1999 年第 2 期

李學勤（2001）　《秦封泥與齊陶文中的"巷"字》，《陝西歷史博物館館刊》第 8 輯，三秦出版社 2001 年

李學勤（2006）　《釋楚帛書中的女媧》，《湖南省博物館館刊》第 3 期，嶽麓書社 2006 年

李學勤、李零（1979）　《平山三器與中山國史的若干問題》，《考古學報》1979 年第 2 期

李學勤、鄭紹宗（1982）　《論河北近年出土的戰國有銘青銅器》，《古文字研究》第 7 輯，中華書局 1982 年

李棪(1971) 《評巴納〈楚帛書文字的韻與律〉》,《中國文化研究所學報》第 4 卷第 2 期,香港中文大學 1971 年

李裕民(1981) 《侯馬盟書疑難字考》,《古文字研究》第 5 輯,中華書局 1981 年

李運富(1997A) 《楚國簡帛文字叢考》(二),《古漢語研究》1997 年第 1 期

李運富(1997B) 《楚國簡帛文字構形系統研究》,嶽麓書社 1997 年

連劭名(1991) 《長沙楚帛書與中國古代的宇宙論》,《文物》1991 年第 2 期

連劭名(2003) 《郭店楚簡〈語叢〉叢釋》,《孔子研究》2003 年第 2 期

廖名春(2001) 《郭店簡〈成之聞之〉篇校釋札記》,《新出楚簡試論》,臺灣古籍出版有限公司 2001 年

廖名春(2003) 《郭店楚簡老子校釋》,清華大學出版社 2003 年

廖名春(2004) 《上博藏楚竹書〈恆先〉簡釋》,簡帛研究網 2004 年 4 月 19 日

林聖峰(2008) 《〈上博六・孔子見季桓子〉簡 5"君子行忨弗視也……"句疏釋》,簡帛網 2008 年 9 月 30 日

林素清(2000) 《郭店竹簡〈語叢四〉箋釋》,《郭店楚簡國際學術研討會論文集》,湖北人民出版社 2000 年

林素清(2005) 《郭店竹簡〈六德〉文字新考》,《語言文字學研究》,中國社會科學出版社 2005 年

林素清(2006) 《釋"匱"——兼及〈内禮〉新釋與重編》,《南山論學集——錢存訓先生九五生日紀念》,北京圖書館出版社 2006 年

林志鵬(2006) 《戰國楚竹書〈鮑叔牙與隰朋之諫〉"剝民獵樂"試解》,簡帛網 2006 年 12 月 9 日

林志鵬(2007) 《郭店楚墓竹書〈唐虞之道〉重探》,《楚地簡帛思想研究(三)——"新出楚簡國際學術研討會"論文集》,湖北教育出版社 2007 年

劉彬徽(1984) 《楚國有銘銅器編年概述》,《古文字研究》第 9 輯,中華書局 1984 年

劉彬徽(2004) 《讀上博簡小識》,《新出土文獻與古代文明研究》,上海大學出版社 2004 年

劉彬徽、彭浩、胡雅麗、劉祖信(1991B) 《包山二號楚墓簡牘釋文與考釋》,《包山楚簡》,文物出版社 1991 年

劉國勝(1999) 《郭店竹簡釋字八則》,《武漢大學學報》1999 年 5 期

劉國勝(2011) 《楚喪葬簡牘集釋》,科學出版社 2011 年

劉洪濤(2007)　《讀上海博物館藏戰國楚竹書(四)札記》(二),簡帛網 2007
年 1 月 17 日

劉節(1931)　《屬氏編鐘考》,《國立北平圖書館館刊》第 5 卷第 6 號,1931
年;收入《古史考存》,人民出版社 1958 年

劉曉東(2000)　《〈郭店楚墓竹簡·緇衣〉初探》,《蘭州大學學報》2000 年第
4 期

劉信芳(1992)　《包山楚簡遣策考釋拾零》,《江漢考古》1992 年第 3 期

劉信芳(1996A)　《楚帛書解詁》,《中國文字》新 21 期,藝文印書館 1996 年

劉信芳(1996B)　《包山楚簡司法術語考釋》,《簡帛研究》第 2 輯,法律出版
社 1996 年

劉信芳(1996C)　《楚簡文字考釋五則》,《于省吾教授百年誕辰紀念文集》,
吉林大學出版社 1996 年

劉信芳(1999A)　《包山楚簡解詁試筆十七則》,《中國文字》新 25 期,藝文印
書館 1999 年

劉信芳(1999B)　《荊門郭店竹簡老子解詁》,藝文印書館 1999 年

劉信芳(2000A)　《郭店簡文字例解三則》,《史語所集刊》第 71 本第 4 分,
2000 年

劉信芳(2000B)　《簡帛五行解詁》,藝文印書館 2000 年

劉信芳(2000C)　《郭店楚簡〈六德〉解詁一則》,《古文字研究》第 22 輯,中華
書局 2000 年

劉信芳(2001)　《楚帛書"德匿"以及相關文字的釋讀》,《華學》第 5 輯,中山
大學出版社 2001 年

劉信芳(2002)　《子彈庫楚墓出土文獻研究》,藝文印書館 2002 年

劉信芳(2003)　《包山楚簡解詁》,藝文印書館 2003 年

劉信芳(2004A)　《楚簡〈容成氏〉官廢疾者文字叢考》,《古文字研究》第 25
輯,中華書局 2004 年

劉信芳(2004B)　《上博藏竹書〈恆先〉試解》,簡帛研究網 2004 年 5 月 16 日

劉信芳(2006)　《曾侯乙墓簡文字補釋六則》,《簡帛》第 1 輯,上海古籍出版
社 2006 年

劉信芳(2008)　《楚簡"免"與從"免"之字試釋》,《古文字研究》第 27 輯,中
華書局 2008 年

劉雨(1986)　《信陽楚簡釋文與考釋》,《信陽楚墓》,文物出版社 1986 年

劉釗(1990) 《璽印文字釋叢》(一),《考古與文物》1990 年第 2 期

劉釗(1992) 《説"卥""旦"二字來源並談楚帛書"萬""兒"二字的讀法》,《江漢考古》1992 年第 7 期

劉釗(1998) 《包山楚簡文字考釋》,《東方文化》1998 年 1、2 期合訂;收入《出土簡帛文字叢考》,臺灣古籍出版有限公司 2004 年

劉釗(2000) 《讀郭店楚簡字詞札記》,《郭店楚簡國際學術研討會論文集》,湖北人民出版社 2000 年

劉釗(2002) 《釋"價"及相關諸字》,《中國文字》新 28 期,藝文印書館 2002 年;又見《古文字考釋叢稿》,嶽麓書社 2005 年

劉釗(2003A) 《郭店楚簡校釋》,福建人民出版社 2003 年

劉釗(2003B) 《〈容成氏〉釋讀一則》(二),簡帛研究網 2003 年 4 月 6 日

劉釗(2003C) 《郭店楚簡〈語叢二〉箋釋》,《古墓新知——紀念郭店楚簡出土十周年論文專輯》,國際炎黃文化出版社 2003 年

劉釗(2004) 《談包山楚簡中有關"煮鹽於海"的重要史料》,《出土簡帛文字叢考》,臺灣古籍出版有限公司 2004 年;原載《中國文物報》1992 年 11 月 8 日

劉釗(2006) 《古文字構形學》,福建人民出版社 2006 年

劉釗(2009) 《"瘺"字源流考》,復旦大學出土文獻與古文字研究中心網 2009 年 5 月 8 日

羅福頤等(1981) 《古璽文編》,文物出版社 1981 年

羅君惕(1983) 《秦刻十碣考釋》,齊魯書社 1983 年

羅小華(2011) 《楚簡中的耩》,《簡帛》第 6 輯,上海古籍出版社 2011 年

羅小華(2012) 《釋轅》,《甘肅省第二屆簡牘學國際學術研討會論文集》,上海古籍出版社 2012 年

羅小華、李匯洲(2010) 《包山楚簡選釋三則》,《江漢考古》2010 年第 1 期

馬承源(1961) 《陳喜壺》,《文物》1961 年第 2 期

馬承源(1972) 《商鞅方升和戰國量制》,《文物》1972 年第 6 期

馬承源(1990) 《商周青銅器銘文選》(四),文物出版社 1990 年

馬承源(2004) 《〈采風曲目〉釋文考釋》,《上海博物館藏戰國楚竹書》(四),上海古籍出版社 2004 年

馬良民、言家信(1994) 《山東鄒平縣苑城村出土陶文考釋》,《文物》1994 年第 10 期

牛濟普(1992)　《楚系官璽例舉》,《中原文物》1992 年第 3 期

潘慧如(1999)　《晉國青銅器銘文探研》,青文書屋 1999 年

鵬宇(2010)　《曾侯乙墓竹簡文字集釋箋證》,華東師範大學 2010 年碩士學位論文

鵬宇、汪冰冰(2008)　《釋楚簡中“尞”字及其相關字》,簡帛網 2008 年 10 月 18 日

濮茅左(2002)　《〈民之父母〉釋文考釋》,《上海博物館藏戰國楚竹書》(二),上海古籍出版社 2002 年

濮茅左(2003)　《〈周易〉釋文考釋》,《上海博物館藏戰國楚竹書》(三),上海古籍出版社 2003 年

濮茅左(2004)　《〈東大王泊旱〉釋文考釋》,《上海博物館藏戰國楚竹書》(四),上海古籍出版社 2004 年

濮茅左(2005)　《〈季庚子問于孔子〉釋文考釋》,《上海博物館藏戰國楚竹書》(五),上海古籍出版社 2005 年

濮茅左(2007)　《〈孔子見季趄子〉釋文考釋》,《上海博物館藏戰國楚竹書》(六),上海古籍出版社 2007 年

濮茅左(2012)　《〈邦人不稱〉釋文考釋》,《上海博物館藏戰國楚竹書》(九),上海古籍出版社 2012 年

齊文濤(1972)　《概述近年來山東出土的商周青銅器》,《文物》1972 年第 5 期

強運開(1935)　《説文古籀三補》,中華書局 1986 年影印 1935 年本

喬志敏、趙丙煥(1988)　《新鄭館藏東周陶文簡釋》,《中原文物》1988 年第 4 期

秦曉華(2010)　《三晉古璽文字考釋兩則》,《考古與文物》2010 年第 5 期

裘錫圭(1978)　《戰國貨幣考》(十二篇),《北京大學學報》1978 年第 2 期

裘錫圭(1998)　《郭店楚墓竹簡》“裘按”,文物出版社 1998 年

裘錫圭(2000)　《〈太一生水〉“名字”章解釋——兼論〈太一生水〉的分章問題》,《古文字研究》第 22 輯,中華書局 2000 年

裘錫圭(2002)　《讀〈郭店楚墓竹簡〉札記三則》,《上海博物館集刊》第 9 期,上海書畫出版社 2002 年

裘錫圭(2008)　《釋古文字中的有些‘恩’字和從“恩”、從“兇”之字》,《出土文獻與古文字研究》第 2 輯,復旦大學出版社 2008 年

裴錫圭(2013)　《"寵辱若驚"是"寵辱若榮"的誤讀》,《中華文史論叢》2013
　　年第 3 期

裴錫圭、李家浩(1989)　《曾侯乙墓竹簡釋文與考釋》,《曾侯乙墓》,文物出
　　版社 1989 年

饒宗頤(1957)　《戰國楚簡箋證》,《金匱論古綜合刊》第 1 期,亞洲石印局
　　1957 年

饒宗頤(1958)　《長沙出土戰國繒書新釋》,香港義友昌記印務公司 1958 年

饒宗頤(1968)　《楚繒書疏證》,《史語所集刊》第 40 本(上),1968 年

饒宗頤(1985)　《楚帛書新證》,《楚帛書》,香港中華書局 1985 年

容庚(1985)　《金文編》,中華書局 1985 年

單育辰(2012)　《包山簡案例研究兩則》,《吉林大學學報》2012 年第 1 期

單育辰(2013)　《〈昭王毀室〉的再研究》,《楚簡楚文化與先秦歷史文化國際
　　學術研討會論文集》,湖北教育出版社 2013 年

商承祚(1963)　《鄂君啟節考》,《文物精華》第 2 集,文物出版社 1963 年;又
　　見《商承祚文集》,中山大學出版社 2004 年

商承祚(1964)　《戰國楚帛書述略》,《文物》1964 年第 9 期

商承祚(1982)　《中山王嚳鼎、壺銘文芻議》,《古文字研究》第 7 輯,中華書
　　局 1982 年

商承祚(1995)　《戰國楚竹簡匯編》,齊魯書社 1995 年

沈沉(2000)　《中國篆刻全集》(一),黑龍江美術出版社 2000 年

沈培(2007)　《從戰國簡看古人占卜的"蔽志"——兼論"移祟説"》,《古文字
　　與古代史》第 1 輯,臺灣史語所 2007 年

沈融(1994)　《燕兵器銘文格式、内容及其相關問題》,《考古與文物》1994 年
　　第 3 期

施謝捷(1997)　《古陶文考釋三篇》,《古漢語研究》1997 年第 3 期

施謝捷(1998)　《〈古璽彙編〉釋文校訂》,《容庚先生百年誕辰紀念文集》,廣
　　東人民出版社 1998 年

施謝捷(2003)　《包山楚簡釋文》word 版,2003 年

施謝捷(2006)　《古璽彙考》,安徽大學 2006 年博士學位論文

石泉主編(1996)　《楚國歷史文化辭典》,武漢大學出版社 1996 年

石志廉(1961)　《陳喜壺補正》,《文物》1961 年第 10 期

史傑鵬(2009)　《釋郭店老子簡的"勃"字》,簡帛網 2009 年 5 月 14 日

史樹青(1955)　《長沙仰天湖出土楚簡研究》,群聯出版社 1955 年

宋華强(2006)　《楚簡中从"黽"从"甘"之字新考》,簡帛網 2006 年 12 月
　　30 日

宋華强(2007)　《新蔡楚簡的初步研究》,北京大學 2007 年博士學位論文

宋華强(2010)　《新蔡葛陵楚簡初探》,武漢大學出版社 2010 年

宋華强(2011)　《曾侯乙墓竹簡考釋一則》,簡帛網 2011 年 3 月 21 日

蘇建洲(2005)　《〈上博(四)·曹沫之陣〉三則補議》,簡帛研究網 2005 年 3
　　月 10 日

蘇建洲(2006A)　《〈上博楚簡(五)考釋二則》,簡帛網 2006 年 12 月 1 日

蘇建洲(2006B)　《上博簡(五)考釋五則》,《中國文字》新 32 期,藝文印書館
　　2006 年

蘇建洲(2006C)　《上海博物館藏戰國楚竹書(二)校釋》,花木蘭文化出版社
　　2006 年

蘇建洲(2007A)　《〈上博(三)·周易〉簡 30"夋"字考釋》,簡帛網 2007 年 1
　　月 17 日

蘇建洲(2007B)　《讀〈上博(六)·孔子見季桓子〉筆記之二》,簡帛網 2007
　　年 8 月 28 日

蘇建洲(2008A)　《〈上博一·緇衣〉簡 22"向"字再議》,簡帛網 2008 年 3 月
　　22 日

蘇建洲(2008B)　《〈上博楚竹書〉文字及相關問題研究》,萬卷樓圖書股份有
　　限公司 2008 年

蘇建洲(2010)　《〈郭店·語叢二〉簡 3"襄"字考》,復旦大學出土文獻與古文
　　字研究中心網 2010 年 3 月 7 日

蘇建洲(2011)　《〈楚居〉簡 9"塦"字及相關諸字考釋》,《楚文字論集》,萬卷
　　樓圖書股份有限公司 2011 年

孫剛(2010)　《齊文字編》,福建人民出版社 2010 年

孫剛(2012)　《東周齊系題銘研究》,吉林大學 2012 年博士學位論文

孫敬明(1986)　《齊陶新探(附:益都藏陶)》,《古文字研究》第 14 輯,中華書
　　局 1986 年

孫敬明、蘇兆慶(1990)　《十年洱陽令戈考》,《文物》1990 年第 7 期

孫詒讓(1929)　《古籀餘論》,1929 年燕京大學哈佛燕京學社石印容庚校補
　　本;又見《金文文獻集成》第 13 册,香港明石文化國際出版有限公司

2004 年

湯餘惠（1986）　《略論戰國文字形體研究中的幾個問題》,《古文字研究》第
　　15 輯,中華書局 1986 年

湯餘惠（1993A）　《戰國銘文選》,吉林大學出版社 1993 年

湯餘惠（1993B）　《包山楚簡讀後記》,《考古與文物》1993 年第 2 期

湯餘惠主編（2001）　《戰國文字編》,福建人民出版社 2001 年

湯餘惠、吳良寶（2001）　《郭店楚簡文字拾零》（四篇）,《簡帛研究二〇〇
　　一》,廣西師範大學出版社 2001 年

湯志彪（2013）　《三晉文字編》,作家出版社 2013 年

唐健垣（1968）　《楚繒書新文字拾遺》,《中國文字》第 30 冊,1968 年

唐蘭（1932）　《𪓐羌鐘考釋》,《國立北平圖書館館刊》第 6 卷第 1 號,1932
　　年;收入《唐蘭先生金文論集》,紫禁城出版社 1995 年

唐蘭（1958）　《石鼓年代考》,《故宮博物院院刊》1958 年第 1 期

唐友波（2000）　《春成侯盉與長子盉綜合研究》,《上海博物館集刊》第 8 期,
　　上海書畫出版社 2000 年

滕壬生（1995）　《楚系簡帛文字編》,湖北教育出版社 1995 年

滕壬生（2008）　《楚系簡帛文字編》（增訂本）,湖北教育出版社 2008 年

田河（2007）　《出土戰國遣册所記名物分類彙釋》,吉林大學 2007 年博士學
　　位論文

田煒（2010）　《古璽探研》,華東師範大學出版社 2010 年

田亞岐、王保平（1987）　《鳳翔南指揮兩座小型秦墓的清理》,《考古與文物》
　　1987 年第 6 期

涂宗流、劉祖信（2001）　《郭店楚簡先秦儒家佚書校釋》,萬卷樓圖書股份有
　　限公司 2001 年

汪慶正等（1988）　《中國歷代貨幣大系·先秦貨幣》,上海人民出版社
　　1988 年

王愛民（2010）　《燕文字編》,吉林大學 2010 年碩士學位論文

王晨曦（2008）　《上海博物館藏戰國竹書〈三德〉研究》,復旦大學 2008 年碩
　　士論文

王恩田（1996）　《齊國地名陶文考》,《考古與文物》1996 年第 4 期

王恩田（2006）　《陶文圖録》,齊魯書社 2006 年

王恩田（2007）　《陶文字典》,齊魯書社 2007 年

王輝(1990)　　《秦銅器銘文編年集釋》,三秦出版社 1990 年

王輝(1994)　　《"富春大夫"甔跋》,《考古與文物》1994 年第 4 期

王輝(2001)　　《郭店楚簡釋讀五則》,《簡帛研究二○○一》,廣西師范大學出版社 2001 年

王輝(2009)　　《楚文字柬釋二則》,《楚文化研究論集》第 8 集,大象出版社 2009 年

王輝、王沛(2007)　　《二年平陶令戈跋》,《考古與文物》2007 年第 6 期

王人聰(1992)　　《楚王酓審盞盂餘釋》,《江漢考古》1992 年第 2 期

王望生(2000)　　《西安臨潼新豐南杜秦遺址陶文》,《考古與文物》2000 年第 1 期

王獻唐(1985)　　《王獻唐遺書·那羅延室稽古文字》,齊魯書社 1985 年

王穎(2005)　　《戰國中山國文字研究》,華東師範大學 2005 年博士學位論文

王志平(2004)　　《〈恆先〉管窺》,簡帛研究網 2004 年 5 月 8 日

魏繼印(2008)　　《輝縣孫村遺址發現的陶器文字》,《中原文物》2008 年第 1 期

魏啟鵬(1999)　　《楚簡〈老子〉柬釋》,《道家文化研究》第 17 輯,三聯書店 1999 年

魏啟鵬(2000)　　《簡帛〈五行〉箋釋》,萬卷樓圖書股份有限公司 2000 年

魏宜輝、申憲(1999)　　《古璽文字考釋》(十則),《東南文化》1999 年第 3 期

魏宜輝(2014)　　《古文字中用作"伊"之字考釋》,《中山大學學報》2014 年第 6 期

温廷敬(1935)　　《鷹羌鐘銘釋》,《中山大學史學專刊》第 1 卷第 1 期,1935 年

鄔可晶(2013)　　《説金文貧及相關之字》,《出土文獻與古文字研究》第 5 輯,上海古籍出版社 2013 年

吳大澂(1894)　　《説文古籀補》,中華書局 1988 年影印 1894 年本

吳闓生(1932)　　《吉金文録》,南宫邢氏刻本 1932 年

吳良寶(2006)　　《先秦貨幣文字編》,福建人民出版社 2006 年

吳榮光(1842)　　《筠清館金文》,清宜清楊守敬重刻本,見《金文文獻集成》第 12 册,香港明石文化國際出版有限公司 2004 年

吳振武(1982)　　《釋平山戰國中山王墓器物銘文中的"鈲"和"私庫"》,《史學集林》1982 年第 3 期

吳振武(1983)　　《〈古璽彙編〉釋文訂補及分類修訂》,《古文字學論集》(初

編),香港中文大學 1983 年

吳振武(1984) 《〈古璽文編〉校訂》,吉林大學 1984 年博士學位論文,見《〈古璽文編〉校訂》,人民美術出版社 2011 年

吳振武(1990) 《釋靊》,《文物研究》第 6 輯,黃山書社 1990 年

吳振武(1996A) 《齊官"王冢"考》,《盡心集——張政烺先生八十慶壽論文集》,中國社會科學出版社 1996 年

吳振武(1996B) 《戰國銘刻中的"泉"字》,《華學》第 2 輯,中山大學出版社 1996 年

吳振武(1996C) 《釋雙劍誃舊藏燕"外司聖鍴"璽》,《于省吾教授百年誕辰紀念文集》,吉林大學出版社 1996 年

吳振武(1998) 《古璽姓氏考》(複姓十五篇),《出土文獻研究》第 3 輯,中華書局 1998 年

吳振武(2006) 《試説平山戰國中山王墓銅器銘文中的"施"字》,《中國文字學報》第 1 輯,商務印書館 2006 年

《西清古鑑》四十卷,乾隆十四年(1749)敕編,宣統二年(1910 年)涵芬樓伊寧壽宮寫本影印本

夏渌(1984) 《三楚古文字新探》,《楚史論叢》(初集),湖北人民出版社 1984 年

蕭聖中(2005) 《曾侯乙墓竹簡釋文補正暨車馬制度研究》,武漢大學 2005 年博士論文

蕭聖中(2006) 《曾侯乙墓竹簡殘泐字試補十九則》,《簡帛》第 1 輯,上海古籍出版社 2006 年

蕭聖中(2007) 《曾侯乙墓竹簡釋文訂補》(十則),《簡帛》第 2 輯,上海古籍出版社 2007 年

蕭聖中(2011) 《曾侯乙墓竹簡釋文補正暨車馬制度研究》,科學出版社 2011 年

蕭毅(2002A) 《古璽文字研究》,中山大學 2002 年博士論文

蕭毅(2002B) 《釋虍》,《古文字研究》第 24 輯,中華書局 2002 年

蕭毅(2010) 《楚簡文字研究》,武漢大學出版社 2010 年

謝明文(2013) 《晉公盨銘文補釋》,《出土文獻與古文字研究》第 5 輯,上海古籍出版社 2013 年

徐寶貴(2008) 《石鼓文整理研究》,中華書局 2008 年

徐谷甫、王延林(1994)　《古陶字彙》,上海書店出版社 1994 年

徐海斌(2008)　《“中山侯鈸”器名小考》,《南方文物》2008 年第 1 期

徐少華(1996)　《包山楚簡釋地八則》,《中國歷史地理論叢》1996 年第 4 期

徐同柏(1906)　《從古堂款識學》,清光緒三十二年蒙學報館影石校本,見《金
　文文獻集成》第 10 册,香港明石文化國際出版有限公司 2004 年

徐在國(1996)　《包山楚簡文字考釋四則》,《于省吾教授百年誕辰紀念文
　集》,吉林大學出版社 1996 年

徐在國(1999)　《戰國官璽考釋三則》,《考古與文物》1999 年第 3 期

徐在國(2002A)　《古璽文釋讀九則》,《考古與文物》2002 年第 5 期

徐在國(2002B)　《古陶文字釋叢》,《古文字研究》第 23 輯,中華書局、安徽
　大學出版社 2002 年

徐在國(2003A)　《釋齊官“祈望”》,《第四屆國際中國古文字研討會論文
　集》,香港中文大學中國語言及文學系 2003 年

徐在國(2003B)　《〈新蔡葛陵楚簡〉札記》(二),簡帛研究網 2003 年 12 月
　17 日

徐在國(2003C)　《郭店簡文字補釋一則》,《古墓新知——紀念郭店楚簡出
　土十周年論文專輯》,國際炎黄文化出版社 2003 年

徐在國(2003D)　《郭店簡考釋二則》,《中國文字研究》第 4 輯,廣西教育出
　版社 2003 年

徐在國(2004)　《上博竹書(三)〈周易〉釋文補正》,簡帛網 2004 年 4 月
　24 日

徐在國(2010)　《楚帛書詁林》,安徽大學出版社 2010 年

徐在國(2011)　《〈陶文字典〉中的釋字問題》,《出土文獻》第 2 輯,中西書局
　2011 年

徐中舒(1932)　《驫氏編鐘考釋》,中研院史語所 1932 年排印本;收入《徐中
　舒歷史論文選輯》,中華書局 1998 年

徐中舒、伍仕謙(1979)　《中山三器釋文及宫堂圖説明》,《中國史研究》1979
　年第 4 期;收入《徐中舒歷史論文選輯》,中華書局 1998 年

許文獻(2001)　《郭店楚簡“繁”字形構新釋》,《中國文字》新 27 期,藝文印
　書館 2001 年

許文獻(2003)　《楚簡中幾個特殊關係異文字組釋讀》,《第四屆國際中國古
　文字學研討會論文集》,香港中文大學中國語言及文學系 2003 年

許雄志(1999)　《秦代印風》,重慶出版社 1999 年

許學仁(1986)　《戰國文字分域與斷代研究》,臺灣師範大學 1986 年博士論文

禤健聰(2006)　《楚簡文字補釋五則》,《古文字研究》第 26 輯,中華書局 2006 年

禤健聰(2007)　《上博楚簡釋字三則》,《中山人文學術論叢》第 8 輯,文津出版社有限公司 2007 年

顏世鉉(2001)　《郭店楚簡〈六德〉箋釋》,《史語所集刊》第 72 本第 2 分, 2001 年

顏世鉉(2002)　《上博楚竹書散論》(二),簡帛研究網 2002 年 4 月 18 日

嚴一萍(1967)　《楚繒書新考》(上)(中)(下),《中國文字》第 26 册,1967 年

晏昌貴(2009)　《上博藏戰國楚竹書〈用曰〉篇的編聯與注解》,《楚文化研究論集》8,大象出版社 2009 年

楊明珠(1989)　《山西芮城出土戰國銅戈》,《考古》1989 年第 1 期

楊樹達(1959)　《積微居金文説》(增訂本),科學出版社 1959 年

楊澤生(1997)　《古陶文字零釋》,《中國文字》新 22 輯,藝文印書館 1997 年

楊澤生(2002)　《戰國竹書研究》,中山大學 2002 年博士學位論文

楊澤生(2006A)　《楚竹書〈周易〉札記》,《康樂集——曾憲通教授七十壽慶論文集》,中山大學出版社 2006 年

楊澤生(2006B)　《讀〈上博四〉札記》,《古文字研究》第 26 輯,中華書局 2006 年

楊澤生(2009)　《戰國竹書研究》,中山大學出版社 2009 年

殷滌非(1983)　《舒城九里墩墓的青銅鼓座》,《古文字學論集》(初編),香港中文大學中國文化研究所、吳多泰中國語文研究中心 1983 年

殷滌非、羅長銘(1958)　《壽縣出土的“鄂君啟金節”》,《文物參考資料》1958 年第 4 期

于豪亮(1979)　《中山三器銘文考釋》,《考古學報》1979 年第 2 期

于省吾(1932)　《雙劍誃吉金文選》,大業印刷局 1932 年,見《雙劍誃吉金文選》,中華書局 2009 年

于省吾(1961)　《陳僖壺銘文考釋》,《文物》1961 年第 10 期

于省吾(1963)　《“鄂君啟節”考釋》,《考古》1963 年第 8 期

于省吾(2009)　《雙劍誃古器物圖録》,中華書局 2009 年

袁國華(1995) 《"包山楚簡"文字諸家考釋異同一覽表》,《中國文字》新 20
期,藝文印書館 1995 年

袁國華(1998) 《郭店楚簡文字考釋十一則》,《中國文字》新 24 期,藝文印書
館 1998 年

袁金平(2006) 《讀〈上博(五)〉札記三則》,簡帛網 2006 年 2 月 26 日

袁仲一(1987) 《秦代陶文》,三秦出版社 1987 年

曾憲通(1985) 《楚帛書文字編》,《楚帛書》,香港中華書局 1985 年

曾憲通(1993) 《長沙楚帛書文字編》,中華書局 1993 年

曾憲通(1995) 《論齊國"邍盟之璽"及其相關問題》,《華學》第 1 輯,中山大
學出版社 1995 年

張崇禮(2007) 《讀上博四〈昭王毀室〉札記》,簡帛網 2007 年 4 月 21 日

張崇禮(2012) 《釋楚文字中的"冥"》,復旦大學出土文獻與古文字研究中
心網 2012 年 4 月 18 日

張光裕(2002) 《〈從政(甲篇、乙篇)〉釋文考釋》,《上海博物館藏戰國楚竹
書》(二),上海古籍出版社 2002 年

張光裕(2004) 《〈相邦之道〉釋文考釋》,《上海博物館藏戰國楚竹書》(四),
上海古籍出版社 2004 年

張光裕(2005) 《〈弟子問〉釋文考釋》,《上海博物館藏戰國楚竹書》(五),上
海古籍出版社 2005 年

張光裕(2007) 《〈用曰〉釋文考釋》,《上海博物館藏戰國楚竹書》(六),上海
古籍出版社 2007 年

張光裕主編(1999) 《郭店楚簡研究·第一卷·文字編》,藝文印書館
1999 年

張光裕、黄錫全、滕壬生(1997) 《曾侯乙墓竹簡文字編》,藝文印書館
1997 年

張桂光(1994) 《楚簡文字考釋二則》,《江漢考古》1994 年第 3 期

張桂光(2006) 《〈柬大王泊旱〉編聯與釋讀略説》,《古文字研究》第 26 輯,
中華書局 2006 年

張守中(1996) 《包山楚簡文字編》,文物出版社 1996 年

張鐵慧(1996) 《〈曾侯乙墓竹簡釋文與考釋〉讀後》,《江漢考古》1996 年第
3 期

張新俊(2005) 《新蔡葛陵楚墓竹簡文字補正》,《中原文物》2005 年第 4 期

張振謙(2014)　《齊魯文字編》,學苑出版社 2014 年

張政烺(1934)　《獵碣考釋初稿》,《史學論叢》第 1 期,北京大學潛社 1934
年;收入《張政烺文史論集》,中華書局 2004 年

張政烺(1979)　《中山王𦥑壺及鼎銘考釋》,《古文字研究》第 1 輯,中華書局
1979 年

張政烺(2011)　《張政烺批注〈兩周金文辭大系考釋〉》(整理稿),中華書局
2011 年

趙誠(1979)　《〈中山壺〉〈中山鼎〉銘文試釋》,《古文字研究》第 1 輯,中華書
局 1979 年

趙建偉(1999A)　《郭店竹簡〈老子〉校釋》,《道家文化研究》第 17 輯,三聯書
店 1999 年

趙建偉(1999B)　《郭店竹簡〈忠信之道〉、〈性自命出〉校釋》,《中國哲學史》
1999 年第 2 期

趙平安(1997)　《夬的形義和它在楚簡中的用法——兼釋其他古文字資料中
的夬字》,《第三屆國際中國古文字學研討會論文集》,香港中文大學中國文
化研究所、中國語言及文學系 1997 年

趙平安(1998)　《金文考釋五篇》,《容庚先生百年誕辰紀念文集》,廣東人民
出版社 1998 年

趙平安(2001)　《釋郭店簡〈成之聞之〉中的"遂"字》,《簡帛研究二○○一》,
廣西師範大學出版社 2001 年

趙平安(2002)　《上博藏〈緇衣〉簡字詁四篇》,《上博館藏戰國楚竹書研究》,
上海書店出版社 2002 年

趙平安(2003)　《戰國文字中的鹽及相關資料研究——以齊"遷(徙)鹽之
璽"爲中心》,《華學》第 6 輯,紫禁城出版社 2003 年

趙平安(2011)　《郭店簡〈語叢二〉第三簡補釋》,《簡帛》第 6 輯,上海古籍出
版社 2011 年

鄭剛(1988)　《戰國文字中的"陵"和"李"》,古文字會議論文 1988 年

鄭剛(1998)　《論楚帛書乙篇的性質》,《容庚先生百年誕辰紀念文集》,廣東
人民出版社 1998 年

鄭家相(1941)　《上古貨幣推究》(續),《泉幣》第 8 期,泉幣學社 1941 年

中大楚簡整理小組(1977A)　《戰國楚簡研究》(二)油印本,1977 年

中大楚簡整理小組(1977B)　《戰國楚簡研究》(三)油印本,1977 年

中大楚簡整理小組(1977C)　《戰國楚簡研究》(四)油印本,1977 年

中國社會科學院考古研究所(2007)　《殷周金文集成》(修訂增補本),中華書局 2007 年

鍾柏生、陳昭容、黄銘崇、袁國華(2006)　《新收殷周青銅器銘文暨器影彙編》,藝文印書館 2006 年

周鳳五(1999A)　《讀郭店楚簡〈成之聞之〉札記》,《古文字與古文獻》試刊號,1999 年

周鳳五(1999B)　《郭店楚簡識字札記》,《張以仁先生七秩壽慶論文集》,臺灣學生書局 1999 年

周鳳五(1999C)　《郭店楚墓竹簡〈唐虞之道〉新釋》,《史語所集刊》第 70 本第 3 分,楚文化研究會籌備處,1999 年

周鳳五(2002)　《上博〈性情論〉小箋》,《齊魯學刊》2002 年第 4 期

周鳳五(2003)　《讀上博楚竹書〈從政(甲篇)〉札記》,簡帛研究網 2003 年 1 月 10 日

朱德熙(1983)　《戰國文字中所見有關廐的資料》,《古文字學論集》(初編),香港中文大學中國文化研究所、吳多泰中國語文研究中心 1983 年

朱德熙(1985)　《關於鱍羌鐘銘文的斷句問題》,《中國語言學報》1985 年第 2 期;又見《朱德熙文集》第 5 卷,商務印書館 1999 年

朱德熙、李家浩(1989)　《鄂君啟節考釋》(八篇),《紀念陳寅恪先生誕辰百年學術論文集》,北京大學出版社 1989 年

朱德熙、裘錫圭(1973)　《信陽楚簡考釋》(五篇),《考古學報》1973 年第 1 期

朱德熙、裘錫圭(1979)　《平山中山王墓銅器銘文的初步研究》,《文物》1979 年第 1 期

朱德熙、裘錫圭、李家浩(1995)　《望山一、二號墓竹簡釋文與考釋》,《望山楚簡》,中華書局 1995 年

朱華(1997)　《山西稷山縣出土空首布》,《中國錢幣》1997 年第 2 期

朱活(1991)　《古錢新典》,三秦出版社 1991 年

朱曉雪(2013)　《包山楚簡綜述》,福建人民出版社 2013 年